Regulierung der Leihmutterschaft

ARTIBUS INGENUIS J·C·B·M· 1·8·0·1

Regulierung der Leihmutterschaft

Aktuelle Entwicklungen und interdisziplinäre Herausforderungen

Herausgegeben von
Beate Ditzen und Marc-Philippe Weller

Mohr Siebeck

Beate Ditzen ist Direktorin des Instituts für Medizinische Psychologie am Universitäts-Klinikum Heidelberg und Professorin für Medizinische Psychologie und Psychotherapie an der Medizinische Fakultät der Ruprecht-Karls-Universität Heidelberg.

Marc-Philippe Weller ist Direktor am Institut für ausländisches und internationales Privat- und Wirtschaftsrecht der Universität Heidelberg.

ISBN 978-3-16-155819-1 / eISBN 978-3-16-156311-9
DOI 10.1628/978-3-16-156311-9

Die Deutsche Nationalbibliothek verzeichnet diese Publikation in der Deutschen Nationalbibliographie; detaillierte bibliographische Daten sind im Internet über *http://dnb.dnb.de* abrufbar.

Das Buch wurde von epline in Böblingen aus der Stempel Garamond gesetzt und von Gulde Druck in Tübingen auf alterungsbeständiges Werkdruckpapier gedruckt und gebunden.

Printed in Germany.

Inhaltsverzeichnis

Vorwort

Beate Ditzen / Marc-Philippe Weller
Leihmutterschaft: eine interdisziplinäre Herausforderung VII

Einleitung

Lisa Engelhardt / Anton S. Zimmermann
Die Leihmutterschaft im Spiegel nationaler und internationaler Rechtsprechung 1

Beiträge

Katja Patzel-Mattern
Wert und Bewertung des Verleihens. Ein historischer Vergleich als Beitrag zur aktuellen Diskussion um Leihmutterschaft 9

Thomas Strowitzki
Assistierte Reproduktionstechniken (ART) und Leihmutterschaft – medizinische Aspekte 23

Regine Meyer-Spendler
Leihmutterschaft – Die persönliche Perspektive........................ 29

Susan Golombok
Studies of Surrogacy Families.. 35

Elisabeth Beck-Gernsheim
Ist das Verbot von Leihmutterschaft anachronistisch geworden? 47

Nina Dethloff
Leihmutterschaft in rechtsvergleichender Perspektive 55

Eliza Hall
From European Theory to American Practice: The United States as a Laboratory for Surrogacy Law 69

Stephan Harbarth
Leihmutterschaft und Reproduktionstourismus
Die rechtspolitische Perspektive 81

Länderberichte

Lisa Engelhardt
Die Leihmutterschaft im schweizerischen Recht 93

Anna Lina Gummersbach
Die Leihmutterschaft im französischen Recht 101

Sebastian Schwind
Regulierung der Leihmutterschaft im Vereinigten Königreich 117

Lisa Engelhardt
Die Leihmutterschaft im US-amerikanischen Recht am Beispiel von Kalifornien und New Hampshire 133

Interdisziplinäre Synthese

Chris Thomale
Der Leihmutterschaftsdiskurs als Wertediskurs: Nachbetrachtungen aus dem Auditorium 147

Autorenverzeichnis 151

Leihmutterschaft: eine interdisziplinäre Herausforderung

*Beate Ditzen / Marc-Philippe Weller**

I. Die Leihmutterschaft im Wandel der Zeit

Die Leihmutterschaft[1] hat eine lange Entwicklungsgeschichte.[2] Dem Alten Testament zufolge sollen sich schon *Abraham* und *Jakob* der Mägde ihrer Frauen als Ersatzmütter bedient haben, wenn die Frauen keine Nachkommen mehr zur Welt bringen konnten. Heute erleben solche Vereinbarungen, in denen sich eine Leihmutter vor dem Beginn der Schwangerschaft gegenüber Bestellern dazu verpflichtet, das auszutragende Kind nach der Geburt den Bestellern zu übergeben, eine Renaissance. Dabei *kann* mittels In-Vitro-Fertilisation auf das Genmaterial der Besteller zurückgegriffen werden. Häufig werden jedoch auch Eizellen und Sperma von anonymen Spendern verwendet. Im Extremfall kommt das Kind so zu fünf Eltern qua Geburt: die austragende Leihmutter, die Eizellenspenderin, der Samenspender und die beiden Bestelleltern.

---

* *Beate Ditzen* ist Direktorin des Instituts für Medizinische Psychologie am Universitätsklinikum der Universität Heidelberg. *Marc-Philippe Weller* ist Direktor am Institut für ausländisches und internationales Privat- und Wirtschaftsrecht der Universität Heidelberg.

[1] Als Leihmutter gilt eine Frau, die ein Kind aufgrund einer Vereinbarung für eine andere Frau austrägt und jenes nach der Geburt an die Wunscheltern herausgibt. Dabei kann man die „Ersatzmutter" von der „Tragemutter" unterscheiden: Bei der Ersatzmutter werden die eigenen Eizellen mit dem Samen des Wunschvaters befruchtet; biologisch trägt sie mithin ihr eigenes Kind aus. Demgegenüber wird der Tragemutter eine fremde Eizelle implantiert; sie teilt mit dem Kind üblicherweise kein genetisches Material (es sei denn, sie ist mit einem der Elternteile unmittelbar verwandt). Erst die moderne Fortpflanzungsmedizin hat durch die In-Vitro-Fertilisation (IVF) die Tragemutterschaft möglich gemacht und damit für die Psychologie bedeutende Fragen in den Raum gestellt. Vgl. zur Terminologie auch die Übersicht des Landesverbandes der hamburgischen Standesbeamten e. V. (www.standesbeamtehamburg.de).

[2] *Patzel-Mattern/Ditzen/Weller*, Der gemietete Bauch: Von Bestelleltern, Wunschkindern und Leihmüttern, in: Ruperto Carola-Forschungsmagazin, Ausgabe 10, Juli 2017, S. 86–95.

II. Umgehung des Leihmutterschaftsverbotes durch Fortpflanzungstourismus

Die Leihmutterschaft ist in fast allen europäischen Staaten verboten.[3] Dieses Verbot wird allerdings durch die moderne Fortpflanzungsmedizin und einen zunehmenden internationalen „Fortpflanzungstourismus" herausgefordert. Leihmutterschaft ist damit als ein Teilbereich des internationalen Medizintourismus zu sehen und muss über unsere eigenen Landes- und Kulturgrenzen hinweg interpretiert werden. Momentan besteht erhebliche Rechtsunsicherheit, wenn ein im Rahmen einer Leihmutterschaft im Ausland geborenes Kind nach Deutschland verbracht wird. Ist das Kind als Kind der Wunscheltern/Bestelleltern anzuerkennen oder ist die Leihmutter (auch) die rechtliche Mutter? Eine Entscheidung des Bundesgerichtshofs aus dem Jahr 2014, welche den Bestelleltern die rechtliche Elternschaft zusprach, betrifft lediglich eine unter besonderen Umständen in Kalifornien durchgeführte Leihmutterschaft[4]; die Entscheidung ist in der Literatur auf Kritik gestoßen.[5] Zudem hat im Jahr 2017 das OLG Braunschweig in einem Leihmutterschaftsfall die Anerkennung der Elternschaft der Besteller verweigert.[6] Die Revision ist beim Bundesgerichtshof anhängig.

III. Regulierungsbedarf

Das Phänomen der „Leihmutterschaft" bedarf ob der erheblichen Schwierigkeiten, die es Theorie und Praxis bereitet, einer Regulierung durch den Gesetzgeber.[7] Auch der Deutsche Juristentag hat auf seiner Tagung 2016 in Essen eine Regulierung zur Leihmutterschaft durch den Gesetzgeber angemahnt.[8]

Wie sollte diese Regulierung idealerweise aussehen? Die Antwort hängt maßgeblich von außerjuristischen Vorfragen ab, insbesondere von den psychischen und medizinischen Auswirkungen der Leihmutterschaft auf die Beteiligten. Diese interdisziplinären Aspekte der Leihmutterschaft werden in diesem Sammelband diskutiert.

---

[3] Vgl. *Thomale*, Das Kinderwohl ex ante – Straßburger zeitgemäße Betrachtungen zur Leihmutterschaft, IPrax 2017, 583–589.

[4] BGHZ 203, 350.

[5] *Thomale*, Mietmutterschaft – Eine international-privatrechtliche Kritik, 2015; dem BGH zustimmend dagegen *Duden*, Leihmutterschaft im Internationalen Privat- und Verfahrensrecht, 2015. Vgl. zum Meinungsstand ferner *Engelhardt/Zimmermann*, Die Leihmutterschaft im Spiegel nationaler und internationaler Rechtsprechung, infra S. 1.

[6] OLG Braunschweig, Beschluss vom 13. April 2017–1 UF 83/13.

[7] *Harbarth/Thomale/Weller*, Kinder auf Bestellung? Fortpflanzungstourismus: Die Leihmutterschaft als Prüfstein für Ethik und Menschenwürde, FAZ v. 17.08.2017, S. 6 (Staat und Recht).

[8] Siehe dazu die Thesen des 71. DJT zum Gutachten von *Helms*, S. 51 ff., insb. 53, abrufbar unter www.djt.de/fileadmin/downloads/71/71_Thesen_web.pdf, zuletzt abgerufen am 23.11.2017.

IV. Bedeutung der Psychologie

Für eine Regulierung der Leihmutterschaft sind vor allem psychologische Konzepte der Mutterrolle und damit verbundene Themen zentral, wie z. B. ob sich die Rollen der genetischen Mutter, der Leihmutter und der sozialen Mutter psychologisch voneinander abgrenzen lassen.[9] Eng hiermit verknüpft sind die langfristigen psychischen Konsequenzen der Leihmutterschaft für die Beteiligten (die Leihmutter selbst, die Bestelleltern und schließlich das Kind). Diese Konsequenzen wurden bislang kaum systematisch untersucht und in Bezug zur aktuellen rechtlichen Situation gesetzt. Auch ist gerade bei Betrachtung der Leihmutterschaft in einem internationalen und interkulturellen Kontext bedeutsam, ob und inwieweit sich die psychischen Konzepte universell betrachten lassen. Können wir z. B. von kulturübergreifend vergleichbarer Bindung einer Mutter an ihr Kind ausgehen und wie interpretieren unterschiedliche Kulturen die Kinderlosigkeit? Kann oder sollte eine Leihmutter die emotionale Bindung an das Kind durch Bezahlung vermindern? Wie wird eine Leihmutter in ihrem Heimatland beurteilt?

Die Forschung und Therapie am Institut für Medizinische Psychologie am Universitätsklinikum der Universität Heidelberg widmet sich dem Einfluss sozialer Bindungen auf die Gesundheit und umgekehrt, dem Einfluss gesundheitlicher Parameter auf soziale Beziehungen sowie den vermittelnden psychobiologischen Mechanismen. Hierbei werden in enger Kooperation mit der Universitätsfrauenklinik u. a. die Konsequenzen gynäkologischer Erkrankungen auf die Partnerschaft analysiert; ferner wird PatientInnen mit unerfülltem Kinderwunsch psychologische Beratung angeboten.

Im Rahmen dieser Forschung und Beratung ist deutlich geworden, dass die aktuellen reproduktionsmedizinischen Möglichkeiten, die rechtlich uneinheitliche Situation über unterschiedliche Staaten hinweg und der zunehmende Reproduktionstourismus gut informierter und wohlsituierter Paare sich häufig nicht mit der psychischen Repräsentation der Konsequenzen für die Beteiligten decken. Dies trifft besonders im Bereich der Leihmutterschaft zu, einer emotional hochkomplexen Situation für die Leihmutter selbst, für das Paar, das die Leihmutterschaft in Auftrag gibt, aber auch für das Kind.

V. Bedeutung der Rechtsvergleichung

Neben der Psychologie bieten aber auch der Blick auf die rechtliche Situation im Ausland und damit die Rechtsvergleichung reichhaltige Anregungen, wie eine Regulierung der Leihmutterschaft im Inland aussehen könnte. Wir stellen in diesem Band daher exemplarisch verschiedene ausländische Jurisdiktionen vor.

---

[9] *Wischmann*, Kinderwunsch in konventionellen und neuen Familienformen: Ethische und psychosoziale Aspekte. gynäkologische praxis 2018 (im Druck).

Dabei gehen wir auch darauf ein, ob diese Rechtsordnungen im Ausland durchgeführte Leihmutterschaften anerkennen.[10]

In Frankreich[11] und in der Schweiz[12] ist die Leihmutterschaft verboten, in gewissen Staaten der USA ist sie dagegen erlaubt.[13] England geht einen Mittelweg, indem es die Möglichkeit einer Leihmutterschaft auf altruistischer Basis eröffnet.[14]

VI. Interdisziplinäre Forschung am Marsilius-Kolleg der Universität Heidelberg

Mit dem Thema der „Leihmutterschaft als Herausforderung für die Psychologie und das Recht" haben wir im Rahmen des aus der Exzellenzinitiative hervorgegangenen Marsilius-Kollegs der Universität Heidelberg interdisziplinäres Neuland in der Forschung zu betreten versucht. Das Kolleg ist nach Marsilius von Inghen benannt, der zunächst Rektor an der Sorbonne gewesen war und anschließend nach Heidelberg wechselte, wo er 1386 die Universität Heidelberg mit gründete. Im Rahmen des einjährigen Fellowships haben wir namentlich die Fragen untersucht (1.) wie die unterschiedlichen Konzepte der Mutterschaft (u. a. die „traditionelle Leihmutterschaft" und die „Tragemutterschaft"[15]) psychologisch voneinander abzugrenzen sind, (2.) wie die psychischen Konsequenzen der Leihmutterschaft in Deutschland bei den Betroffenen repräsentiert sind und (3.) wie in Konsequenz dessen und unter Berücksichtigung internationaler und ausländischer Regelungsmodelle rechtliche Strukturen aussehen könnten, um langfristigen negativen Konsequenzen für die Beteiligten – v. a. für die aus einer Leihmutterschaft geborenen Kinder – vorzubeugen.

VII. Eckpunkte einer künftigen Regulierung

Während des interdisziplinären Forschungsprojektes und den äußerst bereichernden Sitzungen mit den übrigen Marsilius-Fellows haben wir drei Eckpunkte für eine mögliche Regulierung der Leihmutterschaft erarbeitet, die wir zur Diskussion stellen möchten:

---

[10] *Thomale*, Anerkennung kalifornischer Leihmutterschaftsdekrete in der Schweiz, IPrax 2016, 177–181; *ders.*, Anerkennung ukrainischer leihmutterschaftsbasierter Geburtsurkunden in Italien, IPrax 2016, 493–498.

[11] *Gummersbach*, Die Leihmutterschaft im französischen Recht, infra S. 101.

[12] *Engelhardt*, Die Leihmutterschaft im schweizerischen Recht, infra S. 93; vgl. ferner *Thomale*, Anerkennung kalifornischer Leihmutterschaftsdekrete in der Schweiz, IPrax 2016, 177–181.

[13] *Engelhardt*, Die Leihmutterschaft im US-amerikanischen Recht am Beispiel von Kalifornien und New Hampshire, infra S. 133.

[14] *Schwind*, Regulierung der Leihmutterschaft im Vereinigten Königreich, infra S. 117.

[15] Vgl. zur Terminologie supra Fn. 1.

1. *Verbot kommerzieller Leihmutterschaften im Inland*

Kommerzielle Leihmutterschaften sollten im Inland verboten bleiben. Für diese These kann zum einen die Rechtsvergleichung fruchtbar gemacht werden: In der Schweiz, in Frankreich und in Italien ist die Leihmutterschaft (ebenfalls) verboten. In der Sache streiten für das Verbot die ansonsten stattfindende Ausbeutung und Instrumentalisierung der Leihmutter, die Risiken für das Kindeswohl (gespaltene Mutterschaft, „unnatürliche" Familienverhältnisse, soziale Akzeptanz?) und die „Verobjektivierung" des Kindes und der Leihmutter, welche mit der Menschenwürde (Art. 1 GG) nur schwerlich vereinbar wäre.

2. *Altruistische Leihmutterschaften?*

Ungeachtet des grundsätzlichen Verbots kommerzieller Leihmutterschaften sollte indes näher geprüft werden, ob im Inland künftig *altruistische* Formen der Leihmutterschaft legalisiert werden könnten. Für diese Überlegung lässt sich England als rechtsvergleichendes Vorbild anführen. Die Eröffnung altruistischer Leihmutterschaften würde dem Kinderwunsch der Bestelleltern entgegenkommen und die Möglichkeit der Familiengründung für unfruchtbare oder homosexuelle Paare eröffnen.

Allerdings wäre das Modell der altruistischen Leihmutterschaft an strenge Voraussetzungen zu knüpfen. In England sind erforderlich: (1.) Genetische Verwandtschaft eines der Wunscheltern mit dem Kind, (2.) Ehe, Lebenspartnerschaft oder nichteheliche Lebenspartnerschaft zwischen den Wunscheltern, (3.) Mindestalter der Wunscheltern: 18 Jahre, (4.) Freiwilligkeit und Unentgeltlichkeit der Leihmutterschaftsvereinbarung und (5.) ein inländisches Domizil der Wunscheltern (Vermeidung von Medizintourismus).

Noch näher zu prüfen wäre, ob dieses Modell das Risiko späterer Beziehungskonflikte zwischen Leihmutter und Wunscheltern birgt. Desweiteren müssten Verfahren entwickelt werden, mit denen sich Freiwilligkeit und Unentgeltlichkeit feststellen und vom bloßen „Aufwendungsersatz" abgrenzen lassen (Parallelen zur Lebendorganspende in Deutschland?).

3. *Antizipiertes Adoptionsverfahren für Auslandsleihmutterschaften*

Für die Auslandsfälle schlagen wir ein antizipiertes Adoptionsverfahren vor.[16] Leihmutterschaftlich im Ausland begründete Abstammungsfälle sollten im Inland nicht anerkannt werden, sofern nicht schon vor der Schwangerschaft ein antizipiertes Adoptionsverfahren im Inland durchgeführt worden ist.

Welche Kriterien in dem antizipierten Adoptionsverfahren zu berücksichtigen wären, müsste noch näher geprüft werden. Relevante Parameter sollten sein:

---

[16] Zu dessen möglicher Ausgestaltung in Anlehnung an Vorschläge der Haager Konferenz für Internationales Privatrecht *Thomale*, Mietmutterschaft, 2015.

1. Anforderungen an die ausländische Rechtsordnung (z. B. Erfordernis einer gerichtlichen Abstammungsentscheidung zugunsten der Wunscheltern durch ein ausländisches Gericht),

2. Anforderungen in Bezug auf die Leihmutter (Mindest-/Höchstalter, medizinische Unbedenklichkeitsbescheinigung, anwaltlicher Beistand der Leihmutter und ihres Ehemannes, ex ante-Prüfung und Autorisierung des Leihmutterschaftsvertrages durch ein Gericht)

3. Anforderungen hinsichtlich der Wunscheltern (Alter, genetische Verbindung zum Kind, psychologische „Eignungsuntersuchung" der Wunscheltern, wirtschaftlich hinreichende Lebensgrundlage etc.).

VIII. Interdisziplinäres Symposium zur Leihmutterschaft

Die vorgenannten Eckpunkte wollen wir zur Diskussion stellen und eine kontroverse Debatte anstoßen. Den Auftakt hierzu bildete ein eintägiges Symposium zur Leihmutterschaft, das am 07. April 2017 in Heidelberg stattfand. Die dort gehaltenen Referate sind in diesem Tagungs- und Sammelband veröffentlicht:

Den Anfang macht Prof. Dr. *Katja Patzel-Mattern* mit einer historischen Perspektive auf die Leihmutterschaft, wobei sie durch Analogien zu Bibelstellen und dem Ammenwesen die Aufmerksamkeit auf das geschichtliche Ausmaß der Externalisierung von Elternrollen lenkt. Prof. Dr. *Thomas Strowitzki* verleiht dem Leihmutterschaftsvorgang als Anschauungsobjekt die notwendige medizinische Wissensbasis. Dr. *Regine Meyer-Spendler*, Medizinerin und Wunschmutter eines durch Leihmutterschaft empfangenen Kindes, rückt die Perspektive der Wunscheltern in den Fokus. Prof. Dr. *Susan Golombok* beleuchtet die psychologischen Implikationen der Leihmutterschaft auf Grundlage einer Langzeitstudie. Die vorgestellten Ergebnisse der Studie, so *Golombok*, erlaubten einen vorsichtigen Optimismus betreffend das psychische Wohlergehen der Beteiligten, zugleich seien aber auch zukünftige weitere Untersuchungen anhand größerer Stichproben sinnvoll.

Prof. Dr. *Elisabeth Beck-Gernsheim* diskutiert die ethische und soziale Dimension von Leihmutterschaft, die meist durch ein Wohlstandgefälle von den Bestelleltern zur Leihmutter geprägt sei und so soziale Ungleichheit zu perpetuieren drohe. Es folgte eine rechtsvergleichende Umschau von Prof. Dr. *Nina Dethloff*, welche die international vorkommenden Regelungsmodelle für das Leihmutterschaftsphänomen in den Blick nimmt. Die US-amerikanischen Regelungsmodelle werden sodann von *Eliza Hall* beleuchtet, einer auf Familienrecht spezialisierten US-Anwältin, der sich insbesondere mit einschlägigem Fallrecht und den Regelungsunterschieden innerhalb des föderalen Systems der USA auseinandersetzt. Die politische Perspektive und ein Stimmungsbild aus Berlin werden schließlich von Prof. Dr. *Stephan Harbarth* als Bundestagsabgeordnetem und Mitglied des Rechtsausschusses des Deutschen Bundestages eingebracht.

Wir danken dem Marsilius-Kolleg der Universität Heidelberg für die großzügige Finanzierung sowohl des Symposiums als auch dieses Tagungsbandes. Frau stud. iur. Anna Lina Gummersbach war uns eine große Hilfe bei der Veröffentlichung; auch ihr danken wir herzlich.

Heidelberg, im Juni 2018

Beate Ditzen,
Marc-Philippe Weller

Die Leihmutterschaft im Spiegel nationaler und internationaler Rechtsprechung

*Lisa Engelhardt / Anton S. Zimmermann**

Etwa jedes zehnte Paar ist ungewollt kinderlos.[1] Gleichzeitig hat sich die Zahl der zur Adoption stehenden Kinder in Deutschland seit 1992 ungefähr halbiert.[2] In etwa 30 % der Fälle liegen die Gründe der Unfruchtbarkeit bei der Frau.[3] Kann die Frau kein Kind austragen, bleibt auch eine Fruchtbarkeitsbehandlung erfolglos.[4] In solchen Fällen kann selbst bei verschiedengeschlechtlichen Paaren eine Leihmutterschaft in Betracht kommen[5]. Von einer Leihmutterschaft spricht man, wenn ein Kind durch eine Frau ausgetragen wird, „die sich vor Beginn ihrer Schwangerschaft dazu verpflichtet hat, es nach der Geburt Dritten zu übergeben […]".[6] Die Schwangerschaft und der Geburtsvorgang werden von einer Leihmutter übernommen, die Elternrolle ist hingegen den Bestelleltern[7] – im Diskurs auch als Wunscheltern[8] oder Ersatzeltern[9] bezeichnet – zugedacht.

---

* Die Autoren danken Herrn Prof. Dr. *Marc-Philippe Weller* sowie für die kritische Lektüre des Manuskripts Herrn *Jan-Marc Steiner*.

[1] *Boivin u. a.*, International estimates of infertility prevalence, Hum.Reprod. 2007, 1506, 1509: *Duden*, Leihmutterschaft, 2015, S. 3; *Widge*, Foreword, in: Current Practices and Controversies in Assisted Reproduction, 2002, S. XV.

[2] *Janisch*, Familie der Zukunft, Süddeutsche Zeitung vom 10./11. 9. 2016. Nach *Janisch* gab es 2014 nur 3805 Familien in Deutschland mit adoptierten Kindern unter 18 Jahren.

[3] *Gruber/Blanck*, Gynäkologie und Geburtshilfe, 2014, S. 36.

[4] Zusammenfassend *Duden*, Leihmutterschaft, 2015, S. 4 f.

[5] Siehe dazu auch *Harbarth/Thomale/Weller*, Kinder auf Bestellung? Fortpflanzungstourismus – Die Leihmutterschaft als Prüfstein für Ethik und Menschenwürde, FAZ vom 17. August 2017.

[6] So vom deutschen Gesetzgeber beim Erlass des Embryonenschutzgesetzes (ESchG) 1989 definiert: BT-Drs. 11/5460, S. 15.

[7] So beispielsweise *Thomale*, Mietmutterschaft, 2015, S. 2; *Thomale*, Anerkennung kalifornischer Leihmutterschaftsdekrete in der Schweiz, IPRax 2016, S. 177 ff.

[8] So etwa BGH, Beschluss vom 10. 12. 2014 – XII ZB 463/13, Rz. 34.

[9] § 1 I Nr. 7 ESchG spricht von der Ersatzmutter.

I. Gesetzliche Ausgangslage

Das materielle Elternschaftsrecht in Deutschland behandelt Vaterschaft und Mutterschaft ungleich: Während die Vaterschaft angefochten, anerkannt und festgestellt werden kann[10], gilt hinsichtlich der Mutter der Grundsatz „mater semper certa est".[11] Die Mutter ist nach § 1591 BGB die Frau, die das Kind geboren hat. Damit ist im Fall der Leihmutterschaft lediglich die Leihmutter auch Mutter im Rechtssinn, denn sie allein bringt das Kind zur Welt. Eine Anfechtung oder Anerkennung der Elternstellung ist bei der Mutterschaft im Vergleich zur Vaterschaft nicht möglich. Daraus folgt, dass die Wunschmutter nicht die rechtliche Stellung einer Mutter einnehmen kann. Dieser Vereitelung des *rechtlichen Erfolgs* des Leihmutterschaftszwecks liegt eine die Leihmutterschaft verbietende Wertentscheidung des Gesetzgebers zugrunde. Die Leihmutter bleibt die rechtliche Mutter des Kindes. Explizit untersagen § 1 I Nr. 7 Embryonenschutzgesetz (ESchG)[12] und § 13c Adoptionsvermittlungs-gesetz (AdVermiG)[13] den Leihmutterschaftsvorgang in Deutschland. Ärzten, die eine die künstliche Befruchtung und Übertragung menschlicher Embryonen bei einer Leihmutter durchführen, droht nach dem ESchG eine Freiheitsstrafe von bis zu drei Jahren.

Das gesetzliche Verbot in Deutschland führt dazu, dass deutsche Paare zunehmend auf ausländische Leihmutterschaftsagenturen und Leihmütter ausweichen. So kann beispielsweise in Griechenland[14] und in einigen Staaten der USA[15] eine Leihmutterschaft legal durchgeführt werden.[16] Das Kind wird bei dieser Form des Reproduktionstourismus im Ausland von einer Leihmutter geboren und die Wunscheltern beantragen sodann in Deutschland die Anerkennung ihrer Elternschaft bei den Behörden.[17] Kommt das Kind beispielsweise in Kalifor-

---

[10] Siehe § 1592 BGB, der lautet „Vater eines Kindes ist der Mann, 1. der zum Zeitpunkt der Geburt mit der Mutter des Kindes verheiratet ist, 2. der die Vaterschaft anerkannt hat oder 3. dessen Vaterschaft nach § 1600d oder § 182 Abs. 1 des Gesetzes über das Verfahren in Familiensachen und in den Angelegenheiten der freiwilligen Gerichtsbarkeit gerichtlich festgestellt ist." [Hervorhebungen durch Verfasser].

[11] In etwa „die Mutter ist immer sicher".

[12] § 1 ESchG: „(1) Mit Freiheitsstrafe bis zu drei Jahren oder mit Geldstrafe wird bestraft, wer [...] 7. es unternimmt, bei einer Frau, welche bereit ist, ihr Kind nach der Geburt Dritten auf Dauer zu überlassen (Ersatzmutter), eine künstliche Befruchtung durchzuführen oder auf sie einen menschlichen Embryo zu übertragen."

[13] § 13c AdVermiG: „Die Ersatzmuttervermittlung ist untersagt."

[14] *Papachristos,* Grèce, in: Gestation pour autrui: Surrogate Motherhood, 2011, S. 170ff.

[15] *Spivack*, USA, in: Gestation pour autrui: Surrogate Motherhood, 2011, S. 260f.; siehe dazu auch in diesem Band *Hall,* From European Theory to American practice: the United States as a laboratory for Surrogacy Law und *Engelhardt,* Die Leihmutterschaft im US-amerikanischen Recht am Beispiel von Kalifornien und New Hampshire.

[16] Die Kosten dabei variieren stark abhängig des Staates, wo die Leihmutterschaft durchgeführt wird und liegen etwa zwischen 5.000 und 100.000 US$, siehe *Oberhuber*, Das Geschäft mit der guten Hoffnung, ZEIT ONLINE vom 17.8.2014.

[17] Problematisch ist auch in manchen Fällen bereits die Einreise, weil sich die Staatsbürgerschaft des Kindes im deutschen Recht nach der Staatsangehörigkeit der Eltern richtet. Die Elternstellung ist jedoch gerade unklar.

nien durch eine Leihmutter zur Welt, können die Wunscheltern bereits vor dem Geburtstermin die Elternschaft per Gerichtsurteil auf sich übertragen lassen.[18] Die kalifornische Geburtsurkunde weist dann die Wunscheltern als Eltern aus, es lassen sich keinerlei Anzeichen für eine Leihmutterschaft innerhalb des Dokuments finden.

Weist das ausländische Urteil doch Anzeichen für eine Leihmutterschaft auf oder erlangt die zuständige deutsche Behörde auf anderem Wege davon Kenntnis, so kann sie sich weigern das ausländische Gerichtsurteil, welches die Elternschaft der Wunscheltern feststellt, anzuerkennen. Dann ist es Sache der deutschen Gerichte zu entscheiden, ob das ausländische Gerichtsurteil in Deutschland anzuerkennen ist. Gesetzlich richtet sich das nach §§ 108, 109 FamFG[19], wonach ausländische Urteile in Familiensachen grundsätzlich anerkannt werden. § 109 I Nr. 4 FamFG schließt diese Anerkennung jedoch aus, wenn „die Anerkennung der Entscheidung zu einem Ergebnis führt, das mit wesentlichen Grundsätzen des deutschen Rechts offensichtlich unvereinbar ist, insbesondere wenn die Anerkennung mit den Grundrechten unvereinbar ist". Dieser sogenannte *ordre public*-Vorbehalt[20] könnte aufgrund des in Deutschland geltenden Verbots der Leihmutterschaft einer Urteilsanerkennung entgegenstehen. Dabei ist zu berücksichtigen, dass der *ordre public* bei der Anerkennung ausländischer Gerichtsentscheidungen besonders zurückhaltend anzuwenden ist, weil gerichtlichen Entscheidungen eine gewisse Richtigkeitsgewähr innewohnt und in ihrer Missachtung eine erhebliche Beeinträchtigung des internationalprivatrechtlichen Gemeinschaftsgedankens liegt.[21] Es kommt dann darauf an, ob die Gerechtigkeitsvorstellungen der deutschen Rechtsordnung mit dem Ergebnis der ausländischen Gerichtsentscheidung in untragbarem Widerspruch stehen.[22]

---

[18] Siehe dazu in diesem Band *Engelhardt,* Die Leihmutterschaft im US-amerikanischen Recht am Beispiel von Kalifornien und New Hampshire.

[19] Gesetz über das Verfahren in Familiensachen und in den Angelegenheiten der freiwilligen Gerichtsbarkeit.

[20] Musielak/Borth FamFG-*Borth/Grandel,* § 109 FamFG, Rn. 7; MüKoFamFG-*Rauscher,* § 109 FamFG, Rn. 37; Beck'scherOKFamFG-*Sieghörtner,* § 109 FamFG, Rn. 31.

[21] Neben dem anerkennungsrechtlichen *ordre public* des § 109 I Nr. 4 FamFG gibt es in Art. 6 EGBGB einen kollisionsrechtlichen *ordre public,* der dann eingreifen kann, wenn es einen Sachverhalt mit Auslandsbezug, aber kein ausländisches Gerichtsurteil gibt. Dabei wird der anerkennungsrechtliche *ordre public* regelmäßig zurückhaltender angewendet (effet atténué), denn ein ausländisches Gericht hat bereits über die Sache entschieden, die Entscheidung hat Rechtswirkung entfaltet und es sollen hinkende Rechtsverhältnisse vermieden werden, siehe dazu: *Duden,* Leihmutterschaft, 2015, S. 216; *Thomale,* Mietmutterschaft, 2015, S. 44.

[22] BGH FamRZ 2015, 240, 241; NJW 2002, 960, 961; KG FamRZ 2016, 1585, 1586; MüKoFamFG-*Rauscher,* § 109 FamFG, Rn. 37; Beck'scherOKFamFG-*Sieghörtner,* § 109 FamFG, Rn. 32.

II. Anerkennung ausländischer Leihmutterschaftsdekrete in der höchstrichterlichen Rechtsprechung

Der Bundesgerichtshof (BGH) hatte im Dezember 2014[23] einen Fall zu entscheiden, in dem es um die Anerkennung einer ausländischen Leihmutterschaft ging. Das kalifornische Gerichtsurteil wies zwei Männer, die in einer eingetragenen Lebenspartnerschaft in Berlin lebten, als die Eltern eines von einer Leihmutter in Kalifornien geborenen Kindes aus. Dabei war für die Zeugung des Kindes das Sperma eines der Bestellväter verwendet worden. Der BGH musste sich zu der Frage positionieren, ob eine Leihmutterschaft so stark gegen das deutsche Gerechtigkeitsempfinden verstößt, dass der anerkennungsrechtliche *ordre public*-Vorbehalt einer Anerkennung der ausländischen Gerichtsentscheidung entgegensteht.

Der Gerichtshof stellte zwar in Rechnung, dass die Leihmutterschaft gesetzlich in § 1 I Nr. 7 ESchG sowie § 13c AdVermiG verboten ist und dass der Schutz der Leihmutter und des Kindes bedacht werden müssen.[24] Jedoch verletze eine Leihmutterschaft nicht die Menschenwürde der Leihmutter, Art. 1 I 1 Grundgesetz (GG).[25] Mit Betonung auf die Freiwilligkeit der Entscheidung der Leihmutter[26] und der genetischen Verwandtschaft eines Bestellelternteils zu dem Kind[27] entschied der BGH für den konkreten Fall, dass kein *ordre public*-Verstoß vorliege.[28] Folglich war das ausländische Urteil in Deutschland anzuerkennen.

III. Betonung der regelmäßigen Notlage von Leihmüttern in der obergerichtlichen Rechtsprechung

Im Gegensatz dazu hat am 12.04.2017 das OLG Braunschweig in einem vergleichbaren Fall[29] entschieden, dass ein ausländisches Urteil, welches die Elternschaft der Leihmutter auf die Wunscheltern übertrug, in Deutschland nicht anzuerkennen sei.[30] Das OLG sah in der Umgehung der deutschen Gesetze durch die Leihmutterschaft im Ausland einen *ordre public*-Verstoß.[31] Eine Leihmutterschaft stürze das Kind in einen Identitätskonflikt. Zudem werde nach allge-

---

[23] BGH, Beschluss vom 10.12.2014 – XII ZB 463/13.

[24] BGH, Beschluss vom 10.12.2014 – XII ZB 463/13, Rz. 38, 39.

[25] BGH, Beschluss vom 10.12.2014 – XII ZB 463/13, Rz. 44.

[26] BGH, Beschluss vom 10.12.2014 – XII ZB 463/13, Rz. 49.

[27] BGH, Beschluss vom 10.12.2014 – XII ZB 463/13, Rz. 53.

[28] BGH, Beschluss vom 10.12.2014 – XII ZB 463/13.

[29] Die Leihmutterschaft wurde jedoch in Colorado, USA durchgeführt und auch dort wurde die Elternschaft per Gerichtsurteil übertragen.

[30] OLG Braunschweig, Beschluss vom 12.4.2017 – 1 UF 83/13.

[31] Insbesondere auf die Gesetzumgehung hinweisend OLG Braunschweig, Beschluss vom 12.4.2017 – 1 UF 83/13, Rz. 24 f.

meiner Lebenserfahrung bei der Leihmutterschaft eine finanzielle Notlage der Leihmutter ausgenutzt.[32] „Der Senat [hielt] es regelmäßig für ausgeschlossen, dass eine Frau, die sich nicht in einer finanziellen Notlage oder angespannten Lebenssituation befindet, sich einer monatelangen, hochdosierten und körperlich anspruchsvollen Hormonbehandlung für eine Eizellenentnahme unterzieht oder sich den körperlichen und psychischen Risiken einer Mehrlingsschwangerschaft zugunsten fremder Auftraggeber aussetzt."[33] Im konkreten Fall sei nicht mit hinreichender Sicherheit von einer freiwilligen Entscheidung der Leihmutter auszugehen. Die gerichtliche Übertragung der Elternschaft sei ohne Anhörung der Leihmutter und sechs Wochen vor der Geburt erfolgt.[34] Damit werde der im Zuge der Schwangerschaft gewachsenen psychischen Bindung zwischen den auszutragenden Kindern und der Leihmutter nicht ausreichend Rechnung getragen.[35]

In der fehlenden Gewähr für eine freie Entscheidung der Leihmutter sah das OLG einen relevanten Unterschied zu dem Fall, welchen der BGH im Dezember 2014 zu entscheiden hatte. Damit vermied das OLG einstweilen eine offene Opposition zur höchstrichterlichen Rechtsprechung. Es bleibt abzuwarten, ob und wie sich der BGH zu dieser Rechtsprechung positioniert.

IV. Leihmutterschaft und die Europäische Menschenrechtskonvention

Auch international beschäftigt das Phänomen der grenzüberschreitenden Leihmutterschaft Gerichte. Neben den jeweiligen nationalen grundrechtlichen Ordnungsrahmen kommen dabei vermehrt auch europäische Grundrechte zum Tragen, insbesondere jene der Europäischen Menschenrechtskonvention (EMRK).[36] Auch die deutsche öffentliche Gewalt ist an die Grundrechte der EMRK gebunden.[37] Dementsprechend gebührt den Entwicklungen in der Rechtsprechung des Europäischen Gerichtshofs für Menschenrechte (EGMR)

---

32 OLG Braunschweig, Beschluss vom 12.4.2017 – 1 UF 83/13, Rz. 29: „Mit den vertraglichen Vereinbarungen ist zudem das offensichtlich zwischen den Antragstellern und der Eizellenspenderin sowie der Familie der Leihmutter bestehende finanzielle Gefälle ausgenutzt worden, um die körperlichen Gegebenheiten der Frauen für die Auftraggeber nutzen zu können."

33 OLG Braunschweig, Beschluss vom 12.4.2017 – 1 UF 83/13, Rz. 29.

34 OLG Braunschweig, Beschluss vom 12.4.2017 – 1 UF 83/13, Rz. 29.

35 OLG Braunschweig, Beschluss vom 12.4.2017 – 1 UF 83/13, Rz. 29.

36 Zu den Grundrechten der EU-Grundrechtecharta s. *Thomale*, Mietmutterschaft, S. 70f.

37 Grundlegend dazu BVerfGE 111, 307, Ls. 1 (Görgülü-Beschluss): „Zur Bindung an Gesetz und Recht (Art. 20 Abs. 3 GG) gehört die Berücksichtigung der Gewährleistungen der Konvention zum Schutze der Menschenrechte und Grundfreiheiten und der Entscheidungen des Europäischen Gerichtshofs für Menschenrechte im Rahmen methodisch vertretbarer Gesetzesauslegung."

besondere Aufmerksamkeit. Als Leitentscheidungen gelten dabei die Fälle *Mennesson*[38] und *Paradiso und Campanelli I*[39] *und II*[40].

V. Betonung des faktischen Familienbandes

Im Fall *Mennesson* wollte ein französisches Ehepaar eine kalifornische Entscheidung anerkennen lassen, die ihm die Elternschaft von Zwillingen zusprach, die im Wege der Leihmutterschaft unter Verwendung von Sperma des Bestellvaters empfangen wurden. Französische Gerichte hatten diesem Begehren auf Grundlage des französischen *ordre public*-Vorbehalts nach langjährigem Rechtsstreit eine Absage erteilt, sodass sich die Bestelleltern schlussendlich an den EGMR wandten und dort eine Verletzung des Rechts auf Familien- und Privatleben (Art. 8 EMRK) rügten. Der EGMR stellte in seiner Entscheidung fest, dass unter den Schutz des Konventionsgrundrechts, ungeachtet der genetischen Verwandtschaft, auch faktische Familienbande fallen.[41] Im Folgenden differenziert der Gerichtshof: Zwar seien die Bestelleltern selbst nicht in ihrem Recht auf Achtung des Familien- und Privatlebens verletzt.[42] Etwas anderes gelte aber für das Recht der durch die Leihmutterschaft empfangenen Kinder.[43] Deren Recht auf Achtung des eigenen Privatlebens sei verletzt, wenn noch nicht einmal die nachweislich bestehende biologische Verbindung zum Bestellvater ein rechtliches Band nach sich ziehe.[44] Eine umfassende Pflicht der Mitgliedsstaaten zur Anerkennung gerichtlicher Elternschaftsfeststellungen aus dem Ausland sprach der Gerichtshof jedoch nicht aus.[45]

---

[38] EGMR, Urt. v. 26.06.2014, Nr. 65192/11 – *Mennesson gegen Frankreich*.

[39] EGMR, Urt. v. 27.01.2015, Nr. 25358/12 – *Paradiso und Campanelli gegen Italien*. Die Sache wurde der Großen Kammer vorgelegt, s. dazu die nachfolgende Fn.

[40] EGMR (Große Kammer), Urt. v. 24.01.2017, Nr. 25358/12 – *Paradiso und Campanelli gegen Italien*. Dazu *Thomale*, IPrax 2017 (Im Erscheinen).

[41] EGMR, Urt. v. 26.06.2014, Nr. 65192/11 – *Mennesson gegen Frankreich*, Rz. 45. Siehe dazu auch *Duden*, Leihmutterschaft im Internationalen Privat- und Verfahrensrecht, S. 185.

[42] EGMR, Urt. v. 26.06.2014, Nr. 65192/11 – *Mennesson gegen Frankreich*, Rz. 94.

[43] Kritisch zu den Bestelleltern, deren Elternschaft erst noch zu klären war, als Interessenvertreter des Kindes *Thomale*, IPrax 2017 (Im Erscheinen).

[44] EGMR, Urt. v. 26.06.2014, Nr. 65192/11 – *Mennesson gegen Frankreich*, Rz. 100: „La Cour estime, compte tenu des conséquences de cette grave restriction sur l'identité et le droit au respect de la vie privée des troisième et quatrième requérantes [= der beiden durch Leihmutterschaft empfangenen Kinder], qu'en faisant ainsi obstacle tant à la reconnaissance qu'à l'établissement en droit interne de leur lien de filiation à l'égard de leur père biologique, l'État défendeur est allé au-delà de ce que lui permettait sa marge d'appréciation." Einschub der *Verf.*

[45] So auch *Helms*, FamRZ 2015, 245, 246; *Thomale*, Mietmutterschaft, S. 68; *Duden*, Leihmutterschaft im Internationalen Privat- und Verfahrensrecht, S. 272. Weiter hingegen *Heiderhoff* NJW 2014, 2673, 2675 mit Fn. 17; *Sanders*, Mehrelternschaft (zitiert nach Manuskriptseiten), S. 380.

VI. Hinwendung zu einer leihmutterschaftskritischeren Haltung

Der Fall *Paradiso und Campanelli* hat den EGMR zunächst in Gestalt einer Kammerentscheidung und sukzessive auch vor der Großen Kammer, der die Sache zur Entscheidung vorgelegt wurde, beschäftigt.[46] Der Fall drehte sich um ein Leihmutterschaftskind, das von einem italienischen Paar bestellt worden war. Konkret war angedacht, dass eine Leihmutter im Auftrag einer russischen Klinik für die Bestelleltern ein aus deren Genmaterial gezeugtes Kind austragen sollte. Nachdem das Kind für kurze Zeit bei den Bestelleltern gelebt hatte, stellte sich heraus, dass es mit diesen genetisch nicht verwandt war. Die italienischen Behörden brachten das Kind daraufhin zunächst in einem Heim und schlussendlich bei einer Pflegefamilie unter.[47] Nachdem die Bestelleltern sich erfolglos an die Gerichte in ihrem Heimatland gewandt hatten, riefen sie schließlich den EGMR an.

Dieser urteilte zunächst in einer Kammerentscheidung zu ihren Gunsten. Dem Staat Italien wurde zwar nicht das Recht abgesprochen, eine Leihmutterschaft im Inland zu verbieten. Es sei aber nicht zulässig, allein zur Durchsetzung des inländischen Verbotes die faktische Familienbeziehung von Bestelleltern und dem aus der Leihmutterschaft hervorgegangenen Kind aufzubrechen.[48] Maßgeblich war für den EGMR, dass die italienischen Behörden keine hinreichende Abwägung vorgenommen hatten.[49] Damit sei das Recht der Bestelleltern aus Art. 8 EMRK verletzt.[50] Eine Rückgabe des Kindes aus der Pflegefamilie ordnete der Gerichtshof aber ausdrücklich nicht an.[51]

Anders entschied die Große Kammer. Art. 8 EMRK garantiere kein Recht auf Familiengründung.[52] Auch verneinte der Gerichtshof eine de-facto-familiäre Beziehung zwischen den Bestelleltern und dem Kind in Ansehung der Kürze des Zusammenlebens und des Fehlens jedweder biologischen Verbindung.[53] Der Gerichtshof erwog zudem, dass eine Entscheidung zu Gunsten der Bestelleltern

---

[46] Siehe dazu die Pressemitteilung des EGMR vom 02.06.2017.

[47] EGMR, Urt. v. 27.01.2015, Nr. 25358/12 – *Paradiso und Campanelli gegen Italien*, Kammerentscheidung, Rz. 5 ff.

[48] EGMR, Urt. v. 27.01.2015, Nr. 25358/12 – *Paradiso und Campanelli gegen Italien*, Kammerentscheidung, Rz. 80: „[L]a référence à l'ordre public ne saurait toutefois passer pour une carte blanche justifiant toute mesure […].“ S. auch Rz. 84.

[49] EGMR, Urt. v. 27.01.2015, Nr. 25358/12 – *Paradiso und Campanelli gegen Italien*, Kammerentscheidung, Rz. 86.

[50] Anders als im Fall *Mennesson* wurde hier gerade nicht auf Rechte des Kindes abgestellt. Zum Verhältnis von Wunschelternwohl und Kindeswohl s. *Thomale*, IPrax 2017 (Im Erscheinen).

[51] EGMR, Urt. v. 27.01.2015, Nr. 25358/12 – *Paradiso und Campanelli gegen Italien*, Kammerentscheidung, Rz. 88.

[52] EGMR (Große Kammer), Urt. v. 24.01.2017, Nr. 25358/12 – *Paradiso und Campanelli gegen Italien*, Rz. 141. Siehe dazu auch *Thomale*, IPRax 2017, 583 ff.

[53] EGMR (Große Kammer), Urt. v. 24.01.2017, Nr. 25358/12 – *Paradiso und Campanelli gegen Italien*, Rz. 158.

deren bewusste Umgehung der italienischen Entscheidung gegen die Leihmutterschaft als Fortpflanzungsmodell honorieren würde.[54]

Die Entscheidungspraxis des EGMR zeichnet also einstweilen ein differenziertes Bild. Ob sich der Gerichtshof in Zukunft zu einer prinzipiellen Positionierung zur Leihmutterschaft hinreißen lässt, wird sich zeigen. Es bleibt festzuhalten, dass die „Leihmutterschaft delikate Fragen ethischer Natur aufwirft."[55] Diese ethischen Fragen sind so vielschichtig, dass sie nur interdisziplinär in Angriff genommen werden können. Eben dies war die Agenda des Leihmutterschaftsymposiums in den Heidelberger Marsilius-Arkaden am 07. April 2017, aus dem dieser Tagungsband hervorgegangen ist.

VII. Zusammenfassung in Thesenform

1. Eine Leihmutterschaft ist in Deutschland nach dem Embryonenschutzgesetz und dem Adoptionsvermittlungsgesetz verboten.
2. Das in Deutschland herrschende Verbot der Leihmutterschaft führt zu Fortpflanzungstourismus, beispielsweise nach Kalifornien.
3. Die Anerkennung eines ausländischen Leihmutterschaftsdekrets muss sich am anerkennungsrechtlichen *ordre public* messen lassen.
4. Nach Ansicht des BGH verstößt ein ausländisches Elternschaftsurteil dann nicht gegen den *ordre public*, wenn ein Wunschelternteil mit dem Kind genetisch verwandt ist und die Freiwilligkeit der Leihmutter gesichert ist.
5. Nach Ansicht des OLG Braunschweig verstößt ein ausländisches Leihmutterschaftsurteil jedenfalls dann gegen den *ordre public*, wenn eine klare Rechtsumgehung vorliegt und die Freiwilligkeit der Leihmutter nicht gewährleistet ist.
6. Der EGMR hat in der Sache *Menesson* die Auffassung vertreten, dass die Nichtanerkennung der Leihmutterschaft Rechte der aus ihr hervorgegangenen Kinder verletzen kann.
7. Eine solche Rechtsverletzung kann nach dem EGMR darin liegen, dass noch nicht einmal eine bestehende biologische Verwandtschaft mit dem Bestellvater rechtlich anerkannt wird.
8. In der Sache *Paradiso und Campanelli*, in der es an einer entsprechenden biologischem Verbindung fehlte, lehnte der EGMR eine Pflicht Italiens zur Anerkennung einer ausländischen Leihmutterschaft ab. Eine abschließende, allgemeine Positionierung zur Leihmutterschaft lässt sich der Entscheidung aber nicht entnehmen.

---

[54] EGMR (Große Kammer), Urt. v. 24.01.2017, Nr. 25358/12 – *Paradiso und Campanelli gegen Italien*, Rz. 215: „Accepter de laisser l'enfant avec les requérants, peut-être dans l'optique que ceux-ci deviennent ses parents adoptifs, serait revenu à légaliser la situation créée par eux en violation de règles importantes du droit italien."

[55] EGMR, Urt. v. 26.06.2014, Nr. 65192/11 – *Mennesson gegen Frankreich*, Rz. 79 der deutschen Übersetzung.

Wert und Bewertung des Verleihens

Ein historischer Vergleich als Beitrag zur aktuellen Diskussion um Leihmutterschaft

Katja Patzel-Mattern

Die Reproduktionsmedizin, so die These des Kulturwissenschaftlers und Journalisten Andreas Bernard, versieht das Familienmodell mit neuer Empathie.[1] Diese Empathie speist sich aus der Tatsache, dass Menschen, die bis dahin keine Familien gründen konnten, das Modell adaptieren und damit zugleich interpretieren.[2] Der Sänger Elton John und sein Partner David Furnish, der Investor Nicolas Berggruen oder die Schauspielerin Jessica Parker und ihr Mann Matthew Broderick sind nur prominente Beispiele für eine inzwischen durchaus übliche Praxis: die Erfüllung des Kinderwunsches von homo- und heterosexuellen Paaren oder alleinstehenden Menschen mittels der Reproduktionsmedizin. Diese ermöglicht genetische Verwandtschaft ohne sexuelle Kontakte zu einer Frau oder die leibliche Schwangerschaft der späteren Mutter.

Die mediale Aufmerksamkeit für diese reproduktionsmedizinische Möglichkeit der Familiengründung lenkt den Blick auf Wunschkinder und Regenbogenfamilien und deren Potentiale für gedeihliches Zusammenleben. Auch die Leihmütter, die diese Familien erst ermöglichen, werden thematisiert; allerdings seltener als Akteurinnen der sich herausbildenden familiären Konstellation als vielmehr als Dienstleisterinnen. Der Aufsatz folgt dieser Schwerpunktsetzung und diskutiert in historischer Perspektive, wie sich Tauschbeziehungen im Kontext körperlicher Dienstleitungen ausgestalteten. Dabei lenkt er den Blick bewusst auf soziale Aspekte und lässt emotionale Lagen, die für die Historikerin schwieriger zu erfassen sind, außen vor.

---

[1] Der Aufsatz erschien erstmals in gekürzter Form in: Herder Korrespondenz Spezial: Kinder, Kinder. Ethische Konflikte am Lebensanfang, April 2017, S. 40–43. Ausschnitte aus diesem Artikel sind eingeflossen in einen gemeinsamen Artikel in: Beate Dietzen u. a.: Der gemietete Bauch, in: Ruperto Carola. Forschungsmagazin. Themenheft „Frau & Mann", Heidelberg 2017, S. 102–111.

[2] So in einem Interview in Die Presse unter dem Titel: *Andreas Bernard*: „Künstliche Fortpflanzung bedroht die Familie nicht", Die Presse, Print-Ausgabe, 20.07.2014, hier zitiert nach der Online-Ausgabe diepresse.com/home/leben/gesundheit/3841257/Andreas-Bernard_Kuenstliche-Fortpflanzung-bedroht-die-Familie-nicht (30.06.2017).

Angesichts eines sich etablierenden globalen Marktes für Leihmutterschaften erscheint eine historisch-kritische Auseinandersetzung mit dieser Praxis des Leihens und Verleihens weiblicher, körperlicher Fertigkeiten dringend geboten: Zwar ist Leihmutterschaft in Deutschland grundsätzlich verboten. Die rechtliche Anerkennung einer Mutterschaft ist daran gebunden, dass das Kind ausgetragen wurde. Dennoch urteilte der Bundesgerichtshof im Jahr 2014, dass in einem Ausnahmefall die Elternschaft eines deutschen Paares für ein Kind zu akzeptieren sei, das in Kalifornien, wo Leihmutterschaft erlaubt ist, ausgetragen wurde.[3] Zuvor war die Elternschaft bereits von einem kalifornischen Gericht anerkannt worden. Dieses Urteil eröffnet Spielräume, ohne sie eindeutig zu definieren, und bringt so Unsicherheit für Betroffene mit sich.

Zur Diskussion steht die Stellung zur Leihmutterschaft als einer Art menschlicher Reproduktion. Ist sie grundsätzlich abzulehnen oder gibt es bestimmte Voraussetzungen, unter denen sie akzeptabel erscheint? Im Folgenden werden insbesondere jene historischen Kontexte vorgestellt, die für die Diskussion von Positionen, die zwischen kommerzieller und altruistischer Leihmutterschaft differenzieren, relevant sind. Auf diese Weise können Erfahrungen, die mit älteren Formen des Leihens und Verleihens weiblicher, körperlicher Fertigkeiten und ihrer Regulierung gesammelt wurden, aktuelle Überlegungen perspektivieren. Anhand biblischer Beispiele der Leihmutterschaft, vor allem aber anhand des Ammenwesens und einiger aktueller Parallelitäten hinsichtlich des rechtlichen Umgangs mit der Prostitution, verstanden als Körperarbeit, wird diskutiert, welche Folgen obrigkeitliche Regulierungen haben, wie soziale Hierarchien wirken und wie Reproduktionsarbeit bewertet wird.

Historisch ist das Leihen und Verleihen jener Fertigkeiten des weiblichen Körpers, die notwendig sind, um einem Kind das Leben zu schenken oder sein Leben zu erhalten, keineswegs neu. Neu sind hingegen die technischen Möglichkeiten, mit denen Austauschbeziehungen gestaltet werden. So kann Muttermilch heute eingefroren und über das Internet gehandelt oder über Kliniken nach medizinischen Erwägungen weitergegeben werden. Die Kühltechnik machten sich auch Muttermilchbanken, die bereits rund ein Jahrhundert früher in Krankenhäusern entstanden, zunutze und übernahmen die Lagerung und Verteilung überschüssiger Muttermilch.[4] In der DDR wurde die Einrichtung solcher Stellen in Städten mit mehr als 50.000 Einwohnern sogar gesetzlich festgeschrieben – wohl auch um Engpässe in der Produktion von Ersatznahrung zu kompensieren.[5] Unabhängig von der Distributionsform, die im Falle der Kliniken formali-

[3] Bundesgerichtshof: Beschluss von 10. Dezember 2014, XII ZB 463/13 juris.bundesgerichtshof.de/cgi-bin/rechtsprechung/document.py?Gericht=bgh&Art=en&nr=69759&pos=0&anz=1 sowie Presseerklärung zum Urteil juris.bundesgerichtshof.de/cgi-bin/rechtsprechung/document.py?Gericht=bgh&Art=en&nr=69759&pos=0&anz=1 (beide 30. 6. 2017), aus der deutlich wird, dass die Grund- und Menschenrechte des Kindes und der Leihmutter bei der Urteilsfindung wichtig waren.

[4] Zur Entwicklung der Milchbanken in den USA vgl. *Valerie Fildes*: Wet Nursing. A History from the Antiquity to the present, Oxford 1988, S. 264.

[5] Die European Milk Bank Association, eine non profit Organisation, gibt an, dass 1959 auf

siert ist, wird der Säugling in beiden Fällen mithilfe der Flasche und damit ohne direkten Köperkontakt zur milchgebenden Frau ernährt. Demgegenüber ist die Austauschbeziehung in historischer Zeit durchweg personal organisiert.[6] Amme und Eltern schließen einen Vertrag miteinander, die Ernährung des Kindes erfolgt über das Stillen. Folglich standen die Amme und der Säugling in direktem körperlichem Kontakt miteinander. Vergleichbar verläuft auch die Entwicklung im Falle der Leihmutterschaft: Auch die Zeugung eines Wunschkindes bedarf heute keines körperlichen Kontaktes mehr, wie er bis ins 19. Jahrhundert hinein unerlässlich war. Damit war zugleich stets eine biologische Verwandtschaft des Wunschkindes mit der Leihmutter gegeben. Daran änderten auch die ersten homologen Inseminationen, die Mediziner, Versuche aus der Tierzucht auf den Menschen übertragend, im Laufe des 19. Jahrhunderts vornahmen, wenig. Die Behandlung wurde nur bei verheirateten Paaren mit Kinderwunsch durchgeführt und war überdies kaum verbreitet. „Man darf wohl sagen, daß in Laienkreisen überhaupt keine Kenntnis von dem Vorhandensein einer solchen Vornahme existiert", schreibt der Sexualwissenschaftler Hermann Rohleder 1911.[7] Erst in den 1930er Jahren begann sich in den USA die Samenspende Dritter durchzusetzen, seit dem letzten Viertel des Jahrhunderts werden In-vitro-Fertilisationen mit gespendeten Eizellen durchgeführt. Damit wird eine Elternschaft ohne verwandtschaftliche Beziehungen zum Kind möglich. Das Wunschkind kann genetisch von einem Mann und einer Frau abstammen, zugleich aber von einer dritten Person ausgetragen und im Falle der Ei- und Samenspende von einer vierten und fünften Person aufgezogen werden. Ist im Fall der Leihmutterschaft zwar der direkte körperliche Kontakt zwischen Kind und austragender Frau ebenso gegeben wie häufig auch eine persönliche Beziehung zwischen den erwachsenen Tauschpartnern, so findet auch hier eine Technisierung der Tauschbeziehung statt. In beiden Fällen wird der Gegenstand des Tauschhandels – die Muttermilch einerseits, der befruchtete Embryo andererseits – unter Einsatz technischer Hilfsmittel appliziert und auch die Gewinnung, Bearbeitung und

---

dem Gebiet der damaligen DDR 62 Milchbanken existierten. 1989 lag die Zahl nahezu unverändert bei 60. Auch in der Bundesrepublik gab es zu Beginn der 1960er Jahre noch eine, wenn auch geringere Anzahl an Milchbanken. Heute werden 17 Milchbanken an deutschen Entbindungskliniken betrieben. Mit der hier gesammelten Milch werden vor allem Frühgeborene ernährt. europeanmilkbanking.com/country/germany/ (30.06.2017).

[6] Untersuchungen belegen die Bedeutung der Mund zu Mund-Vermittlung, vgl. *Ellen Ross*: Love and toil. Motherhod in outcast London, 1870–1918, Oxford 1993, S. 136, für London, *George E. Sussmann*: Selling mothers' milk. The wet nursing business in France, 1715–1918, Urbana u. a. 1982, S. 36, für Deutschland und die Suche allgemein nach Hauspersonal, insbesondere nach Kindermädchen, vgl. *Jutta Becher*: Kindermädchen. Ihre Bedeutung als Bezugspersonen für Kinder in bürgerlichen Familien des Zweiten Deutschen Kaiserreichs (1871–1918), Frankfurt a. M. u. a. 1993, S. 103–105.

[7] *Hermann Rohleder*: Die Zeugung beim Menschen. Eine sexualphysiologische Studie aus der Praxis. Mit Anhang: Die künstliche Zeugung (Befruchtung) beim Menschen, Leipzig 1911, S. 215, hier zitiert nach *Andreas Bernhard*: Kinder machen – Samenspender, Leihmütter, künstliche Befruchtung. Neue Reproduktionstechnologien und die Ordnung der Familie, Frankfurt a. M. 2014, S. 511.

Lagerung des „Materials“ bedient sich technischer Verfahren. Die Tauschbeziehung ist sowohl im Fall der Muttermilchspende als auch der Leihmutterschaft auf die Nähr- bzw. Austrage- und Gebärfunktion beschränkt.

Dies war in historischer Zeit anders. Der Verweis auf die Bibel ist im Kontext der Diskussion über Leihmutterschaft einschlägig. Im Alten Testament findet sich nicht nur die vielfach zitierte Geschichte von Sara, Hagar, Abraham und Ismael, sondern ebenso jene von Rahel, Bilha, Jakob, Dan und Naftali.[8] In beiden Fällen wird unerwünschter Kinderlosigkeit und der Tatsache, dass infolge dessen ein in väterlicher Linie abstammender Erbe fehlt, durch Beischlaf mit einer dritten Person begegnet. Es sind in den Erzählungen die infertilen Ehefrauen, die ihre Männer mit den jeweiligen Mägden zusammenbringen und auf diese Weise zu Müttern werden.[9] Die Herrschaftsverhältnisse und die zumindest symbolische Beteiligung der Ehefrau an der Geburt sichern den Anspruch des Paares auf das Kind.[10] Während hier jeweils weibliche Empfängnis- und Gebärfähigkeit „ver- bzw. geliehen“ und damit die männliche Linie gesichert wird, gibt es in der Geschichte auch Beispiele dafür, dass bestimmte lebenserhaltende Funktionen zum Gegenstand eines Tauschhandels werden. Einschlägig ist das Ammenwesen. Auch dieses ist bereits seit der Antike bekannt und begründete sich entweder in der notwendigen Versorgung Neugeborener beispielsweise nach dem Tod der Mutter, fehlender oder nicht ausreichender Muttermilch oder in der Freistellung der Mütter für andere gesellschaftliche Verpflichtungen.[11] Während arbeitende Frauen aus der Unterschicht häufig weder die Zeit, manchmal aufgrund schwerer körperlicher Arbeit und schlechter Versorgung auch nicht die notwendige Konstitution hatten, um selbst zu stillen, waren Frauen aus dem Adel und dem entstehenden Bürgertum mit Repräsentationsaufgaben belastet.[12] Gerade letzteres trug dazu bei, das gewerbsmäßige Ammenwesen in Europa vor allem im 17. und 18. Jahrhundert zu verbreiten. Trotz sich ändernder Vorstellungen von den Geschlechterrollen und Familienleitbildern konnte es sich aber bis zum Ersten Weltkrieg erhalten. Die Ammentätigkeit verlor erst an Bedeutung, als Verfahren

---

[8] Die Parallelgeschichte zu der Rahels, die von Lea, Silpa, Gad und Ascher handelt, bleibt hier unberücksichtigt, da sie nicht primär ungewollte Kinderlosigkeit, sondern den Kampf zweier Ehefrauen um ihren Mann mittels Nachkommen schildert.

[9] Die Bibel (Einheitsübersetzung), Genesis 16, 1–16 und 30, 1–9: Nach altorientalischem Recht konnte die Frau in einer kinderlosen Ehe ihre Magd dem Mann überlassen. Die so gezeugten Kinder galten als legitime Nachkommen des Ehepaares.

[10] Während in der Sara-Geschichte nur die Überlassung der Magd geschildert wird, berichtet die Rahel-Geschichte auch von der Gestaltung der Niederkunft: „Da ist meine Magd Bilha. Geh zu ihr! Sie soll auf meine Knie gebären, dann komme auch ich durch sie zu Kindern.“ Ebd., Genesis 30,3,4. Indem die Ehefrau das Neugeborene unmittelbar nach der Niederkunft der Magd auf ihren Schoß nimmt, zeigt sie an, dass sie es als ihr eigenes Kind anerkennt.

[11] Zu den antiken Traditionen vgl. knapp *Kurt W. Alt*: Die Übersterblichkeit der Säuglinge und Kleinkinder in der frühen Neuzeit – Unberechenbares Schicksal oder menschliches Versagen, in: ders. u. a. (Hrsg.): Kinderwelten. Anthropologie – Geschichte – Kulturvergleich, Köln 2002, S. 223–245, hier S. 228, 232. Ausführlicher und die Geschichte bis in die frühe Neuzeit rekapitulierend *Fildes* (1988), S. 1–78.

[12] Vgl. hierzu *Sabine Seichter*: Erziehung an der Mutterbrust. Eine kritische Kulturgeschichte des Stillens, Weinheim u. a. 2014, S. 59.

verfügbar waren, Tiermilch zu entkeimen bzw. Ersatzmilchprodukte herzustellen und als diese auch großflächig vertrieben wurden. 1866 kam das erste, von Justus Liebig entwickelte Ersatzprodukt für Säuglinge auf den Markt, das von Henri Nestlé weiterentwickelt wurde.[13] Ab Mitte der 1870er Jahre war ein Handelsnetz für Ersatzmilchprodukte etabliert. Auch wenn diese Produkte nicht immer optimal an die Bedürfnisse der Säuglinge angepasst waren, sank durch das neue Angebot die Infektionsgefahr für Kinder, die nicht von ihrer Mutter gestillt wurden.[14] Auffällig ist überdies, dass das Ammenwesen zeitlich parallel zur außerhäuslichen Arbeit von Frauen aus dem Bürgertum zurückging. Im Verlauf des 18. Jahrhunderts etablierte sich ein bürgerliches Geschlechtermodell, das Frauen die Aufgabe der Reproduktion zuwies. So resümierte der bürgerliche Sozialreformer Lorenz von Stein Mitte der 1870er Jahre: „Das Haus ist die Arbeit der Liebe; nie vergiß, daß sie zusammen auch mit dem höchsten Werthe das höchste Glück der Frau sind!“[15] Frauen sollten vor allem Haus und Familie versorgen und die Erwerbsarbeit des Mannes durch die Sorge um das harmonische Miteinander ergänzen. Ihre Rolle als Mutter wurde idealisiert; öffentliche Verpflichtungen traten demgegenüber in den Hintergrund. Dieses Konzept der Arbeitsteilung zwischen Frauen und Männern prägte das Denken in Deutschland weit über das Bürgertum hinaus und mindestens bis zur Mitte des 20. Jahrhunderts. Noch 1954 hieß es in einer Begründung zu dem vier Jahre später in der Bundesrepublik Deutschland in Kraft getretenen sogenannten „Gleichberechtigungsgesetz“: „Es gehört zu den Funktionen des Mannes, dass er grundsätzlich der Erhalter und Ernährer der Familie ist, während die Frau es als ihre vornehmste Aufgabe ansehen muss, das Herz der Familie zu sein.“[16] Die Vorstellung einer funktionellen Verschiedenheit der Geschlechter setzte dort, wo auch die finanziellen Ressourcen gegeben waren, Kapazitäten für die Kinderversorgung frei.

Was verbindet und was trennt nun die biblische Leihmutterschaft und das Ammenwesen des 17. und 18. Jahrhunderts in Europa als Beispiele des Leihens und Verleihens weiblicher, körperlicher Fertigkeiten und was bedeutet dies für die aktuelle Diskussion? Unterschiedlich sind zunächst die Organisation des Tauschhandels und damit seine uns bekannte Ausdehnung. Leihmutterschaft, in der Form, in der sie in den biblischen Texten erwähnt wird, und bis zu den Anfängen der Reproduktionsmedizin auch ausschließlich realisierbar war, er-

---

[13] *Barbara Orland*: Wissenschaft, Markt und Erfahrung. Natürliche versus künstliche Säuglingsernährung im 19. Jahrhundert, in: Marguérite Bos u. a. (Hrsg.): Erfahrung: Alles nur Diskurs?, Zürich 2004, S. 291–305.

[14] Zahlen bspw. für London belegen eine erhöhte Sterblichkeit bei Säuglingen, die zuvor mit der Flasche und nicht-entkeimter Tiermilch ernährt wurden. *Ross* (1993), S. 135. Hier auf S. 188 auch eine Beschreibung der Auswirkungen neuer Entwicklungen. Zu den Problemen, die die neuen Angebote des späten 19. Jahrhunderts mit sich brachten, vgl. *Fildes* (1988), Abb. 12.3, S. 203.

[15] Vgl. exemplarisch *Lorenz von Stein*: Die Frau auf dem Gebiete der Nationalökonomie, Stuttgart 1875, S. 54.

[16] Drucksache des Bundestages Nr.: 02/224 vom 29. 01. 1954, S. 29.

wuchs aus persönlichen Beziehungen. Sie kannte keinen offiziellen Markt, über den Zahlen existieren, und lässt dementsprechend auch kaum Vermutungen über Dunkelziffern zu. Es kann aber, den Überlegungen Andreas Bernhards folgend, davon ausgegangenen werden, dass die in der Bibel geschilderten Beispiele durchaus soziale und rechtliche Realitäten wiederspiegeln, Leihmutterschaften basierend auf persönlichen Beziehungen und emotionalen Bindungen in welchem Umfang auch immer also gelebte Praxis waren.[17] Dem gegenüber war das Ammenwesen gerade in Frankreich, wo es weit verbreitet war, zumindest zeitweise auch zentral organisiert. Vermittler brachten Angebot und Nachfrage zusammen.[18] Ziel sich verschärfender Regulierungen war es, die Qualität der Tauschbeziehungen und die Einhaltung der Verträge durch die Eltern wie die Ammen zu garantieren. Zugleich galt es auf diese Weise letztlich das Leben der Kinder zu schützen. Dabei betrafen die Maßnahmen eine große Zahl von Personen wie die Zahlen des Jahres 1780 aus Paris zeigen. In diesem Jahr wurden von rund 21.000 Neugeborenen, solche in staatlicher Obhut ebenso wie solche, die unter der Obhut ihrer leiblichen Eltern standen, mehr als 95 Prozent von kommerziellen Ammen versorgt. Der weitaus größte Teil dieser Kinder, mindestens 15.600, war räumlich weit entfernt in den Provinzen untergebracht. Ein kleinerer Teil wurde von Ammen betreut, die in den Vororten der Stadt lebten. Weniger als zwei Prozent der Säuglinge wurde hingegen von den Müttern selbst oder von Ammen versorgt, die im Elternhaus des Kindes arbeiteten.[19] Die räumliche Entfernung, Zahlungsrückstände der Eltern, Nahrungsmittel-, vor allem Tiermilchknappheit in manchen Gebieten und wohl auch fehlende Fürsorge mögen die Hauptgründe für eine hohe Sterblichkeitsrate der durch Ammen versorgten Kinder sein.[20] So dokumentieren Zahlen für die Jahre zwischen 1770 und 1776 den Tod von knapp einem Drittel der Kinder, die durch das Pariser Büro für das Ammenwesen vermittelt wurden. Zum Vergleich: Für ganz Frankreich lag die Sterblichkeitsrate von Neugeborenen für die Jahre 1801/02 bei unter 19 Prozent.[21] Durch die Ausweitung der staatlichen Säuglingsfürsorge gingen die Zahlen sowohl der Sterbefälle als auch der durch Ammen betreuten Kindern ab 1874 zurück. Es kann dennoch davon ausgegangen werden, dass bis zum Ersten

[17] *Bernhard*, S. 852–855. Interessant hier sein Verweis auf Erfahrungen Noel Keanes, jenes Anwalts, der Ende der 1970er Jahre Leihmutterschaften vermittelte und vertraglich fixierte. Sie scheinen die Existenz dieser Praxis bis ins 20. Jahrhundert nahezulegen. Bei Keane meldeten sich nach einem Aufruf, mit dem er die Suche von Klienten nach einer Leihmutter unterstützte, zwei Frauen und ein Mann aus einem ländlichen und sozial schwachen Umfeld. Eine der Frauen gab an, aus Dankbarkeit das Kind des befreundeten Paares auszutragen. Im Original *Noel Keane/Dennis Breo*: The surrogate mother, New York 1981, S. 57–72.

[18] Bei *Fildes* (1988), S. 123–126 findet sich eine Tabelle der Organisation des Pariser Ammen Büros im 18. Jahrhundert.

[19] *Sussmann* (1982), Tabelle 1, S. 110.

[20] *Fildes* (1988), S. 100 weist hingegen zu Recht darauf hin, dass noch im 17. Jahrhundert eine sorgsame Pflege gerade von Kinder aus wohlhabenden Elternhäusern für die Amme selbst mit erheblichen, auch geldwerten Vorteilen, verbunden sein konnte.

[21] Alle Verhältnisse und Prozentzahlen aus ebd., S. 65/66.

Weltkrieg rund 10 % aller neugeborenen Kinder in Frankreich von Ammen außerhalb des Elternhauses versorgt wurden.

Die Gegenüberstellung der Kenntnisse, die wir über das historische Leihmutterschaftswesen haben, und jener, die uns über das Ammenwesen insbesondere in Frankreich vorliegen, zeigt ein deutliches Ungleichgewicht. Während die Arrangements und Folgen historischer Leihmutterschaften uns weitgehend unbekannt sind, kann sich die Einschätzung des Ammenwesens auf eine profunde Materialbasis stützen. Dies ist wesentlich eine Folge staatlicher Regulierungen: Die Klassifizierung des Leihens und Verleihens als geschäftsmäßiges Gewerbe und die damit verbundene staatliche Aufsichtsfunktion beförderte die Produktion von Daten. Diese wurden nicht nur genutzt, um die Zulassung zum Ammenwesen und die Einhaltung von Verträgen zu kontrollieren, sondern auch, um später gegen dieses zu agitieren. Dabei diente unter Verweis auf die Sterblichkeitsziffern seit dem ersten Viertel des 18. Jahrhundert zunehmend das Kindeswohl als Argument, während zuvor mit der Qualität der Milch die Befähigung der Amme im Fokus stand. Diese historische Erfahrung kann als Reflexionspunkt in der Abwägung zwischen einem generellen Verbot oder einer regulierten Zulassung dienen. Sie sensibilisiert zum einen dafür, dass die bürokratische Erfassung jeweils aktuellen Formen des politischen Agenda-settings folgt und Zahlen wie Maßnahmen stets vor diesem Hintergrund zu interpretieren sind. Zum anderen verweist die historische Erfahrung darauf, dass die bürokratische Erfassung einen gesellschaftlichen Diskurs darüber fundiert und befördert, inwiefern und unter welchen Bedingungen das Leihen und Verleihen weiblicher, körperlicher Fertigkeiten legitim ist. Dabei, das macht die Betrachtung des Ammenwesens deutlich, sind moralische Wertungen wandelbar: Erscheint das Ammenwesen angesichts fehlender Nahrungsalternativen und gesellschaftlicher Verpflichtungen von Frauen zunächst als sinnvolle Option der Säuglingsversorgung, so wird es angesichts der Durchsetzung von Ersatznahrung und geänderten Rollenbildern und in Kenntnis der Sterblichkeitsziffern zum Problem.

Neben die Unterschiede treten Gemeinsamkeiten der beiden Beispiele von Leihmutterschaft vor Etablierung der Reproduktionsmedizin und Ammenwesen vor der Einführung steriler Babynahrung. Eine zentrale Gemeinsamkeit liegt in dem sozialen Arrangement der Beziehung zwischen Verleihender und Leihenden. Diese Beziehung ist in beiden Fällen hierarchisch organisiert und durch ein soziales Gefälle gekennzeichnet. In den biblischen Beispielen besteht eine direkte Abhängigkeitsbeziehung zwischen Magd und Herrschaft. Die Eigeninteressen der Magd treten gänzlich hinter denen der Herrschaft zurück und werden nicht artikuliert. Im Falle der biblischen Hagar geht diese Unterordnung so weit, dass Sara mit der Schwangeren in einen Konflikt gerät und sie mit Zustimmung ihres Mannes so schlecht behandelt, dass diese das Haus verlässt, auf göttlichen Rat jedoch später wieder zurückkehrt.[22] In einem solchen Arrangement hat die

---

[22] „Da sagte Sarai zu Abram: Das Unrecht, das ich erfahre, komme auf dich. Ich habe dir meine Magd überlassen. Kaum merkt sie, dass sie schwanger ist, so verliere ich schon an Ach-

Leihmutter, gewissermaßen im Besitz der Herrschaft, keine Rechte. Dem Ammenwesen der Neuzeit liegt soziale Ungleichheit zugrunde. Während die Auftraggeber, also die leiblichen Eltern, zumeist der städtischen Elite entstammten, in der eigenes Stillen als unangemessen galt, da es die Frau in der Ausübung ihrer Pflichten beschränkte, rekrutierten sich die Ammen aus der ländlichen Bevölkerung. So wählten beispielsweise Eltern im London des 17. Jahrhunderts Ammen vom Land, weil sie die städtischen Lebensbedingungen für wenig förderlich für ihre Neugeborenen hielten.[23] Im Berlin des späten 19. und frühen 20. Jahrhunderts waren, einem Beispiel des Kaiserhauses folgend, Ammen aus dem Spreewald beliebt.[24] Aus den Motivationen, die zur Wahl der Amme führten, folgten unterschiedliche Betreuungsmodelle. Die Londoner Säuglinge wurden zur Amme auf das Land gegeben, die Ammen aus dem Spreewald hingegen zogen in die Stadt. Für die Frauen, die ihre Dienste als Ammen anboten, waren die Motivationen hingegen vergleichbar. Für sie bot der Verkauf ihrer Muttermilch eine Erwerbschance. Auch wenn sie vielfach nicht zu den sozial Schwächsten gehörten, benötigten sie das zusätzliche Geld zur Aufbesserung des Familieneinkommens.[25] Das brachte es mit sich, dass die Sorge für das eigene Kind hintangestellt und dieses möglicherweise zurückgelassen werden musste. Familienmitglieder nahmen sich in diesem Fall den Kindern der Amme an. Der deutsche Sozialist und Politiker August Bebel spricht mit Blick auf diese Hierarchien aus heutiger Sicht überspitzt gar von „Ammenzüchterei". Diese bestünde, so Bebel in seinem Werk „Die Frau und der Sozialismus" aus dem Jahr 1879, darin, „daß die Landmädchen sich schwängern lassen, um nach der Geburt ihrer Kinder sich als Amme an eine wohlhabende Berliner Familie vermieten zu können" und diese Vermietung gewerbsmäßig organisiert sei.[26] Auch wenn diese Charakterisierung der sozialen Realität der historischen Zeit kaum standhält, fundierte soziale Ungleichheit und Notwendigkeit eines zusätzlichen Einkommens für die Verleihende die Austauschbeziehung.

Durchaus vergleichbar organisieren sich soziale Hierarchien in gegenwärtigen Leihmutter-Bestellelternbeziehungen. Dabei ist das Stadt-Land-Gefälle der Neuzeit durch ein West-Ost-Gefälle in der globalisierten Welt ersetzt worden. Aufgrund rechtlicher Regelungen und aus Kostengründen boomt das Leihmut-

---

tung bei ihr. Der Herr entscheide zwischen mir und dir. Abram entgegnete Sarai: Hier ist deine Magd; sie ist in deiner Hand. Tu mit ihr, was du willst. Da behandelte Sarai sie so hart, dass ihr Hagar davonlief. […] Da sprach der Engel des Herrn zu ihr: Geh zurück zu deiner Herrin und ertrag ihre harte Behandlung!" Die Bibel (Einheitsübersetzung), Genesis, 16, 5,6 und 9.

[23] *Fildes* (1988), S. 81.

[24] Die zahlreichen Zeichnungen Heinrich Zilles, aber auch zeitgenössische Fotografien bezeugen die Präsenz der Frauen aus der Lausitz und dem Wendland in der Hauptstadt. Vgl. hierzu auch *Michaela Vieser u. a.* (Hrsg.): Von Kaffeeriechern, Abtrittanbietern und Fischbeinreissern. Berufe aus vergangenen Zeiten, eBook, München 2010. o. S.

[25] Eine gute Beschreibung der sozialen Herkunft von Ammen in England im 18. Jahrhundert, hier allerdings im Bezug auf die Versorgung von Waisenkindern, findet sich bei *Fildes* (1988), S. 188/189. Vgl. hierzu auch *Sussmann* (1982), S. 51/52.

[26] *August Bebel*: Die Frau und der Sozialismus, Bonn 1994, S. 450.

tergeschäft in Asien und Osteuropa, vor allem in vielen Schwellenländern. Für die Frauen, die ihre Gebärfähigkeit verkaufen, ist dies in den genannten Ländern genauso wie im historischen Fallbeispiel des Ammenwesens mit der Hoffnung auf Erwerb verbunden. Auch sie gehören zumeist nicht zu den sozial Schwächsten im jeweiligen Land, sind aber wie die Ammen in Europa auf den Verdienst zum Erhalt ihrer Familien angewiesen. Durch die Tatsache, dass diese Frauen, die ein Kind für andere austragen, „nicht mehr genetisch mit ihm verwandt [... sein müssen, kpm] und daher keine ethnische Ähnlichkeit bestehen muss, wird die Hierarchie zwischen Auftragseltern und Leihmutter umso größer“[27]. Augenfällig wird dies anhand der deutlich niedrigeren Honorare, die Frauen aus den genannten Ländern im Vergleich zu amerikanischen Leihmüttern bekommen. So berichtete beispielsweise die TAZ, dass einer indischen Köchin und Leihmutter von ihrem Honorar von rund 3.000 € sowohl Vermittlungsgebühren als auch Krankenhauskosten abgezogen wurden, was ihren Verdienst um mehr als 50 Prozent schmälerte.[28] Zum Vergleich: Bereits 1985 wurden der Amerikanerin Mary Whitehead 10.000 Dollar für ihre Dienste als Leihmutter vertraglich zugesichert. Aber auch die Überwachung der Schwangerschaft verweist auf das größere soziale Gefälle. So verpflichteten sich Frauen in Indien, die ein Kind für Andere austrugen, vor 2016, als Leihmutterschaftsgeschäfte in dem Land eingeschränkt wurden, z. T. vertraglich dazu, die Zeit bis zur Entbindung in einer Schwangerschaftsklinik zu leben.[29] Dies war, ebenso wie für jenen Teil der Ammen, die im Haus des Säuglings tätig waren, mit dem zeitweiligen Verzicht auf ein eigenes familiäres Leben verbunden. Ebenso wie die staatliche Prüfung der Ammenmilch Ende des 16. Jahrhunderts diente dieser Klinikaufenthalt der Qualitätssicherung im Sinne der Auftraggeber. Doch auch innerhalb der USA oder bei vergleichbarem sozialem Stand von Leihenden und Verleihender in den jeweiligen Herkunftsländern wirken soziale Ungleichheiten, wie der Fall von Mary Beth Whitehead und Willam Stern (Baby M.) oder die Geschichte eines deutschen Paares, das seine Kinder von einer ukrainischen Leihmutter austragen ließ, zeigen.[30] Der Vergleich historischer Hierarchiebeziehungen mit gegen-

---

[27] *Bernard* (2014), S. 839.

[28] *Britta Petersen*: Aus für Babies „made in India“, in: taz (18.09.2016), www.taz.de/!5335439/ (06.07.2017). Einen aktuellen Vergleich der Kosten bietet der Artikel von *Nadine Oberhuber*: Das Geschäft mit der guten Hoffnung, in: Zeit online (17.08.2014), www.zeit.de/wirtschaft/2014–08/leihmutter-kinder-schangerschaft (06.07.2017). Weitere Angaben zu den Verdienstmöglichkeiten für indische Leihmütter im Jahr 2014 und ihrer sozialen Stellung finden sich in *Christine Möllhoff u. a.*: CDU lehnt Lockerung der Leihmutter-Regelung in Deutschland ab, in: taz (05.08.2014), www.tagesspiegel.de/weltspiegel/der-fall-gammy-cdu-lehnt-lockerung-der-leihmutter-regelung-in-deutschland-ab/10294256.html (06.07.2017).

[29] Vgl. exemplarisch den Artikel *Katja Keppner*: Die 450 Kinder des Dr. Gupta, in Zeit Online (19.08.2014), www.zeit.de/gesellschaft/zeitgeschehen/2014–08/leihmutterschaft-indien (06.07.2017).

[30] Eine ausführliche Beschreibung der Asymmetrien zwischen Whitehead und Stern, vorwiegend aus Sicht der Leihmutter, findet sich bei *Bernard* (2014), S. 837–846. Die Verhältnisse zwischen einer deutschen Kauffrau und ihrem Ehemann, einem Arbeiter, sowie der ukrainischen Leihmutter, die, ebenfalls verheiratet, in einer Provinzstadt des Landes lebt, lassen sich an-

wärtigen Verhältnissen in globalen Leihmutterschaftsmärkten sensibilisiert für notwendige Perspektivwechsel. Nationale rechtliche Lösungen und Beratungsangebote sollten stets bestehende soziale Ungleichheiten zwischen „Leihmütter" und „Bestelleltern" mitbedenken, wollen sie diese nicht festschreiben. Das bedeutet zugleich, Leihmutterschaft als ein globales Geschäft zu verstehen, das unabhängig von nationalen Lösungen der Logik von Angebot und Nachfrage folgt. Christiane Hoffmann fasst diese Tatsache in ihrem Artikel über die erwähnte deutsch-ukrainische Austauschbeziehung und ihren Verlauf in die folgenden Worte „Dass Leihmutterschaft in Deutschland illegal ist, sittenwidrig, war ihnen egal. In der Ukraine ist sie erlaubt."[31]

Es sind genau diese Ungleichheiten, die zu einem weiteren nachdenklichen Blick in die Vergangenheit einladen. Am Ende des 16. Jahrhunderts schrieb Laurent Joubert, Professor an der Medizinischen Fakultät von Montpellier: „Wenn die Frauen nur die Freuden des Stillens kennen würden – sie würden es nicht nur bei ihren eigenen Kindern tun, sie würden sich selbst ausleihen: stillende Frauen sind gewöhnlich voller Liebe und Hingabe auch fremden Babys gegenüber. Kann man sich einen schöneren Zeitvertreib vorstellen, als mit einem Säugling, der zu seiner Amme zärtlich ist, der sie streichelt, während er trinkt; mit einer Hand entblößt und befingert er die Brust und mit der anderen Hand greift er nach ihrem Haar oder ihrer Halskette und spielt damit. Mit seinen Füßen strampelt er nach denen, die ihn stören wollen, und im selben Moment beschenkt er seine Amme mit tausend kleinen lächelnden Blicken aus seinen verliebten Augen ... Welch Wonne, das anzusehen!"[32] Diese Worte, die einem Kapitel mit dem Titel „Mahnung an alle Mütter, ihre Kinder zu stillen" einer französischsprachigen Schrift entnommen sind, verweisen auf eine spezifische Wertung von Reproduktionsarbeit, die die oben benannten Abhängigkeiten außer Acht lässt. Kinderpflege, in späteren Schriften auch Erziehung und Hausarbeit, wird hier als „Liebesarbeit" charakterisiert. Die Bindung, hier noch zwischen Stillender und Säugling, wird emotionalisiert und im 18. Jahrhundert mit der Durchsetzung des Ideals der emotional verbundenen Kleinfamilie dann exklusiv auf die Mutter übertragen.[33] Solche Vorstellungen, die sich im Kontext des oben dargestellten, bürgerlichen Geschlechterbildes etablieren, erweisen sich als anknüpfungsfähig an Überlegungen der Nationalökonomie, die zeitgleich von Adam Smith etabliert wurden. Der schottische Theoretiker betont in seinem Werk die „Theorie der ethischen Gefühle" aus dem Jahr 1759 die Bedeutung der Frau für die öko-

---

hand der geschilderten Lebens- und Wohnbedingungen rekonstruieren: *Christiane Hoffmann*: Bauchmama, in: Frankfurter Allgemeine Zeitung (07.01.2014), E-Paper. www.faz.net/aktuell/gesellschaft/familie/leihmutterschaft-bauchmama-12009543.html (06.07.2017).

[31] Ebd.

[32] Im Original: *Laurent Joubert*: Des erreurs populaires et propos vulgaris touchant la médicine Exhortation à toutes les mères de nourrir leurs enfants, Bordeaux 1578, S. 419, hier zitiert nach *Vieser* (2010), o. S.

[33] Zur Emotionalisierung der Mutter-Kind-Beziehung und zu diesbezüglichen Parallelitäten zwischen der Bewertung des Ammenwesens und der Leihmutterschaft vgl. ausführlicher *Bernard* (2014), S. 912–935.

nomische Welt.[34] Ihre Aufgabe ist es, das familiäre Umfeld zu gestalten. In der Familie würden jene moralischen Maßstäbe vermittelt, die notwendig seien, um den Eigennutz männlichen Handels an Märkten zu perspektivieren. Genau diese der Frau zugeschriebene familiäre Aufgabe wurde dann wenige Jahre später in „Der Wohlstand der Nationen" im Bereich der „unproduktiven Arbeit" verortet. Produktive Arbeit im Sinne Smiths war nur jene Arbeit, die den Wert eines Gegenstandes vergrößerte, letztlich also Arbeit, die eine, aus einem Rohmaterial hergestellte Ware für den Handel am Markt erzeugte.[35] Dies schließt reproduktive Arbeit aus. Sorgende Beziehungen sind in diesem Denken also jenseits des Marktes verortet, der in der klassischen Vorstellung den Preis eines Angebots und damit seinen Wert bestimmt.[36] Eine Folge dessen ist, dass Reproduktionsarbeit „in ihrer ökonomischen Bedeutung abgewertet und gleichzeitig als Ort der Liebe aufgeladen" werden kann.[37]

Es stellt sich die Frage, inwiefern die aktuelle Diskussion um eine Zulässigkeit altruistischer Leihmutterschaft an zuvor skizzierte, historische Konzepte anschließt. Wird hier nicht einer Vorstellung das Wort geredet, die zwischen weiblichen, emotionsgeleiteten, und männlichen, rationalen wie nutzenorientierten Handlungsmotivationen unterscheidet? Abgesehen davon gilt es auch zu überlegen, ob das Konzept altruistischer Leihmutterschaft angesichts existierender Abhängigkeiten und sozialer Hierarchien einerseits und einer erheblichen Nachfrage andererseits, wie sie beide oben beschrieben wurden, nicht stets an der Wirklichkeit zumindest teilweise scheitern wird. Solange Frauen durch das Verleihen körperlicher Fertigkeiten nachhaltiger zum Unterhalt ihrer Familien beitragen können als ihnen dies durch andere Tätigkeiten möglich wäre, ist Leihmutterschaft für sie eine Form der körperlichen Erwerbsarbeit. Dabei haben sie aufgrund ihrer sozialen Lage und formalen Bildung fast ausschließlich die schwächste Position im Gefüge von Anbieter/in, Vermittler/in und Nachfrager/in. Auf einem deregulierten oder schwarzen Markt werden sie deshalb kaum Möglichkeiten haben, ihre Rechte durchzusetzen. Sie tragen die Risiken von Schwangerschaft und Geburt – ihrer körperlichen Arbeit – allein. Im Falle einer erworbenen chronischen Krankheit beispielsweise haben sie keine Rentenansprüche. Behandlungskosten müssen selbst getragen werden.

---

[34] *Adam Smith*: The Theory of Moral Sentiments (1759), Oxford 1976.

[35] *Ders.*: The wealth of nation (1776), Book II, Chapter 3, wikisource: „There is one sort of labour which adds to the value of the subject upon which it is bestowed: there is another which has no such effect. The former, as it produces a value, may be called productive; the latter, unproductive labour. Thus the labour of a manufacturer adds, generally, to the value of the materials which he works upon, that of his own maintenance, and of his master's profit. The labour of a menial servant, on the contrary, adds to the value of nothing." en.wikisource.org/wiki/The_Wealth_of_Nations/Book_II/Chapter_3 (06.07.2017)

[36] Eine Darstellung der „dualistisch-hierarchischen Struktur des ‚Ganzen der Wirtschaft' bei ADAM SMITH" findet sich bei: *Hans G. Nutzinger/Martin Held* (Hrsg.): Geteilte Arbeit und ganzer Mensch. Perspektiven der Arbeitsgesellschaft, Frankfurt a. M. u. a. 2000, S. 208.

[37] *Barbara Thiessen*: Re-Formulierung des Privaten. Professionalisierung personenbezogener, haushaltsnaher Dienstleistungsarbeit, Wiesbaden 2004, S. 72.

Darin ähneln die Leihmütter Indiens oder der Ukraine den Arbeiterinnen und Arbeitern in der deutschen Industrialisierung. Auch sie waren gegen mögliche negative Folgen ihrer Erwerbsarbeit wie Krankheit und Unfall nicht abgesichert. Dies änderte sich erst mit der Einführung der Sozialversicherung ab 1883. Zusammen mit der Arbeitsschutzgesetzgebung, die seit der Reichsgründung 1871 reichweit gültig war, sorgte sie dafür, dass Lasten nicht mehr individuell getragen werden mussten. Stattdessen wurde ein Anspruch auf Fürsorge etabliert.[38] Wäre dies ein Vorbild für die Regelung der Leihmutterschaft? Es würde auf jeden Fall die Anerkennung des Verleihens körperlicher Fertigkeiten als Arbeit voraussetzen. In einem anderen Fall – dem Umgang mit der Prostitution – ist dieser Weg begangen worden, wie ein Blick in die jüngste Geschichte zeigt. Auch bei der Prostitution werden zumeist körperliche Fertigkeiten gewerblich angeboten. Im November 2001 erkannte der Europäische Gerichtshof Prostitution als Erwerbstätigkeit und Teil des Wirtschaftslebens im Sinne von Artikel 2 des EG-Vertrags an.[39] Verträge zwischen Prostituierten und ihrer Kundschaft gelten infolge dessen auch in Deutschland nicht mehr als sittenwidrig, ihre Erfüllung ist einklagbar. Das ermöglicht es vor allem den Frauen, ausstehende Bezahlung einzufordern; eine Möglichkeit, über die auch die Ammen im Frankreich des 18. Jahrhunderts dank der Regulierungen und der Existenz eines öffentlichen Vermittlungsbüros verfügten[40]. Argumentiert wird im Falle der Prostitution mit veränderten Wertvorstellungen. Ist ein solcher Wertewandel auch bezüglich der Leihmutterschaft denkbar?

Folgt man der Logik der hier vorgelegten Argumentation und vergegenwärtigt sich abschließend noch einmal die Veränderungen in der Bewertung des Ammenwesens, so steht außer Frage, dass auch die Einschätzung der Leihmutterschaft historisch gewachsen und folglich ebenso wandelbar ist, wie auch Andreas Bernard zum Ende seines Buches festhält: „Die mit Unterstützung der Reproduktionstechnologien entstandenen Familien sind schlichtweg die zeitgenössische Ausprägung eines traditionellen Lebensmodells."[41] Dennoch löst eine solche Parallelsetzung mit Fragen der rechtlichen Regelung der Prostitution nicht die im Aufsatz aufgeworfenen Probleme des Wertes und der Bewertung weiblicher körperlicher Fertigkeiten. Zum einen betrifft die Anerkennung von Prostitution als Sexarbeit nationales Recht in Bezug auf europäische Rahmensetzungen. Globale Hierarchien lassen sich auf diese Weise nicht einhegen. Probleme wie Ausbeutung und Zwang, das zeigen auch Erfahrungen im Bereich der Prostitution, werden dadurch nicht gelöst. Zum anderen berührt Leihmutterschaft, anders als Prostitution, nicht nur die Rechte von Auftraggeberinnen und Auf-

---

[38] Die Bedeutung der Sozialversicherung in Deutschland für die Arbeiterschaft und darüber hinaus erläutert *Gerhard A. Ritter*: Der Sozialstaat, München 1991, S. 64–67 und S. 83–87.

[39] EuGH v. 20. November 2001 – Rs. C-268/99 curia.europa.eu/juris/document/document.jsf?text=&docid=46850&pageIndex=0&doclang=DE&mode=req&dir=&occ=first&part=1 (06.07.2017).

[40] *Sussmann* (1982), S. 60–63.

[41] *Bernard* (2014), S. 1446/1447.

traggebern sowie von Auftragnehmerinnen und Auftragnehmern – und gegebenenfalls von zwischengeschalteten Vermittlerinnen und Vermittlern. Vielmehr sind auch die Interessen einer dritten Partei betroffen – die des Kindes. Genau dies stellt eine besondere Herausforderung dar. Sie lässt auch die Übertragung einer der europäischen Entscheidung konträren rechtlichen Lösung aus dem Kontext der Sexarbeit fraglich erscheinen: die in Schweden seit 1998 geltende Kundenbestrafung, die mit dem Verbot der Prostitution in dem Land einhergeht. Eine solche Kundenbestrafung würde im Falle der Leihmutterschaft wohl auch die Wunschkinder zumindest mittelbar treffen. Zugleich würde sie zwar globale soziale Hierarchien und ihre Ausnutzung als Gewalt brandmarken, aber auch das Geschäft der Leihmutterschaft in die Illegalität drängen, was wiederum erhebliche Folgen für die betroffenen Frauen hätte.

Die historische Einordnung von Konzepten von Mutterschaft, Frauenarbeit und Familie lässt Vergleichspunkte im Umgang mit Formen des Leihens und Verleihens körperlicher Fertigkeiten sichtbar werden. Auch wenn diese keine direkten Leitbilder für aktuelles Handeln sein können – zu unterschiedlich sind gegenwärtige Formen, gesellschaftliche Rahmenbedingungen und technische Möglichkeiten von früheren – bieten sie doch Gedankenräume und Orientierungen für mögliche Folgen von Interventionen. Sie machen darauf aufmerksam, dass Vorbehalte gegenüber der Leihmutterschaft sich ähnlich begründen wie historische Vorbehalte gegen das Ammenwesen. „Beide Frauen kommen der Familieneinheit zu nahe“[42], die, wie dargelegt, seit dem 18. Jahrhundert zu einem Ort der emotionalen Verbundenheit und zum Gegenentwurf einer äußeren Welt stilisiert wurde. Die historischen Erfahrungen machen darüber hinaus aber auch mögliche Folgen privater Arrangements infolge von Abhängigkeiten oder gesetzlichen Verboten sichtbar. Sie entziehen Praktiken der öffentlichen Wahrnehmung und damit auch dem kritischen Diskurs. Dies ermöglicht letztlich eine Bestätigung und Fortschreibung sozialer Hierarchien, was besonders auf globalen Märkten relevant ist. Überdies sensibilisieren sie für die Notwendigkeit, die Schwächsten im Gefüge der Austauschbeziehungen nicht aus dem Blick zu verlieren – die „Wunschkinder“, von denen hier nur am Rande die Rede war, die aber bis zu ihrer Anerkennung in einem Dazwischen leben,[43] und die Leihmütter, vor allem jene in wirtschaftlich prekären Situationen.

---

[42] Ebd., S. 1434.

[43] *Konrad Duden u. a.*: Internationale Leihmutterschaft: Das Kind im juristischen Niemandsland, in: Forschungsbericht 2016 – Max-Planck-Institut für ausländisches und internationales Privatrecht www.mpg.de/9834841/JB_2016 (06. 07. 2017).

Assistierte Reproduktionstechniken (ART) und Leihmutterschaft – medizinische Aspekte

Thomas Strowitzki

I. Einleitung

Erst die Verfügbarkeit von Eizellen und menschlichen Embryonen im Rahmen der Maßnahmen der extrakorporalen Befruchtung außerhalb des Mutterleibes vor der Implantation haben die Trennung von genetischer und biologischer Mutterschaft Realität werden lassen.

Mit den Methoden der In-vitro-Fertilisation können nicht nur Eizellen gewonnen werden, sondern auch Embryonen entstehen, die nicht nur auf die Frau übertragen werden können, von der die Eizelle stammt.

II. Definition der Leihmutterschaft

Üblicherweise wird unter Leihmutterschaft verstanden, dass eine Frau einen in vitro gezeugten Embryo von Wunscheltern austrägt. Die Leihmutter übernimmt also ausschließlich die Schwangerschaft für die Wunscheltern und überlässt diesen das Kind nach Geburt. Davon abzugrenzen sind andere Formen der Leihmutterschaft, bei denen die Leihmutter sich mit dem Samen des Mannes des Wunschelternpaares befruchten lässt, das Kind, das dann von ihrer eigenen Eizelle stammt, austrägt und nach der Geburt den Wunscheltern überlässt. Letztlich ist auch das Austragen eines Embryos durch eine Leihmutter, der aus Ei- und Samenzellen von Dritten entstanden ist und dann den „auftraggebenden" Wunscheltern überlassen wird, eine Extremform der Leihmutterschaft.

III. Gesetzeslage national und international

In Deutschland ist jede Form der Leihmutterschaft ausdrücklich verboten. Im Embryonenschutzgesetz ESchG ist in § 1 formuliert:

§ 1 Mißbräuchliche Anwendung von Fortpflanzungstechniken
(1) Mit Freiheitsstrafe bis zu drei Jahren oder mit Geldstrafe wird bestraft, wer […]

7. es unternimmt, bei einer Frau, welche bereit ist, ihr Kind nach der Geburt Dritten auf Dauer zu überlassen (Ersatzmutter), eine künstliche Befruchtung durchzuführen oder auf sie einen menschlichen Embryo zu übertragen.

(3) Nicht bestraft werden […]
2. in den Fällen des Absatzes 1 Nr. 7 die Ersatzmutter sowie die Person, die das Kind auf Dauer bei sich aufnehmen will.

Dies schließt alle oben genannte Formen der Leihmutterschaft ein.

Weltweit sind Gesetzeslage und Durchführung der Leihmutterschaft äußerst heterogen. In mehreren Ländern wie z. B. in Polen oder Tschechien ist diese Technik gar nicht geregelt.

Nicht erlaubt ist die Leihmutterschaft in Österreich, Bulgarien, Dänemark, Finnland, Frankreich, Deutschland, Italien, Malta, Norwegen, Portugal, Spanien und Schweden.

Altruistisch erlaubt ist die Leihmutterschaft in Belgien, Griechenland, Niederlande, Großbritannien, Australien, Kanada und Neuseeland und in den meisten US-Staaten.

Darüberhinaus auch kommerziell erlaubt ist die Leihmutterschaft in Georgien, Israel, Ukraine, Russland, Kalifornien und Indien.

IV. Medizinische Technik

Leihmutterschaft ist keine neue Erfindung der Reproduktionsmedizin und rein medizinisch-technisch betrachtet ein einfaches Standardverfahren, das sich nicht von den Standardtechniken der In-vitro-Fertilisation und der Kryo-Embryotransfers unterscheidet – mit Ausnahme der Empfängerin des Embryos.

Der erste erfolgreiche Verlauf wurde bereits 1985 von Utian et al. in den USA publiziert[1].

Voraussetzung für die Erzeugung einer Leihmutterschaft sind die medizinischen Standardtechniken der In-vitro-Fertilisation. Die erste In-vitro-Fertilisation, die zur Geburt eines Kindes führte, wurde 1978 in England vorgenommen[2]. Die erste intracytoplasmatische Spermieninjektion (ICSI), bei der im Rahmen einer In-vitro-Fertilisation direkt eine einzelne Samenzelle zur Befruchtung in die Eizelle injiziert wird, wurde 1992 aus Belgien berichtet[3].

1. Hormonelle Stimulation, Eizellnahme und Befruchtung:

Dabei werden zunächst durch eine hormonelle Stimulation mit Gonadotropinen mehrere Eizellen zur Reifung gebracht. Die Entnahme erfolgt unter Ultraschallkontrolle durch eine Nadelpunktion durch die Scheidenwand. Die reifen

---

[1] *Utian* et al. 1985.
[2] *Steptoe und Edwards* 1978.
[3] *Palermo* et al. 1992.

Eizellen, die sich zu diesem Zeitpunkt in der Metaphase II ihrer ersten meiotischen Reifeteilung befinden, haben ihren Polkörper ausgeschleust und auf diese Weise den zuvor doppelten Chromosomensatz, wie ihn jede normale Körperzelle aufweist, auf den einfachen Chromosomensatz halbiert. Die Befruchtung der Eizelle erfolgt entweder durch Zugabe von ca. 100.000 beweglichen Spermien oder bei sehr eingeschränkter Fruchtbarkeit des Mannes durch die direkte Injektion einer einzigen Samenzelle direkt in die Eizelle. (ICSI).

2. *Embryokultur und Embryotransfer:*

Nach ca. 18 Stunden werden die Eizellen auf erste Zeichen der Befruchtung untersucht. Befruchtete Eizellen haben zu diesem Zeitpunkt 2 Vorkerne, einen männlichen und einen weiblichen, ausgebildet. Definitionsgemäß ist dies noch kein embryonales Stadium. Dies tritt erst innerhalb der nächsten 24 Stunden durch Verschmelzung der Vorkerne und den Beginn der Zellteilung ein. Nach Kultur von 2 bis 5 Tagen werden in der Regel 2 Embryonen in den Uterus der Frau rückübertragen. Ob eine Schwangerschaft eingetreten ist, kann ca. 14 Tage später in einem Schwangerschaftstest gemessen werden.

3. *Kryokonservierung:*

Durch die hoch effektiven Techniken der Kryokonservierung von befruchteten Eizellen im Vorkernstadium und von Embryonen in jeder Teilungsphase können überzählig entstandene befruchtete Eizellen oder auch Embryonen in einem späteren Zyklus auf die Frau übertragen werden. Allein in Deutschland wurden nach Angaben des Deutschen IVF-Registers DIR im Jahre 2015 mehr als 20.000 sog. Kryozyklen durchgeführt.

Technisch ist der Transfer eines Embryos nicht nur in den Uterus der Frau möglich, von der die Eizelle stammt, sondern erfolgreich auch in den Uterus jeder anderen Frau, sofern ein rezeptives, d. h. ein zeitgerecht sekretorisch transformiertes Endometrium vorliegt. Dies lässt sich bei der Empfängerin mit der Gabe von Östrogenen und Gestagenen erreichen. Dabei greift man auf genau die gleichen Protokolle zur hormonellen Unterstützung zurück, die auch bei den normalen Kryotransferzyklen eingesetzt werden.

Auf diese Weise muss der Embryotransfer nicht mehr simultan erfolgen. Die für die Übertragung auf eine Leihmutter erzeugten Embryonen werden im 4- bis 8-Zellstadium, heute aber meist erst im Blastozystenstadium nach 5tägiger Entwicklung in vitro eingefroren und erst kurz vor dem geplanten Transfer auf die Leihmutter in einem späteren Zyklus aufgetaut. So bestehen keine organisatorischen Probleme, die durch eine genaue Synchronisierung des Endometriums der Empfängerin mit dem Stimulationszyklus der Frau erforderlich wären.

V. Medizinische Indikationen

Auch wenn die Leihmutterschaft in Deutschland verboten ist, so lassen sich doch mehrere ausschließlich medizinische Indikationen definieren, bei denen eine Leihmutterschaft sinnvoll erscheint.

Dazu zählen:
- das Mayer-Rokitansky-Küster-Syndrom, d. h. die fehlende Anlage einer Gebärmutter und einer Scheide bei normal angelegten Eierstöcken
- ein Zustand nach operativer Entfernung der Gebärmutter (z. B. bei Krebserkrankung)
- schwerwiegende Störungen der Gebärmutterschleimhaut (z. B. Asherman-Syndrom mit ausgedehnten Verwachsungen in der Gebärmutterhöhle) oder
- medizinische Gründe, die gegen das Austragen einer Schwangerschaft sprechen (z. B. schwere Herzinsuffizienz).

Eindeutige Kontraindikationen für eine Leihmutterschaft sind aus medizinischer Sicht alle schwerwiegenden Grunderkrankungen der Leihmutter, bei denen eine Schwangerschaft nicht möglich ist.

VI. Schwangerschaftsraten

Die Schwangerschaftschancen sind durchaus mit denen der Standard-IVF- oder ICSI-Behandlung vergleichbar. Nach Daten des Deutschen IVF-Registers wurde 2015 bei den Standardverfahren über alle Altersgruppen betrachtet mit IVF eine Schwangerschaftsrate von 32,5 % und mit ICSI von 31,7 % pro Embryotransfer erreicht[4].

Aus den USA liegen Langzeitdaten zum Einsatz der Leihmutterschaft vor[5]: Zwischen 1999 und 2013 wurden insgesamt 1.664.844 ART-Zyklen registriert, davon immerhin 30.927 Zyklen mit Leihmutter (1,9 %) und allein im Jahre 2013 3.432 Zyklen mit Leihmutter (2,5 %).

Insgesamt wurden in diesem Zeitraum 13.380 Geburten nach Leihmutterschaft aufgezeichnet, die zur Geburt von 18.400 Kindern führten.

VII. Medizinische Risiken

Der Schwangerschaftsverlauf bei der Leihmutter gestaltet sich medizinisch meist problemlos. Schwangerschaftsraten zwischen 19 und 33 % werden berichtet[6]. Frühgeburten werden bei 0–11 % beschrieben, Gestosen, d. h. schwangerschaftsinduzierter Bluthochdruck, bei 2,9 bis 7,4 %.

---

[4] DIR 2016.
[5] *Perkins* et al. 2016.
[6] *Söderström-Anttila* et al. 2016.

Die Kinder werden bei einer durchschnittlichen Schwangerschaftsdauer von 37,5 Wochen reif geboren. Damit unterscheiden sich die Schwangerschaftsverläufe nicht von den Standardmethoden der künstlichen Befruchtung[7].

Die Fehlbildungsrate ist ebenfalls nicht unterschiedlich. Die psychologische Entwicklung der Kinder ist unauffällig. Es liegen kindliche Daten bis zu einem Alter von 10 Jahren vor[8]. Auffällig sind die bei der Leihmutter postpartal auftretenden Depressionen, die je nach Studie bei bis zu 20 % liegen.

VIII. Fazit

Zusammenfassend lässt sich sagen, dass die Leihmutterschaft aus rein medizinisch-technischer Sicht ein einfaches Standardverfahren erfordert, das sich nicht von den etablierten Techniken der künstlichen Befruchtung unterscheidet. Schwangerschaftsverlauf und Kindesentwicklung werden überwiegend unauffällig beurteilt. Auch wenn in Deutschland verboten, so hat die Leihmutterschaft weltweit einen festen Stellenwert unter den Maßnahmen der Kinderwunschbehandlung erreicht.

Literatur und Materialien

DIR Deutsches IVF-Register Jahrbuch (2015). J Reproduktionsmed Endokrinol (2016) 13.

Gesetz zum Schutz von Embryonen (Embryonenschutzgesetz – EschG) vom 13.12.1990, BGBl I, 2746.

Jadva, V./Blake, L./Casey, P./Golombok, S. (2012). Surrogacy families 10 years on: relationship with the surrogate, decisions over disclosure and children's understanding of their surrogacy origins. Hum Reprod (2012) 27:3008–3014.

Palermo, G./Joris, H./Devroey, P./Van Steirteghem, A. C. (1992). Pregnancies after intracytoplasmic injection of single spermatozoon into an oocyte. Lancet (1992) 340(8810):17–18.

Perkins, K. M./Boulet, S. L./Jamieson, D. J./Kissin, D. M.; National Assisted Reproductive Technology Surveillance System (NASS) Group (2016). Trends and outcomes of gestational surrogacy in the United States. Fertil Steril (2016) 106:435–442.

Söderström-Anttila, V./Wennerholm, U. B./Loft, A./Pinborg, A./Aittomäki, K./Romundstad, L. B./Bergh, C. (2016). Surrogacy: Outcomes for surrogate mothers, children and the resulting families – a systematic review. Human Reproduction Update (2016) 22:260–276.

Steptoe, P. C./Edwards, R. G. (1978). Birth after the reimplantation of a human embryo. Lancet (1978) 2(8085):366.

Utian, W. H./Sheean, L./Goldfarb, J. M./Kiwi, R. (1985). Successful pregnancy after in vitro fertilization and embryo transfer from an infertile woman to a surrogate. N Engl J Med (1985) 313:1351–1352.

---

7 *Söderström-Anttila* et al. 2016.

8 *Jadva* et al. 2012.

Leihmutterschaft – Die persönliche Perspektive

Regine Meyer-Spendler

I. Einleitung

Als ich meinen Mann kennenlernte war ich bereits Mitte Vierzig. Ich hatte 3 Kinder aus einer vorherigen Beziehung. Mein Mann ist einige Jahre jünger als ich und hatte noch keine Kinder. Wir hatten einen starken Wunsch nach einem gemeinsamen Kind, aber nach mehreren Fehlgeburten wurde deutlich, dass mir eine weitere Schwangerschaft nicht möglich war. Nach einiger Beschäftigung mit der Thematik haben wir 2011 dann entschieden, dass wir versuchen wollen, unseren Kinderwunsch mit Hilfe einer Leihmutter und einer Eizellspenderin in den USA zu erfüllen. 2012 kam unser Sohn in Kalifornien zur Welt. Wirklich abgeschlossen war die Behandlung für uns erst Ende 2014 als auch die rechtliche Situation in Deutschland geklärt war – wir auch in Deutschland rechtlich Eltern unseres Sohnes waren. Die Behandlung verlief bei uns ohne große Komplikationen im Verlauf. Wir haben rasch eine Leihmutter gefunden, mit der wir uns gut verstanden haben. Es konnte im ersten IVF-Versuch eine Schwangerschaft erzielt werden. Die Klärung der rechtlichen Situation hat sich zwar etwas hingezogen, wurde aber im ersten Anlauf positiv entschieden. Und obwohl die Leihmutterschaft bei uns ohne nennenswerte Komplikationen ablief, würde ich doch sagen, dass wir die Komplexität der Behandlung im Vorfeld unterschätzt haben.

Wir haben in den Jahren, in denen wir intensiv mit der Leihmutterschaft beschäftigt waren, Kontakt zu etwa 100 deutschen Paaren mit Kindern aus Leihmutterschaft gehabt – größtenteils über den Austausch in Foren, zum Teil telefonisch, mit einigen auch persönlich. Das sind 100 ganz individuelle und völlig verschiedene Geschichten. Dennoch kann ich mit Sicherheit sagen, dass sehr viele dieser Paare mir darin zustimmen, dass der Weg der Leihmutterschaft für sie schwieriger war als vorab gedacht. Und ich glaube, dass es vielen Leihmüttern ähnlich ergeht.

Als ich gefragt wurde, ob ich einen Vortrag über unsere Erfahrungen beim Heidelberger Leihmutterschaftssymposium im April 2017 halten könnte, habe ich zunächst mit einigen Eltern gesprochen und diese gefragt, was aus ihrer Sicht unbedingt Erwähnung finden sollte. Und fast alle haben geantwortet, dass ich versuchen soll, zu vermitteln, wie komplex die Behandlung ist, was alles bedacht werden muss, wie viele Schritte zu gehen sind, wie viele Personen und Institutionen beteiligt sind. Dies soll auch im Tagungsband im Folgenden näher erläutert werden.

II. Welche Bereiche müssen bedacht werden?

Im Zentrum der Bereiche, die bei der Durchführung einer Leihmutterschaft bedacht werden müssen, stehen die beteiligten Personen, die gemeinsam den Weg einer langen Behandlung gehen. Diese umfasst eine IVF-Behandlung, eine Schwangerschaft, eine Geburt und die Übergabe des Kindes oder der Kinder. Das Ganze findet unter nicht einfachen juristischen und gesellschaftlichen Kontextfaktoren statt. Geklärt werden müssen zudem viele rechtliche Fragen. Und auch das Thema Versicherungen spielt im Verlauf einer Leihmutterschaftsbehandlung eine sehr große Rolle.

Das Versicherungssystem in den USA ist ausgesprochen komplex und medizinische Behandlungen sehr teuer. Es ist in vielen Fällen nicht einfach, eine Krankenversicherung zu finden, welche die Behandlungskosten übernimmt, die im Rahmen der Schwangerschaft der Leihmutter anfallen. Und noch schwieriger gestaltet es sich in vielen Fällen, eine Versicherung zu finden, welche die Behandlungskosten des Neugeborenen in den USA übernimmt.

Und dann darf man bei der Beschäftigung mit der Thematik auch die finanziellen Aspekte nicht außen vor lassen. Neben der Kompensation für die Leihmutter fallen Kosten für das IVF-Zentrum, verschiedene Versicherungen, mehrere Anwälte und Agenturen an.

Der Beitrag wird sich im Folgenden allerdings auf die Ebene der persönlich Beteiligten, der Kontextfaktoren, sowie der zu berücksichtigenden Aspekte bei der medizinischen Behandlung konzentrieren.

III. Leihmutterschaft – Allgemeine Kontextfaktoren

Die Behandlung ist zum jetzigen Zeitpunkt deutschen Paaren nur im Ausland möglich – im Falle der USA im außereuropäischen Ausland und in einer anderen Zeitzone. Dort begibt man sich in ein hochkommerzielles System. Dieses wird von vielen Paaren zunächst als angenehm erlebt, bringt dann aber auch Schwierigkeiten mit sich:

a) Man wird als Kunde behandelt. (Ein bestehender Kinderwunsch auch im höheren Alter oder bei bestehenden Krankheiten wird nicht hinterfragt.)
b) Die Behandlung bietet viele Möglichkeiten, das System ist ausgesprochen flexibel. Häufig wird die Leihmutterschaft durch eine Eizellspende, mitunter auch durch eine Samenspende ergänzt. Wird keine Schwangerschaft erzielt, ist ein Wechsel der Leihmutter möglich oder auch ein Austausch der Spenderin. Mitunter werden Eizellen mehrerer Spenderinnen in einem IVF-Versuch eingesetzt, um die Erfolgsaussichten zu erhöhen. Manchmal werden in einem

IVF-Zyklus auch die Embryonen eines Paares parallel in 2 Leihmütter transferiert. Durch diese sehr flexible Handhabung ist die Erfolgsaussicht der Behandlung ausgesprochen hoch.

c) Es ist in dem System aus Anbietern sehr schwierig, eine neutrale Beratung zu erhalten – und das sowohl für die Wunscheltern, als auch für die Leihmutter. Nach meinen Erfahrungen werden Leihmütter vor Beginn der Behandlung häufig nicht ausreichend über die Risiken einer Mehrlingsschwangerschaft aufgeklärt.

d) Aus meiner Sicht überfordert die hohe Flexibilität der Behandlung mitunter die Beteiligten. Es fehlt jemand, der „entschleunigend" wirkt. Für die Anbieter in den USA ist das Ziel der Behandlung, eine Schwangerschaft zu erzielen. Den Wunscheltern fehlt – sobald sie sich in das System hineinbegeben haben – häufig die Ruhe, hinreichend zu reflektieren, welche Konsequenzen bestimmte Änderungen im Behandlungskonzept für die Familienbildung haben. Die Behandlung wird ja sehr häufig unter der Vorstellung begonnen, ein Kind zu bekommen, das genetisch von beiden Wunscheltern abstammt. Mit der Eizellspende verliert die Wunschmutter aber den genetischen Bezug zum Kind. Das muss nicht zwangsläufig problematisch sein. Nur sollte Zeit sein, einen solchen Schritt ausreichend zu bedenken. Einige Wunschmütter, mit denen ich gesprochen habe, fühlten sich im Nachhinein, als habe die Behandlung sie einfach überrollt:

> „Ich habe mir damals die Profile einiger Spenderinnen angesehen und konnte keine leiden. Aber es war unser letzter Versuch, und der musste klappen."[1]

> „Eigentlich wollte ich das mit der Eizellspende nicht, aber irgendwie war mir da auch schon alles egal. Unser Geld wurde Monat für Monat weniger. Die sollten mir eine Spenderin suchen, die bislang immer Erfolg hatte und – so furchtbar das klingen mag – die sollte einfach nur viele Eizellen produzieren."[2]

Da die Behandlung in Deutschland verboten ist, ist es auch hier nicht einfach, Informationsmaterial und Beratung zu erhalten. Zum einen fehlen in Deutschland Erfahrungen im Umgang mit der Behandlung, zum anderen bestehen Unsicherheiten, inwieweit Paare bei der Durchführung der Behandlung unterstützt werden dürfen.

Erschwert wird die Situation dadurch, dass die Behandlung umstritten ist. Die Hemmschwelle, offen mit der Behandlung umzugehen, ist hoch. Es bestehen große Unsicherheiten, wie das Umfeld im Falle eines offenen Umgangs reagieren wird. Vorbehalte gibt es dabei nicht nur in Deutschland, sondern auch in den USA. Einige Leihmütter haben das Gefühl, sich immer wieder rechtfertigen zu müssen.

---

[1] Aus *Regine Meyer Spendler*, „Ein schmaler Grat – Erfahrungen mit Leihmutterschaft in den USA", FamART Verlag 2016.

[2] Ebd.

IV. Leihmutterschaft – Medizinische Schritte

1. IVF-Behandlung

Die Leihmutterschaft umfasst aktuell nahezu immer eine IVF-Behandlung. Dabei steht die Leihmutter im Zentrum der Behandlung. Sie ist diejenige, die im Falle des Scheiterns der IVF-Behandlung nicht schwanger wird. Stellvertretend für das unfruchtbare Paar erleben die Leihmütter gegebenenfalls am eigenen Leib den Nicht-Eintritt einer Schwangerschaft nach der aufwendigen IVF-Prozedur oder in manchen Fällen auch den Verlust eines Embryos im Rahmen einer frühen Fehlgeburt. In ihren Foren äußern die Leihmütter nach einem erfolglosen IVF-Versuch oder einer Fehlgeburt viel Traurigkeit, aber auch Schuld- und Versagensgefühle. Man liest Äußerungen wie:

„Wir hatten den dritten IVF-Versuch und es hat wieder nicht geklappt. Mein Herz ist gebrochen. Ich verstehe das einfach nicht. Ich hatte doch nie Probleme, schwanger zu werden.“[3]

„Ich habe traurige Nachrichten. Als Folge des gescheiterten Transfers haben meine Wunscheltern entschieden, mit einer anderen Leihmutter zusammen zu arbeiten. Dabei sah alles so gut aus, und ich weiß, dass ich nichts falsch gemacht habe.“[4]

2. Schwangerschaft der Leihmutter

Im besten Fall kommt es in der IVF-Behandlung zum Eintritt einer Schwangerschaft. Manchmal verkünden Wunschelternpaare dann stolz in den Foren: „Hurra, wir sind schwanger“. Tatsächlich ist es natürlich die Leihmutter, die schwanger ist. Man muss sich vor Augen halten, dass die Lebenssituation der Leihmutter meist eine völlig andere ist als die der Wunscheltern.

Für die Leihmütter ist der Übergang von der Behandlung im IVF-Zentrum zur weitergehenden Schwangerschaftsbetreuung beim niedergelassenen Gynäkologen häufig entlastend. Die langen Wege zum meist entfernt gelegenen IVF-Zentrum fallen weg. Die Leihmütter kommen quasi in den Alltag zurück. Sie kennen die Situation, schwanger zu sein, gleichzeitig berufstätig und die Betreuung mehrerer Kinder leisten zu müssen. Sie sind in ihrem Alltag dabei meist sehr stark eingebunden.

Auf der anderen Seite stehen die Wunschmütter und die Wunschväter. Die meisten Wunschmütter waren niemals schwanger oder haben einige Fehlgeburten hinter sich. In einer Vielzahl der Fälle haben sie über Jahre versucht, schwanger zu werden. Es bestehen häufig sehr klare Vorstellungen, wie sie sich verhalten würden, wenn sie denn schwanger wären. Und da nun die Leihmutter anstelle der Wunschmutter schwanger ist, haben Wunschmütter mitunter die Ansicht,

---

[3] Aus *Regine Meyer Spendler*, „Ein schmaler Grat – Erfahrungen mit Leihmutterschaft in den USA“, FamART Verlag 2016.

[4] Ebd.

dass die Leihmutter diese Schwangerschaft so zu leben hat, wie die Wunschmutter es bei einer eigenen Schwangerschaft getan hätte. Zudem besteht häufig der Wunsch, die Schwangerschaft in allen Details mitzuerleben, wenn man sie denn schon nicht selber erleben kann.

In der Realität gibt es durchaus harmonische Verläufe von Schwangerschaften „zu dritt", an die sich alle Beteiligten gerne erinnern und die Wunscheltern und Leihmütter auch weit über die Schwangerschaft hinaus miteinander verbinden. Beide Seiten verstehen sich, schaffen es, gut miteinander zu kommunizieren und Erwartungen und Möglichkeiten in Einklang zu bringen. Einige Leihmütter nehmen sich sehr viel Zeit, die Wunscheltern an ihrer Schwangerschaft teilnehmen zu lassen, was im Allgemeinen deren Hoffnungen und Wünschen entspricht. Auf der anderen Seite gibt es Wunscheltern, die sich zwar mehr Kontakt und Information in der Schwangerschaft wünschen würden, die sich dann aber zurücknehmen können und ihre Erwartungen an die Gegebenheiten anpassen.

Es gibt aber auch Verläufe, bei denen es im Rahmen von Schwangerschaft und Geburt zu großen Konflikten zwischen Wunscheltern und Leihmutter kommt. Wunscheltern wollen mitunter erheblich Einfluss nehmen auf die Lebensgestaltung der Leihmutter. Diese fühlt sich dann nachvollziehbar bevormundet, was mitunter dazu führt, dass sie noch weiteren Abstand zu den Wunscheltern sucht.

Man liest dann in Foren Äußerungen wie:

> „Natürlich hab ich das Recht zu bestimmen, zu welcher Untersuchung sie zu gehen hat und was ich nicht möchte – wie zum Beispiel eine Flugreise in der Schwangerschaft. Es ist mein Kind, das sie austrägt!"[5]

> „Und dann wollte sie mich nicht bei der Geburt dabei haben. Ich hab dem Arzt noch gesagt, dass sie dazu vertraglich verpflichtet sei, weil es ja um mein Baby geht – aber das hat die im Krankenhaus gar nicht interessiert."[6]

Man kann sich vorstellen, dass in diesen Fällen die Voraussetzungen für einen guten Kontakt im Anschluss an die Schwangerschaft ungünstig sind.

3. Übergabe des Kindes

Am Ende der Leihmutterschaft steht der aus meiner Sicht emotionalste und auch der verwirrendste Teil der Behandlung. Die Leihmutter und ihre Familie nehmen Abschied vom Neugeborenen, die Wunscheltern nehmen das Neugeborene in Empfang. Viele Leihmütter schreiben in den Foren, wie wunderschön der Moment war, die Freude der Wunscheltern über das Baby mitzuerleben. Einige Leihmütter berichten aber auch, dass sie nach der Geburt viel weinen mussten.

> „Es war so unwahrscheinlich schön, die Gesichter meiner IPs zu sehen, als die Hebamme ihnen Baby Luna übergeben hat. Sie waren so glücklich, und ich war es auch."[7]

---

[5] Aus *Regine Meyer Spendler*, „Ein schmaler Grat – Erfahrungen mit Leihmutterschaft in den USA", FamART Verlag 2016.

[6] Ebd.

[7] www.allaboutsurrogacy.com

„Mein kleines Surrobaby ist da! Ich weiß nicht recht, wie ich mich fühle. Irgendetwas fehlt mir. Ich bin ein wenig traurig, dass ich nicht sehen werde, wie sie aufwächst. Aber ich fühle mich nicht als ihre Mutter. Ich weiß nicht. Es ist alles sehr verwirrend.“[8]

Die Wunschmütter sind bei ihrer Rückkehr nach Deutschland mit der Situation konfrontiert, von ihrem Umfeld häufig befragt zu werden, wie denn Schwangerschaft und Geburt verlaufen sind. Bei meinen leiblichen Kindern hatte ich das gar nicht so wahrgenommen – aber da konnte ich die Fragen ja auch problemlos beantworten. Nach der Geburt unseres Sohnes war es schwieriger. In der Familie und gegenüber Freunden waren wir offen mit der Leihmutterschaft umgegangen. Aber was antwortet man, wenn man entfernte Bekannte beim Spaziergang in der Stadt trifft und von diesen auf die Schwangerschaft angesprochen wird?

Einige Mütter entscheiden sich in dieser Situation dazu, zu lügen und so zu tun als hätten sie die Kinder selber geboren. Oder sie erzählen der Umgebung, es sei eine Adoption im Ausland gewesen. Viele Mütter umgehen das Problem zunächst und bleiben mit ihren Kindern einfach zu Hause, um sich nicht der Situation auszusetzen. Sie verzichten auf Aktivitäten mit anderen Eltern, gehen nicht zu Eltern-Kind-Bewegungs-Gruppen, zum Babyschwimmen oder in Baby-Massage-Kurse. Es ist nicht selten, dass Wunschmütter in der Schwangerschaft ihren Job spontan kündigen, um Fragen nach der Herkunft der Kinder aus dem Weg zu gehen und sich auch ansonsten in der Schwangerschaft aus der Öffentlichkeit zurückziehen. Wohnortwechsel nach der Geburt der Kinder sind bei Familien nach Leihmutterschaft nicht ungewöhnlich. Viele Eltern, die unbedingt vorhaben, ihren Kindern gegenüber offen mit der Leihmutterschaft umzugehen, entscheiden nach der Geburt der Kinder, diese Offenheit zunächst aufzuschieben. Aber später stellen sie dann fest, dass sie sich damit tatsächlich eine große Hypothek aufladen, weil es nach zahlreichen Lügen zunehmend schwieriger wird, zu einem offenen Umgang zu finden. Ich erinnere mich an ein Familientreffen, das von der Leiterin eines der Foren für deutsche Familien mit Kindern aus Leihmutterschaft organisiert wurde. An diesem persönlichen Treffen nahmen nur sehr wenige Familien teil. Von den teilnehmenden Eltern hatten einige ihre Kinder nicht mitgebracht, da diese noch nichts von der Leihmutterschaft wussten. Die Paare waren also den langen und schwierigen Weg der Leihmutterschaft gegangen, um eine Familie zu werden. Und nun waren sie endlich eine Familie und konnten nicht als Familie an einem solchen Familientreffen teilnehmen.

Aber man kann mit dem Thema auch anders umgehen. Familien, die sich dazu entschieden haben, offen mit ihren Kindern und dem Umfeld über die Leihmutterschaft zu sprechen, berichten von vorwiegend positiven Erfahrungen. Ein 4-jähriger Junge erklärt seine Entstehungsgeschichte dabei folgendermaßen:

„Ich wollte unbedingt auf die Welt kommen. Aber in Mamas Bauch hat das nicht geklappt. Da bin ich dann aus einem anderen Bauch rausgekommen.“

[8] Ebd.

Studies of Surrogacy Families[1]

Susan Golombok

In spite of the contentious nature of surrogacy and the adverse publicity it has attracted around the world, surprisingly little empirical research has been conducted to determine its impact on surrogate mothers, surrogacy parents and, most importantly, children. In a questionnaire-based study of the psychological adjustment of children in different types of assisted reproduction families, Shelton, Boivin, Hay et al. (2009) compared a group of 21 5- to 9-year-old children born through gestational surrogacy with 378 children born through IVF, 182 through donor insemination, 153 through egg donation and 27 through embryo donation. The questionnaires completed by mothers and fathers ranged from those designed to assess conduct problems and attention deficit hyperactivity disorder to measures of anxiety, depression, peer problems and pro-social behavior. The children born through surrogacy did not differ from children in the other types of assisted reproduction families, for any of the measures. Neither did they show raised levels of conduct or peer problems when their scores were compared with general population norms.

In the only in-depth investigation, a group of 42 families created by surrogacy was included in the UK Longitudinal Study of Assisted Reproduction Families. The families were recruited when the children were around 1 year of age through the General Register Office of the UK Office for National Statistics, which keeps a record of all families formed through surrogacy when legal parentage is granted to the intended parents. In order to reach families in which legal parentage had not yet been granted, those families with children of the same age who were members of the only UK surrogacy agency in existence at the time (known as Childlessness Overcome Through Surrogacy [COTS]) were also asked to take part. Although it was not possible to calculate an exact participation rate, it was estimated that more than 60 percent of the eligible surrogacy families with 1-year-old children throughout the UK were recruited to take part in the research. Approximately two-thirds of the families had used a genetic surrogate, with the remaining third having used a gestational surrogate. Around 70 percent of the surrogates had been unknown to the intended parents prior to the surrogacy arrangement, whereas the other surrogates had been rel-

[1] This contribution was originally published in: *Golombok, S.* (2015). Modern families: parents and children in new family forms. Cambridge: Cambridge University Press, p. 124–137.

atives or friends. The surrogacy families were compared with a matched group of 51 egg donation families (who had been recruited through fertility clinics) and a matched group of 80 natural conception families (who had been recruited through maternity wards), all of whom had had planned pregnancies. For both of these family types, all eligible families were asked to take part and more than 70 percent agreed. The egg donation families were included as a comparison group (in addition to the natural conception families), in order to control for the experience of female infertility and the involvement of a third party in the birth of the child.

The first assessment was carried out at around the time of the child's first birthday and focused on three aspects of family functioning using in-depth, standardized interviews and questionnaires: the parents' psychological well-being and marital satisfaction; the quality of their parenting; and the temperament of their children[1]. Both mothers and fathers took part in the research. Contrary to the concerns that have been expressed about the potentially negative consequences of surrogacy for family functioning, the differences identified between the surrogacy families and the other family types indicated greater psychological well-being and adaption to parenthood by the mothers and fathers of children born through surrogacy than by the comparison group of natural conception parents. Both mothers and fathers in surrogacy families reported lower levels of stress associated with parenting than did those with naturally conceived children, and mothers also showed lower levels of depression. With respect to parent-child relationships, the findings were again more positive for the surrogacy parents than for the natural conception parents. Mothers and fathers in surrogacy families showed greater warmth and attachment-related behavior toward their infants, and greater enjoyment of parenthood, than did natural conception parents. The surrogacy fathers were also more satisfied with the parental role. The only exception to this positive pattern of findings was that the surrogacy mothers and fathers showed higher levels of emotional over-involvement with their infants. However, this reflected only a slight degree of over-involvement, rather than a dysfunctional level. Interestingly, the egg donation parents were similar to the surrogacy parents in terms of the quality of their relationships with their children. However, the egg donation mothers, like the natural conception mothers, showed higher levels of depression than did the surrogacy mothers, possibly owing to physical consequences of the pregnancy. No differences in infant temperament were identified between the three family types.

Aspects of the surrogacy arrangement were also examined. An important question is whether it makes a difference if the surrogate mother is also the genetic mother of the child. It appears not, as no differences were found in the quality of the surrogacy parents' parenting according to whether or not the surrogate was the genetic mother of the child. However, the nature of the relationship between the surrogacy parents and the surrogate mother did seem to make

[1] *Golombok, Murray, Jadva* et al., 2004.

a difference. When the surrogate mother was a relative or a friend, as opposed to someone who was unknown to the surrogacy parents prior to the surrogacy arrangement, the surrogacy mothers showed more positive parenting.

The families were revisited when the children were aged 2 years[2]. Once again, the focus of the research was on the psychological well-being of the parents, the quality of the parent-child relationships and the psychological development of the children. At this phase of the study, the quality of parent-child relationships was examined using the Parent Development Interview[3], an inter view technique designed to assess the nature of the emotional band between a parent and the child. In line with the findings when the children were 1 year old, the surrogacy mothers appeared to have more positive thoughts and feelings about their toddlers than did the natural conception mothers. They showed higher levels of pleasure in their children and greater feelings of competence as parents, and lower levels of anger, guilt and disappointment with their children. No differences were found between the surrogacy and natural conception fathers in terms of their relationships with their children. However, the surrogacy fathers reported lower levels of parenting stress. The egg donation mothers and fathers were similar to the mothers and fathers in surrogacy families in terms of their thoughts and feelings about their children, although the surrogacy fathers again showed lower levels of parenting stress. The surrogacy children did not differ from either the natural conception children or the egg donation children with respect to their social, emotional or cognitive development.

The families were followed up for a third time when the children were 3 years old[4]. The findings were consistent with those of the earlier phases of the study. Where differences in parent-child relationships were identified, these showed more positive relationships in terms of both warmth and interaction among mothers in surrogacy families than among their counterparts in natural conception families. Once again, the egg donation mothers were similar to the surrogacy mothers with respect to the quality of the relationships with their children. The children showed positive psychological adjustment, with no differences between children born through surrogacy, egg donation or natural conception. The next phase of the study took place when the children were aged 7 years[5], the age by which children develop a more sophisticated understanding of the absence of a genetic or gestational link to their parents[6]. In the earlier phases of the study, the children were too young to be fully aware of the circumstances of their birth. In addition to an interview assessment of mother – child relationships, an observational assessment of mother-child interaction was carried out at this phase of the research to examine the quality of dynamic interactions between mothers and children that could not be captured by interview or self-report. No differences

---

[2] *Golombok, MacCallum, Murray* et al., 2006.

[3] *Slade, Belsky, Aber* et al., 1999.

[4] *Golombok, Murray, Jadva* et al., 2006.

[5] *Golombok, Readings, Blake* et al., 2011.

[6] *Gregg, Solomon, Johnson* et al., 1996; *Williams and Smith*, 2010; *Richards*, 2000.

were found in the quality of mother-child relationships between the surrogacy families and either the natural conception or the egg donation families, as assessed by interview. However, the surrogacy mothers showed less positive interaction with their children in the observational assessment than did the natural conception mothers. Once again, the egg donation mothers were similar to the surrogacy mothers on this measure. Thus, the more positive parent-child relationships shown by the surrogacy, than by the natural conception, mothers when the children were in their preschool years was no longer apparent when the children were 7 years old. Nevertheless, the surrogacy families were not experiencing difficulties. They did not show more negative parent-child relationships than did the natural conception families. Instead, the differences identified reflected more subtle differences in patterns of mother-child interaction.

The psychological adjustment of the children was measured when the children were aged 7 years, and again at the age of 10, using the Strengths and Difficulties Questionnaire completed by mothers and the children's teachers[7], and the surrogacy children's scores compared with those of children conceived by gamete donation[8]. At 7 years of age, the surrogacy children showed higher levels of adjustment problems than did the children conceived by gamete donation as rated by mothers but not teachers. Interestingly, this finding parallels that of internationally adopted children at the age of 7[9], which Juffer and van IJzendoorn (2005) attributed to internationally adopted children's need to struggle with identity issues earlier than domestically adopted children, due to their difference in appearance from their parents. Surrogacy children may similarly face identity issues at an early age: not only are they born to a surrogate mother, which makes them different from other children, but they may also remain in contact with their surrogate mother as they grow up. It is important to emphasize, however, that the surrogacy children in this study were generally well-adjusted at the age of 7, with scores within the normal range. Also, the raised levels of psychological problems shown by the surrogacy children disappeared by the age of 10, which, again, was consistent with the decline in difficulties shown by internationally adopted children by adolescence.

The sample sizes in this study were relatively small and may have been biased toward the inclusion of well-functioning families. Furthermore, some families were lost over time. However, the study also had a number of advantages, including an in-depth, multi-method approach involving interview, observational and questionnaire measures, as well as data collection from mothers, fathers, children and teachers; thus, the potential for participants to present the family in an artificially positive light was reduced. Moreover, almost 80 percent of the surrogacy families who enrolled in the research were still taking part 10 years later. As the first study worldwide to investigate parenting and child development in

---

7 *Goodman*, 1994, 1997, 2001.

8 *Golombok, Blake, Casey* et al., 2013.

9 *Starns, Juffer, Rispens* et al., 2000.

surrogacy families, the results must be replicated – ideally in other countries and cultures – before general conclusions can be drawn. Nevertheless, the findings of this initial study are reassuring and indicate that some of the fears that have been expressed about the consequences of surrogacy for children are based on speculation, rather than fact.

A question that often crops up whenever surrogacy is discussed is how the parents and surrogate mother get on with each other during the pregnancy and after the child is born. The most commonly voiced concern is that the surrogate mother will refuse to hand over the baby. In fact, this rarely occurs. The cases that have hit the headlines have given a false impression of the frequency with which surrogate mothers change their minds. As part of the UK Longitudinal Study of Assisted Reproduction Families, intended parents were interviewed about the nature of their relationship with the surrogate mother at all five phases of the research; that is, when their children were aged 1 year[10] until their children were aged 10[11]. When the children were aged 1 year, the 42 sets of parents were asked to report on their relationship with the surrogate mother both during the pregnancy and after their children were born. During the pregnancy, the large majority of intended mothers saw the surrogate mother at least once per month – often accompanying her to medical appointments – with intended fathers having less contact. This is in line with the findings of Ragoné (1994), who found, in a study in the USA, that the role of the intended father during pregnancy was de-emphasized, whereas the intended mother formed a strong bond with the surrogate mother and was very involved in the pregnancy. For the most part, intended parents in the UK study reported a harmonious relationship with the surrogate mother. Where this was not the case, there was minor conflict or a lack of communication, rather than major conflict or hostility. Most of the intended mothers (but only one-third of the intended fathers) were present at the birth. In spite of concerns to the contrary, all of the surrogate mothers relinquished the baby to the intended parents without difficulty, with the exception of one woman who did so after some hesitation. Likewise, all of the intended mothers had no difficulty accepting the baby, although one woman reported minor problems initially.

In the year following the birth, almost all of the mothers and fathers met with the surrogate mother at least once, and most described their relationship with her in positive terms. However, the frequency of contact between the parents and the surrogate mothers decreased over time, particularly in cases in which they had not known each other prior to the surrogacy arrangement and the surrogate mother's egg had been used to conceive the child. By the time the children were 10 years old, 60 percent of the parents were still in contact with the surrogate mother and, for the large majority, this relationship remained positive. As one mother put it: "In my experience it's been extremely positive. I've got a lovely

[10] *MacCallum, Lycett, Murray* et al., 2003.
[11] *Jadva, Blake, Casey* et al., 2012.

friend that you know … words can't express how I feel about [surrogate mother] because she's just been brilliant the whole way through." Thus, fears were allayed that difficulties would develop between the parents and the surrogate mother as the child grew up, or that the involvement of the surrogate mother would interfere with the mother's confidence as a parent. However, those who had lost contact may have done so intentionally as a result of difficulties between the surrogate mother and the family.

The nature of the relationship between surrogate mothers and their surrogacy children was of particular interest, especially in cases in which the surrogate mother had been the genetic mother or a friend or relative of the family. In the year following the birth, three-quarters of the surrogate mothers saw the baby. Although most of the parents were happy about this, a few had mixed feelings. Where there was no contact between the surrogate mother and the baby, this was usually by mutual agreement or because the surrogate mother did not want contact. There were no reported cases of contact being denied by the parents. Not surprisingly, the frequency of contact between the children and their surrogate mothers mirrored that of their parents and declined as they grew older, with 60 percent of children remaining in contact with their surrogate mothers by the age of 10. Interestingly, children who were genetically related to their surrogate mother were less likely to keep in touch with her than were those who lacked a genetic link. This may have been deliberate on the part of the parents, in order to distance the surrogate mother from the child.

Surrogacy parents are much more open with their children about the circumstances of their birth than are parents of children conceived by egg, sperm or embryo donation. All of the parents in the UK Longitudinal Study of Assisted Reproduction Families planned to tel1 their children about the surrogacy[12], and the large majority did so by the time their children reached 7 years of age[13]. However, by the child's age of 7, the majority of parents whose children had been born through genetic surrogacy had told their children that they had been carried by another woman, but had not disclosed the use of the surrogate mother's egg[14]; almost half of these parents had still not disclosed this information by the time their children turned 10[15]. Thus, these children were unaware that their surrogate mother was also their genetic mother. As one mother put it, "We've made it like bread in the oven, 'she just kept you warm until you were ready to come out,' so no, it hasn't come up that biologically she's not mine."

Some mothers were worried about rejection by their children. As one mother said:

I think the one thing that is in the back of my mind and haunts me slightly is if ever one of my girls might turn around and say to me 'You're not my mum.' I think that would cut

[12] *MacCallum, Lycett, Murray* et al., 2003.
[13] *Jadva, Blake, Casey* et al., 2012.
[14] *Readings, Blake, Casey* et al., 2011.
[15] *Jadva, Blake, Casey* et al., 2012.

very, very deep. But that hasn't happened so far ... and I don't believe that they would say that ... because we have a very good relationship ... a very close relationship so I don't think it would enter their mind but it's in my mind ... rightly or wrongly.

When children were interviewed at the age of 7 years and at the age of 10, the majority showed some understanding of surrogacy, at least to the extent that they had been born to a woman who was not their mother. As one child put it, "Well my mum's womb, I think ... well it was broken, so [surrogate mother] carried me instead of my mum." Most of the children who were in contact with their surrogate mother said that they liked her, describing her as "nice" or "kind." For example, one child said "She was really kind about ... like carrying me in her tummy" and another said, "I think she is kind and she's lovely and funny." Two-thirds wished to see her more often and the remainder felt that the level of contact was just right, with the exception of only one child, who wished to see her less. Despite the widespread opinion that children would be distressed by the knowledge that they had been born through surrogacy, this did not appear to be a big issue for the children in the study, with the majority feeling neutral or indifferent about this. The view of this 10-year-old was typical of the other children in the study: "I feel fine. I don't feel bad or cross in any way. It's just pretty much nature so I can't do anything about it. I wouldn't like to do anything about it." Nevertheless, the oldest children in the study were only 10 years old. They may feel differently as they grow up.

Same of the children also understood their relationship to the surrogate mother's own children. One father described it as follows:

Since he was very young, he understood that the surrogate's children were his half siblings. He has known that. He has so absolutely known that. In fact, when he did a family tree at school, he put a little dog leg and [surrogate mother and children] as part of his family tree. And even more interestingly ... the surrogate's child also put him as her half-brother.

As yet, no studies have been carried out of the views of older children born through surrogacy. It remains to be seen how children will feel as they enter adolescence, when issues relating to identity become more significant, and whether payment to the surrogate mother for her services will make a difference to the reactions of the child. The situation may become even more complex for children whose surrogate mother lives in a different country or speaks a different language, as is becoming increasingly common with the growing use of surrogate mothers in India and other countries.

Studies of Surrogate Mothers and their Families

Some of the most contested ethical questions regarding surrogacy relate to the surrogate mother. Is the surrogate mother in a position to give truly informed consent if she has never done this in the past and is therefore unaware of what it feels like to relinquish a baby she has carried for 9 months and who may also be her genetic child? Do surrogate mothers feel regret once they have handed over the baby? Do they experience psychological distress or long-term psychological problems? What is the impact of surrogacy on the surrogate mother's own family, including her partner and her children?

In order to examine the psychological consequences of surrogacy for surrogate mothers, 34 women who had given birth to a surrogacy child in the UK were administered a standardized interview one year after the birth of the child and completed a questionnaire assessment of post-natal depression[16]. More than 70 percent of those who were asked to participate agreed to do so. None of the women reported experiencing any doubts about handing over the baby to the intended parents. When asked to recollect their feelings and experiences, around one-third of the women reported feeling upset in the weeks following the hand-over, although only one woman described feeling severely depressed. One year later, only two women (6 percent) reported psychological difficulties arising from their experiences of surrogacy, and none obtained a score on the post-natal depression questionnaire that was indicative of clinical depression. Neither was there a difference in depression scores between the genetic and gestational surrogate mothers, which suggests that the surrogate mothers did not experience long-term psychological problems, even in cases in which they were genetically related to the surrogacy child. Thus, the psychological difficulties experienced by surrogate mothers were not severe and tended to dissipate with time; this lends little support to the expectation that surrogate mothers will experience psychological problems following the relinquishment of the child. The study found a great deal of variation in the frequency of contact between the surrogate mother and the baby following the hand-over. Whereas one-third of the surrogate mothers had seen the baby at least once a month, one-quarter had not had any contact. Not one of the surrogate mothers felt as if the surrogacy child was their own – a factor that might have helped them to relinquish the baby to the intended parents. For almost two-thirds of the surrogate mothers, information was also available from the parents, as they were participants in the UK Longitudinal Study of Assisted Reproduction Families. Interestingly, the accounts of the surrogate mothers were almost identical to those of the parents, thus validating the parents' reports of positive relationships with the surrogate mothers.

In the only investigation of the long-term outcomes of surrogacy for surrogate mothers and surrogate mothers' own children, 34 surrogate mothers (20 of whom had taken part in the previous study 1 year after the birth of the surrogacy child) and 36 of their children (aged 12 to 25 years) were interviewed between 5 and 15 years after the mother had given birth to a surrogacy child[17]. The findings challenged the widespread expectation that difficulties would arise in the relationship between the surrogate mother and the intended parents as time went on, and instead painted a largely positive picture of the relationships form-

[16] *Jadva, Murray, Lycett* et al., 2003.

[17] *Jadva and Imrie*, 2014a, b; *Jadva, Imrie and Golombok*, 2014; *Imrie and Jadva*, 2014.

ed between surrogate mothers and the families they helped to create. In three-quarters of surrogacy arrangements, the surrogate mothers had stayed in touch with the children they had carried for another couple, and generally saw them once or twice a year. In addition, almost half of the surrogate mothers' own children were in contact with the surrogacy child, whom many described as a sibling or half-sibling, irrespective of genetic relation. However, others did not appear to ascribe any significance to their genetic or gestational relatedness to the surrogacy child, and yet others created their own terminology to describe this new form of relationship, including "surrosister" and "tummy-sister"[18].

Only half of the surrogate mothers' children were interviewed, and thus the views of the other half are not known. This is partly because the children were asked to participate by their mothers and some mothers felt disinclined to ask children who had left home. However, this is the first study to examine surrogacy from the perspective of surrogate mothers' own children, and it sheds light on their experiences and views. Despite fears to the contrary, it appears that these children were not adversely affected by their mothers' involvement in surrogacy. Indeed, the large majority were positive about this and felt proud of their mother for helping a woman who was unable to have children, herself. As a child of a genetic surro gate mother said: "I think it's amazing ... It's quite, I dunno, it's like ... it's difficult for a woman to like give away a child that she's given birth to and I just think it's ... fantastic that my mum can, and make people so happy." Similarly, a child of a gestational surrogate mother stated: "I think it's a really nice thing to do for someone, obviously if they can't have children and they really want a child that's a bad thing, so if someone else is able to do that for you and help you through it then it's something that is compassionate really."

Conclusions

Surrogacy is not without its difficulties. Although uncommon, the surrogate mother may change her mind and decide to keep the baby, as occurred in the case of Baby M. Intended parents may also change their mind and leave surrogates, literally, holding the baby. Nevertheless, the findings from the few studies of surrogacy that currently exist indicate that families formed in this way are generally functioning well, suggesting that the absence of a gestational link between the parents and the child does not jeopardize the development of positive family relationships or positive child adjustment. It is interesting to note that surrogacy and egg donation families appear to show similarly positive outcomes. As the key distinguishing factor between these two family types (especially in the case of genetic surrogacy) is whether or not there is a gestational relationship with the child, this provides further support for the conclusion that a gestational link is not essential for positive family functioning. Moreover, there

[18] *Jadva and Imrie*, 2014b.

is evidence that harmonious relationships can ensue between surrogate mothers' families and the families these surrogates help to create. What is not yet known is how these relationships will play out over time and, crucially, how children born through surrogacy will feel about their origins later in their lives.

References

Golombok, S., Blake, L., Casey, P., Roman, G., and Jadva, V. (2013). Children born through reproductive donation: longitudinal study of child adjustment. *Journal of Child Psychology and Psychiatry,* 54, 653–660. doi:10.1111/ jcpp.12015.

Golombok, S., Maccallum, F., Murray, C., Lycett, E., and Jadva, V. (2006). Surrogacy families: Parental functioning, parent-child relationships and children's psychological development at age 2. *Journal of Child Psychology and Psychiatry,* 47(2), 213–222.

Golombok, S., Murray, C., Jadva, V., Maccallum, F., and Lycett, E. (2004). Families created through surrogacy arrangements: Parent-child relationships in the 1st year of life. *Developmental Psychology,* 40(3), 400–411.

Golombok, S., Murray, C., Jadva, V., Lycett, E., Maccallum, F., and Rust, J. (2006). Non-genetic and non-gestational parenthood: Consequences for parent-child relationships and the psychological well-being of mothers, fathers and children at age 3. *Human Reproduction,* 21(7), 1918–1924.

Golombok, S., Readings, J., Blake, L., Casey, P., Marks, A., and Jadva, V. (2011). Families created through surrogacy: Mother-child relationships and children's psychological adjustment at age 7. *Developmental Psychology,* 47(6), 1579–1588. doi:10.1037/ a0025292

Goodman, R. (1994). A modified version of the Rutter Parent Questionnaire including extra items on children's strengths: A research note. *Journal of Child Psychology and Psychiatry,* 35(8), 1483–1494.

Goodman, R. (1997). The Strengths and Difficulties Questionnaire: A research note. *Journal of Child Psychology and Psychiatry,* 38(5), 581–586.

Goodman, R. (2001). Psychometric properties of the Strengths and Difficulties Questionnaire. *Journal of the American Academy of Child Psychiatry,* 40(11), 1337–1345.

Gregg, E., Solomon, A., Johnson, S. C., Zaitchik, D., and Carey, S. (1996). Like father, like son: Young children's understanding of how and why offspring resemble their parents. *Child Development,* 67, 151–171.

Imrie, S., and Jadva, V. (2014). The long-term experiences of surrogates: Relationships and contact with surrogacy families in genetic and gestational surrogacy arrangements. *Reproductive BioMedicine Online,* 29, 424–435.

Jadva, V., Imrie, S., and Golombok, S. (2014). Surrogate mothers 10 years on: A longitudinal study of psychological well-being and relationships with the parents and child. *Human Reproduction.* doi:10.1093/humr ep/deu339

Jadva, V., and Imrie, S. (2014 a). Children of surrogate mothers: Psychological well-being, family relationships and experiences of surrogacy. *Human Reproduction,* 29(1), 90–96. doi:10.1093/humrep/det410

Jadva, V., and Imrie, S. (2014b). The significance of relatedness for surrogates and their families. In F. Ebtehaj, S. Graham, M. Richards, and T. Freeman (eds.), *Relatedness in assisted reproduction: Families, origins, identities.* Cambridge University Press.

Jadva, V., Murray, C., Lycett, E., MacCallum, F., and Golombok, S. (2003). Surrogacy: The experiences of surrogate mothers. *Human Reproduction,* 18(10), 2196–2204.

Jadva, V., Blake, L., Casey, P., and Golombok, S. (2012). Surrogacy families 10 years on: Relationship with the surrogate, decisions over disclosure and children's understanding of their surrogacy origins. *Human Reproduction*, 27(10), 3008–3014. doi:10.1093/humrep/des273

Juffer, F., and van IJzendoorn, M. H. (2005). Behavior problems and mental health referrals of international adoptees: A meta-analysis. *JAMA: The Journal of the American Medical Association*, 293(20), 2501–2515. doi:10.1001/jam a.293.20.2501

MacCallum, F., Lycett, E., Murray, C., Jadva, V., and Golombok, S. (2003). Surrogacy: The experience of commissioning couples. *Human Reproduction*, 18, 1334–1342.

Ragone, H. (1994). Surrogate motherhood: Conception in the heart. San Francisco: Westview Press.

Readings, J., Blake, L., Casey, P., Jadva, V., and Golombok, S. (2011). Secrecy, disclosure and everything in-between: Decisions of parents of children conceived by donor insemination, egg donation and surrogacy. *Reproductive BioMedicine Online*, 22(5), 485–495. doi:10.1016/j.rbmo.2011.01.014

Richards, M. (2000). Children's understanding of inheritance and family. *Child Psychology and Psychiatry Review*, 5(1), 2–8.

Shelton, K. H., Boivin, J., Hay, D., van den Bree, M. B. M., Rice, F. J., Harold, T., and Thapar, A. (2009). Examining differences in psychological adjustment problems among children conceived by assisted reproductive technologies. *International Journal of Behavioral Development*, 33(5), 385–392. doi:10.1177/0165025409338444

Slade, A., Belsky, J., Aber, J., Lawrence, J., and Phelps, J. L. (1999). Mothers' representations of their relationships with their toddlers: Links to adult attachment and observed mothering. *Developmental Psychology*, 35(3), 611–619.

Starns, G. J., Juffer, F., Rispens, J., and Hoksbergen, R. A. (2000). The development and adjustment of 7-year-old children adopted in infancy. *Journal of Child Psychology and Psychiatry*, 41(8), 1025–1037.

Williams, J. M., and Smith, L. A. (2010). Concepts of kinship relations and inheritance in childhood and adolescence. *British Journal of Developmental Psychology*, 28(3), 523–546. doi:IO.l348/026151009X449568

Ist das Verbot von Leihmutterschaft anachronistisch geworden?

Elisabeth Beck-Gernsheim

Leihmutterschaft ist in Deutschland verboten, in einer Reihe anderer Länder dagegen erlaubt. So kommt es, dass immer mehr Frauen und Männer ins Ausland fahren – z. B. nach Spanien oder Griechenland, nach Indien oder die Ukraine –, um in den einschlägigen Kliniken dort die Erfüllung ihres Kinderwunsches zu versuchen.

Angesichts dieser Situation ist zunehmend die Frage zu hören: Ist das generelle Verbot von Leihmutterschaft heute noch zeitgemäß? Sollten wir Leihmutterschaft nicht in einem größeren Bezugsrahmen sehen, nämlich als Teil des tiefgreifenden Wandels der Lebensformen, der Elternschafts- und Familienformen, der in den letzten Jahrzehnten eingesetzt hat? Welchen Sinn macht es denn, Verbote zu erlassen, wenn die Menschen sich nicht daran halten und stattdessen ihren eigenen Wünschen und Hoffnungen folgen?

Die letzte dieser Fragen lässt sich einfach beantworten. Das Nicht-Einhalten von Gesetzen kann per se kein Grund sein, diese Gesetze gar nicht zu erlassen. So finden ja tagtäglich an den verschiedensten Orten der Welt Morde statt – aber deshalb wird das Tötungsverbot durchaus nicht aus dem Gesetzbuch gestrichen.

Betrachten wir deshalb das Pro und Kontra der anderen Argumente, die in den aktuellen Kontroversen um Leihmutterschaft vorgebracht werden. Wie stichhaltig sind die Argumente der einen und die der anderen Seite? Sind sie schwerwiegend genug, um am Verbot von Leihmutterschaft festzuhalten oder umgekehrt: Um dieses nun aufzugeben?

I. Materielle Interessen oder altruistische Motive

Diejenigen, die am Verbot festhalten wollen, lehnen Leihmutterschaft vielfach deshalb ab, weil sie hierin eine Kommerzialisierung von Mutterschaft sehen. Die Befürworter von Leihmutterschaft, und nicht zuletzt die Betreiber einschlägiger Kliniken, betonen dagegen, dass hier keineswegs eine Kommerzialisierung von Mutterschaft stattfinde, ganz im Gegenteil: vorrangig seien altruistische Motive. Immer wieder zeige sich, dass für die Frauen, die Leihmutter werden wollen,

Altruismus das entscheidende Motiv sei. Sie wollen helfen, sie wollen Glück schenken.

Betrachtet man daraufhin nun die Ergebnisse einschlägiger empirischer Studien, so ergibt sich ein vielschichtiges, zum Teil auch in sich widersprüchliches Bild. Im Kern sind die Aussagen der Leihmutter-Vermittler nicht ganz falsch, aber erst recht auch nicht richtig. Demnach geht es den meisten Leihmüttern tatsächlich darum, helfen zu können. Aber diese ihre Nächstenliebe gilt zunächst einmal denen, die ihnen am nächsten sind, der eigenen Familie. Diese Frauen, die zumeist unter armseligen Bedingungen leben, die sich ständig abrackern und doch nie vorankommen, suchen nach einem Rettungsanker aus der Hoffnungslosigkeit ihrer Situation. Die meisten wollen Geld verdienen, um ein kleines Haus für die Familie zu bauen, um die Schulausbildung der Kinder zu finanzieren und ihnen eine bessere Zukunft zu bieten.

Das heißt, diese Frauen brauchen das Geld – nicht für Luxusartikel, sondern um das tägliche Überleben zu sichern. Die meisten haben wenig Bildung, von daher auch wenig Chancen, auf dem Arbeitsmarkt eine gut bezahlte Arbeit zu finden. Wenn man ihre soziale Situation mit der der Wunscheltern vergleicht, so ist das Resultat eindeutig: Die Wunscheltern sind eher Angehörige der wohlhabenden Mittelschicht. Die Leihmütter dagegen sind vergleichsweise finanziell deutlich schlechter gestellt. So heißt es in einer Untersuchung über Leihmutterschaft in den USA lapidar: „Reiche Leihmütter gibt es nicht“[1]. Und ähnlich eine Studie aus Israel: „In der gesamten Untersuchung fanden wir nicht eine einzige Leihmutter, die wohlhabend ist. Offensichtlich haben nur arme Frauen ein Recht auf Selbstlosigkeit und heroisches Handeln“[2].

II. *Win-win*-Situation

Diejenigen, die für die Zulassung von Leihmutterschaft plädieren, sprechen auch gern von einer *Win-win*-Situation: für die einen das Kind, für die anderen das Geld, so haben alle Beteiligten ihren Nutzen. Ein Arrangement also, das alle glücklich macht.

Das ist, sehr allgemein und abstrakt gesprochen, durchaus richtig. Beide Seiten profitieren, die Wunscheltern sowohl wie die Leihmutter. Aber sobald man etwas genauer hinschaut, wird schnell sichtbar, dass eine solche Aussage die realen Ereignisse nur verzerrt widergibt. Es reicht nicht zu sagen: Beide Seiten pro-

---

[1] Mohapatra, Seema (2015): States of Confusion: Regulations of Surrogacy in the United States, in: Jean-Daniel Rainborn und Samira El Boudamoussi (Hrsg.): New Cannibal Markets: Globalisation and Commodification of the Human Body. Paris: Éditions de la Maison des sciences de l'homme, S. 91.

[2] Samama, Etti (2015): A Womb for Rent: Within Me, But Not Mine. The Surrogacy in Israel: Vision, Policy and Reality , in: Jean-Daniel Rainborn und Samira El Boudamoussi (Hrsg.): New Cannibal Markets: Globalisation and Commodification of the Human Body. Paris: Éditions de la Maison des sciences de l'homme, S. 127.

fitieren. Man muss auch fragen: Wer profitiert wieviel? Und wer hat welche Risiken, welche Nebenwirkungen, welchen potentiellen Schaden zu tragen?

Und dann sieht die Situation plötzlich ganz anders aus. Zur Veranschaulichung ein Gedankenexperiment.

Das Gedankenexperiment

Man stelle sich einen Vater vor, der zwei Söhne hat und jedem von ihnen eine Schenkung vermacht. Der eine Sohn bekommt ein Grundstück von enormen Ausmaßen, mit bestem fruchtbaren Boden, dazu in schönster Panorama-Lage gelegen. Der andere Sohn bekommt auch ein Grundstück, aber ach, eines von weit geringem Wert, tief unten in einer finsteren Schlucht gelegen, jämmerlich klein und mit kargem steinigen Boden.

Um das Verhalten des Vaters zu beschreiben, könnte man es zusammenfassen in dem Satz: Der Vater hat beiden Söhnen ein Grundstück geschenkt. Die Aussage ist zutreffend. Und trotzdem hinterlässt sie – so man die genaueren Umstände kennt – erhebliches Unbehagen. Man spürt sofort, dass dies keine angemessene Darstellung des väterlichen Verhaltens ist. Indem die Beschreibung viel zu grobkörnig bleibt, wird eine Ähnlichkeit der Schenkungen suggeriert, während die ins Gewicht fallenden Unterschiede ignoriert, als unwichtig wegdefiniert werden.

Wenn wir nun vom Verhalten des Vaters wieder zur Leihmutterschaft kommen, dann ist das verbindende Element die Art der Darstellung, die zu ungenau bleibt und damit in die Irre führt. Wer im Zusammenhang mit der Leihmutterschaft von einer *Win-Win*-Situation spricht, der unterstellt damit eine Ausgewogenheit des Gewinns, ein gleichermaßen faires Geben und Nehmen, und lenkt damit ab von der massiven Ungleichheit, die in die Beziehungen zwischen Wunscheltern und Leihmutter strukturell eingelassen ist und sie vorgängig formt.

Die Realität der Leihmutterschaft, das soll im folgenden gezeigt werden, ist gekennzeichnet durch eine grundlegende Asymmetrie. Vorweg kurz zusammengefasst: Für die Leihmütter ist der Gewinn erheblich geringer, die Nebenwirkungen und potentiellen Schäden dagegen sind erheblich größer.

III. Asymmetrie: Ungleiche Verteilung von Chancen und Risiken

1. Gesundheitsrisiken

Mutterwerden war für Frauen immer schon mit erheblichen gesundheitlichen Risiken und Belastungen verbunden. Über viele Jahrhunderte hinweg starben unzählige Frauen im Kindbett, mussten die Kinder mit Schmerzen gebären ertragen. Nun sind zur Gegenwart hin die Risiken dieser Art zwar deutlich geringer geworden, jedenfalls in den Ländern der sogenannt Ersten Welt – dank besserer Ernährung, besserer Hygiene und besserer ärztlicher Versorgung. Aber hinzukommen nun spezielle Risiken, die sich mit Leihmutterschaft verbinden, von den notwendig werdenden Medikamenten bis zur Hormonstimulierung bishin zur Gefahr der hormonellen Überstimulierung.

Von all dem bleiben Männer und Frauen verschont, die sich ihren Kinderwunsch auf dem Weg der bestellten Leihmutterschaft erfüllen. Sie müssen nicht monatelang gegen morgendliche Übelkeit ankämpfen, sie müssen weder eine Schwangerschaftsvergiftung noch anhaltende Blutungen befürchten, sie können essen und trinken, rauchen und nach Belieben Sport treiben. Ihr Leben kann weitergehen wie bisher.

2. *Soziale Einflusschancen und Macht*

Empirische Untersuchungen, die die soziale Stellung von Wunscheltern und Leihmüttern vergleichen, zeigen ein durchgängig ähnliches Muster. Demnach sind Wunscheltern typischerweise den Leihmüttern deutlich überlegen was soziale Herkunft, Bildungschancen, Einkommen angeht.

Und das hat Folgen – im normalen unauffälligen Alltag, erst recht im Konfliktfall.

Dies wurde bereits in jenem berühmt gewordenen frühen Leihmutterprozess sichtbar, der als „Kampf um Baby M." in die Rechtsgeschichte einging[3]. Auf der einen Seite die Wunscheltern, das Ehepaar Stern, der Wissenschaftler, die Kinderärztin. Auf der anderen Seite Mrs. Whitehead, Schulversagerin, Frau eines Müllfahrers, die Paarbeziehung durch Streit und ständigem Geldmangel belastet. Diese sozialen Details sind hier nicht unerheblich, im Gegenteil: sie spielten eine entscheidende Rolle bei der Auseinandersetzung vor Gericht. Zunächst einmal konnten die Sterns die teuersten Anwälte und Gutachter engagieren, damit wichtige Voraussetzungen für einen in ihrem Sinn günstigen Prozessausgang schaffen. Darüber hinaus nahm der zuständige Richter in seiner Urteilsbegründung direkt auf den sozialen Abstand zwischen den beiden Ehepaaren Bezug, und zwar als ein Argument, das klar zugunsten der Sterns sprach. Baby M., so sagte der Richter in seiner Urteilsbegründung, werde bei den Sterns nicht nur in einer „geordneten Umwelt" leben, sondern weit mehr noch: das Kind würde unter den günstigsten Voraussetzungen aufwachsen, ja selbst die Möglichkeit haben, „Musikunterricht zu nehmen". So gesehen war das Urteil wohl kein Zufall, sondern auch das Ergebnis einer für das Leihmutterschaftsverhältnis durchgängig prägenden sozialen Hierarchie, die der einen Seite die Vorteile zuweist, der anderen Seite dagegen die deutlich schlechteren Karten zuschiebt.

[3] Lacayo, Richard (1987): Whose Child Is This?, in: The Time, 19.01.1987, S. 56–58.

3. Komfort versus Kontrolle

Die soziale Kluft zwischen Wunscheltern und denjenigen, die die für den Kinderwunsch benötigten biologischen Ressourcen anbieten, spiegelt sich auch wider in der Art des persönlichen Umgangs, die die Beteiligten in der Kinderwunsch-Klinik erwartet. Der Marktplatz der Fortpflanzungsmedizin ist, bildlich gesprochen, aufgeteilt in unterschiedliche Klimazonen mit je eigenen Temperaturen und Wetterlagen. Auf der einen Seite die Wunscheltern: Sie werden, so jedenfalls versprechen es die einschlägigen Web-Seiten, umhegt und gepflegt, psychologisch unterstützt und persönlich betreut, ihnen gilt eine Wohlfühlkultur mit individuell abgestimmten Wohlfühl-Programmen. Im Originalton der Kinderwunsch-Kliniken liest sich das so:

> „Unser gesamtes Team hat ein Ziel: Sie fachlich und menschlich jederzeit aufs Beste zu betreuen … Wir legen nicht nur Wert auf perfekten Service, sondern auch auf eine zuvorkommende, behagliche Atmosphäre. Alle unsere Ärzte und Mitarbeiter widmen sich ihrer Aufgabe mit Herzblut und Engagement“[4].

Deutlich anders dagegen ist das Klima für die Leihmütter. Weil ihr physischer Zustand aufs engste mit dem des Kindes verbunden ist, gilt diesem Zustand die größtmögliche Aufmerksamkeit. Weil für die Wunscheltern jede Investition in die Gesundheit der Leihmutter eine Investition in die Gesundheit des eigenen Kindes ist, wird hier großzügig investiert. Das hat für die Leihmutter positive wie andere Effekte. War sie bislang froh, wenn sie überhaupt zu essen hatte, wird jetzt gute, gesunde, ausgewogene Ernährung zur Pflicht, ergänzt durch eine Dosis Vitamintabletten. Während sie bei früheren Schwangerschaften ohne ärztliche Hilfe auskommen musste, sind jetzt – auch wenn sie keinerlei Beschwerden hat – regelmäßige Untersuchungstermine Teil des Routine-Programms.

Das alles ist unmissverständlich ausgerichtet an einem einzigen Ziel, nämlich der gesunden Entwicklung des Kindes. Wo es zu einem Konflikt kommt, ist die Gesundheit der Frau immer nachrangig gegenüber der Gesundheit des in ihr heranwachsenden Kindes, das haben empirische Untersuchungen immer wieder gezeigt. Nicht selten müssen die Leihmütter – wenn dies für das Wohlergehen des Kindes nützlich sein könnte – sich sehr invasiven Behandlungsformen unterziehen und hochdosierte Medikamente einnehmen, ohne Aufklärung über eventuelle Risiken und Nebenwirkungen. Gleichzeitig sind viele der Leihmütter in der Klinik in eine für sie sehr fremde, in ihren Abläufen undurchschaubare Umgebung versetzt. Damit sind sie enorm eingeschüchtert und fühlen sich oft unbehaglich, aber wagen es nicht, genau nachzufragen oder gar ihre eigenen Interessen aktiv zu vertreten. Stattdessen unterschreiben viele von ihnen, was immer die Vertreter der Leihmutterschafts-Agenturen ihnen vorlegen.

---

4 Web-Seite der Klinik Kinderwunsch-Zentrum an der Oper (Standort München), abgerufen März 2016.

4. *Leihmutterschafts-Verträge: Verlust persönlicher Autonomie*

Zu Recht kann man darauf hinweisen, dass keineswegs alle Leihmütter in allen Ländern und allen Kliniken denselben Bedingungen ausgesetzt sind. Von daher sind Verallgemeinerungen stets problematisch. Aber jenseits der vielfältigen Unterschiede lassen sich doch immer wieder ähnliche Grundmuster erkennen, z. B. was Inhalt und Aufbau der Leihmutterschaftsverträge angeht: Diese schränken oft die persönlichen Freiheitsrechte der Leihmütter massiv ein. Hier einige typische Bespiele:

- Bei manchen Kinderwunsch-Kliniken dürfen die Leihmütter während der Schwangerschaft nicht mehr zu Hause bei ihrer Familie wohnen, müssen sich an einen vorgeschriebenen Ernährungsplan halten, auf sexuellen Kontakt mit dem Ehemann verzichten, ihre eigenen Kinder in der Obhut anderer lassen.
- Zur besseren Überwachung stellen manche Kliniken Gemeinschaftsunterkünfte oder Schlafsäle bereit, wo die Frauen während der Schwangerschaftsdauer untergebracht werden, Bett an Bett, Leihmutter neben Leihmutter.
- Selbstverständlich verboten sind Drogen, Alkohol, Rauchen.
- Die Autonomie über ihren Körper ist wesentlich eingeschränkt, ja an zentralen Punkten ganz aufgehoben: Die Absolvierung pränataler Tests ist Pflicht.
- Sollte dabei festgestellt werden, dass das Kind behindert sein wird, ist es der Entscheidung der Wunscheltern überlassen, ob sie eine Fortsetzung der Schwangerschaft wollen oder für eine Abtreibung votieren.
- Ähnliches gilt, wenn sich herausstellen sollte, dass die Leihmutter nicht mit einem Kind, sondern mit mehreren Kindern schwanger ist. Dann ist es wiederum in die Entscheidung der Wunscheltern gestellt, ob eine sogenannte „Mehrlingsreduktion" durchgeführt werden soll, bei der eines oder mehrere der „überzähligen" Embryonen im Mutterleib getötet werden.

Um Lebensstil, Ernährung, Medikamenteneinnahme, um die Einhaltung solcher Gebote und Verbote zu überwachen, stellen manche Kliniken spezielle Kontrolleurinnen an. Ihre Aufgabe ist es, das Leben der Leihmütter kontinuierlich zu beobachten und zu protokollieren – je nach Preislage des von den Wunscheltern gewählten Behandlungspakets mehrmals täglich oder rund um die Uhr.

Regeln, um die Rechte der Leihmütter zu schützen, sind dagegen kaum existent.

5. *Familienglück – Privileg der Wohlhabenden?*

Angesichts der genannten Bedingungen liegt es nahe zu fragen, was aus den Familien der Leihmütter wird. Was machen die Männer, wenn die Ehefrau über lange Zeiträume abwesend ist; wenn der Haushalt nicht versorgt wird; wenn Geschlechtsverkehr monatelang untersagt ist? Was machen die Kinder, wenn die Mutter monatelang abwesend ist? Wer kocht für sie, wer versorgt sie im Alltag, wer pflegt sie im Fall einer Krankheit?

Auffallend ist, dass zu solchen Fragen bislang kaum empirische Materialien vorliegen. Offensichtlich sind weder die Kinderwunsch-Kliniken noch die Wunscheltern an den Antworten interessiert. Dabei ist, wie dieselben Kliniken in ihren Selbstdarstellungen unermüdlich betonen, das Hauptziel all ihrer Bemühungen doch immer wieder das eine: Familienglück möglich machen.

Die Frage ist nur: Was genau heißt das? Könnte es sein, dass das Familienglück, das die Kliniken mit Bildern inniger Gemeinsamkeit von Vater-Mutter-Kind immer wieder anpreisen, dass dies ein Familienglück für die Wohlhabenden ist, erkauft durch die Gefährdung der Stabilität armer Familien?

IV. Globale Ungleichheit und Leihmutterschaft

In gewissem Sinn ist richtig, dass Leihmutterschaft eine Art Rettungsring bieten kann: Eine Chance der Verzweiflung für Frauen, die im alltäglichen Überlebenskampf ansonsten kaum irgendeine Chance haben, sei's aufgrund desolater Wirtschaftsverhältnisse, grassierender Arbeitslosigkeit oder privater Schicksalsschläge wie Schulden und Scheidung. Aber wenn man die Bedingungen sieht, die indische oder ukrainische oder thailändische Frauen dafür oft in Kauf nehmen müssen, dann wird die Rede vom *Win-Win* äußerst fraglich. Denn da wird mit fröhlichem Optimismus das Happy End für alle verkündet. Aber bei genauerer Betrachtung zeigt sich sehr schnell, dass diese Art von *Win-Win* Teil einer Zwei-Klassen-Gesellschaft und eines Zwei-Klassen-Rechts ist, wo Gewinne und Verluste höchst ungleich verteilt sind.

Umso massiver noch wird die soziale Ungleichheit der Chancen und Risiken sichtbar, wenn man den Blick gezielt über die nationalen Grenzen hinaus richtet, also eine globale Perspektive einnimmt. Da zeigt sich ganz offen, dass Leihmutterschaft aufbaut auf der Kluft zwischen den Wohlstandsregionen und den Armutsregionen der Welt.

Nach diesem Grundmuster werden in der globalisierten Fortpflanzungsmedizin zwar verschiedene Nationen zusammengebracht – aber weder zufallsverteilt noch auf gleicher Höhe. Vielmehr übernimmt die globale Ungleichheit die Regie, die Kluft zwischen armen und reichen Nationen. Die Hierarchie der Hautfarben und ethnischen Gruppen setzt sich durch. Im Kinderwunsch-Projekt begegnen sich die nationalen und ethnischen Gruppen nicht als Gleichberechtigte, sondern als Ungleiche.

Und damit sind wir am entscheidenden Punkt. Eine solche Ungleichheit steht in massivem Gegensatz zum Prinzip der Gleichheit, auf dem unsere Rechtsordnung aufbaut. Und deshalb schlage ich als Schlussfolgerung vor: Das Verbot von Leihmutterschaft ist keineswegs anachronistisch geworden, sondern weiterhin aktuell und notwendig. Wir sollten es nicht aufgeben, sondern daran festhalten.

Leihmutterschaft in rechtsvergleichender Perspektive

Nina Dethloff

I. Einleitung

Weltweit ist die Vielfalt rechtlicher Regelungen in kaum einem Bereich des Familienrechts so groß, wie dies hinsichtlich der Leihmutterschaft der Fall ist. Während einige Rechte jegliche Form der Leihmutterschaft verbieten, erlauben andere Rechte sie unter bestimmten Voraussetzungen. Diametral unterscheiden sich die betreffenden nationalen Familienrechte auch hinsichtlich der Frage, wer die rechtlichen Eltern des von einer Leihmutter geborenen Kindes sind. Angesichts dieser fundamentalen Regelungsunterschiede verwirklichen immer mehr Paare ihren Kinderwunsch in einem anderen Land als dem, in dem sie leben. Derartige grenzüberschreitende Fälle werfen weitere, oft sehr schwierige Rechtsfragen auf, auf die im Anschluss an die beiden grundlegenden Regelungsoptionen noch eingegangen wird.

II. Weltweite Regelungsvielfalt

1. *Verbot der Leihmutterschaft*

In vielen (europäischen) Ländern wie Deutschland ist die Leihmutterschaft verboten. Das deutsche Recht sieht im Embryonenschutzgesetz die Strafbarkeit von Personen vor, die an der Durchführung einer Leihmutterschaft durch Vornahme einer künstlichen Befruchtung oder eines Embryonentransfers mitwirken[1]. Nach dem Adoptionsvermittlungsgesetz machen sich zudem diejenigen strafbar, die eine Leihmutterschaft vermitteln oder dafür werben[2]. Leihmutter und Wunscheltern bleiben dagegen straffrei[3]. In der Folge sind auch Leihmutterschaftsverträge in aller Regel gesetzeswidrig[4]. Dies entspricht der Rechtslage

---

[1] § 1 Abs. 1 Nr. 7 ESchG.

[2] §§ 13c, d i. V. m. 14b AdVermiG.

[3] §§ 1 Abs. 3 Nr. 2, 11 Abs. 2 ESchG, § 14b Abs. 3 AdVermiG.

[4] Statt vieler siehe *Brudermüller*, in: *Palandt*, 77. Aufl. 2018, Einf. § 1591 Rn. 20 m. w. N. zur Sittenwidrigkeit, soweit ausnahmsweise kein Verstoß gegen ein gesetzliches Verbot des ESchG oder AdVermiG vorliegt, *Coester*; in: *Mansel* et al. (Hrsg.), Festschrift für Jayme, Bd. 2, München 2004, 1243, 1251.

in der großen Mehrzahl der europäischen Länder, wie zum Beispiel Frankreich, Italien oder der Schweiz[5].

Wie sieht es nun in diesen Rechtsordnungen mit der Regelung der rechtlichen Elternschaft für das Kind aus, mit der regelmäßig Sorgerecht und Unterhaltspflicht[6] verbunden sind? Mutter eines Kindes ist hier ausnahmslos die Frau, die das Kind geboren hat. In Deutschland wurde dies erst mit Schaffung des §1591 BGB durch das Kindschaftsrechtsreformgesetz im Jahr 1998 ausdrücklich normiert[7]. Auch wenn die Geburtsmutter für eine andere Frau deren genetisches Kind ausgetragen hat, kann die Wunschmutter nur durch eine Adoption die rechtliche Mutterstellung erlangen[8]. Ist die Leihmutter verheiratet, so ist in diesen Rechten, wie in Deutschland, Vater des Kindes ihr Ehemann, solange nicht seine Vaterschaft angefochten worden ist[9]. Ist dies erfolgt oder aber ist die Leihmutter ledig, so kann der Wunschvater – mit ihrer Zustimmung – die Vaterschaft anerkennen, unabhängig davon, ob er der leibliche Vater ist oder nicht[10]. Handelt es sich bei den Wunscheltern um ein gleichgeschlechtliches Paar, so kann einer der Partner das Kind anerkennen, während der andere Partner die Elternstellung sodann durch eine Stiefkindadoption begründen kann, soweit diese gleichgeschlechtlichen Paaren nach der konkreten Rechtsordnung offensteht[11].

Im Ergebnis bedeutet dies, dass hier die Wunscheltern die rechtliche Elternstellung erst *nach* der Geburt und nur mit Zustimmung der Leihmutter erlangen können. Einfacher ist der Weg für den Wunsch*vater*, wenn er die Vaterschaft anerkennen kann. Die Wunsch*mutter* ist hingegen – selbst dann, wenn sie die genetische Mutter ist – stets auf die Adoption verwiesen[12]. Hat die Leihmutter den Wunscheltern das Kind übergeben, fehlt es bis zur Anerkennung bzw. zum Ausspruch der Adoption – und bis dahin kann längere Zeit vergehen – an jeglicher rechtlicher Absicherung der Beziehung des Kindes zu diesen[13].

---

[5] In Frankreich, Art. 16–7 Code Civil; Spanien, Art. 10 Abs. 1 Ley 14/2006 Sobre técnicas de reproducción humana asistida; Italien, Art. 1418 Abs. 2 i. V. m. Art. 1346 Codice civile; siehe ferner in Norwegen, §2–15 Lov om humanmedisinsk bruk av bioteknologi; Schweiz, Art. 119 Abs. 2 Satz 2 lit. d. Bundesverfassung, Art. 4, 31 FMedG und Österreich, §§3 Abs. 3, 23 FMedG.

[6] Siehe §§1626, 1602 BGB. Weiterführend *Dethloff*, Familienrecht, 31. Auflage, München 2015; §13, 379ff. zur elterlichen Sorge und §11, 324ff. zum Unterhalt.

[7] BGBl. I, 2942.

[8] Siehe BGHZ 203, 350, Rn. 35; ferner *Dethloff*, JZ 2014, 922, 923f.

[9] Vgl. §§1592 Nr. 1, 1599 BGB; siehe zur verbreiteten Geltung des Grundsatzes *pater est quem nuptiae demonstrant* den rechtsvergleichenden Überblick bei *Schwenzer*, in: *dies.* (Hrsg.), Tensions between Legal, Biological and Social Conceptions of Parentage, Antwerpen 2007, 1, 5.

[10] Siehe BGHZ 203, 350, Rn. 31; näher auch *Witzleb*, in: *Witzleb* et al. (Hrsg.), Festschrift für Martiny, Tübingen 2014, 205, 210ff.

[11] In Deutschland kann ein Ehe- oder Lebenspartner das Kind des anderen nach §1741 Abs. 2 S. 3 BGB bzw. §9 Abs. 7 LPartG annehmen. In diesen Fällen erlischt mit der Annahme des Kindes durch den Ehe- bzw. Lebenspartner das Verwandtschaftsverhältnis zu der Leihmutter, vgl. §1755 Abs. 2 BGB, §9 Abs. 7 S. 2 LPartG.

[12] Zu dieser sachwidrigen Differenzierung *Mayer*, IPRax 2014, 57ff.

[13] Kritisch zur sog. Adoptionslösung auch BGHZ 203, 350, Rn. 58ff.

2. *Zulässigkeit der Leihmutterschaft*

Demgegenüber existieren in einer ständig wachsenden Zahl von Ländern Regelungen, die eine Leihmutterschaft bzw. Leihmutterschaftsvereinbarungen unter unterschiedlichen Voraussetzungen zulassen. Außerhalb Europas ist dies der Fall in zahlreichen US-Bundesstaaten[14], in den kanadischen Provinzen mit Ausnahme von Quebec[15], in den meisten Bundesstaaten Australiens[16] sowie in Neuseeland[17], in Israel[18], Indien[19] und Thailand[20], in Russland[21], der Ukraine[22] sowie in Südafrika[23] oder in Brasilien[24]. In Europa sind vor allem das Vereinigte Königreich[25] und Griechenland[26] zu nennen, wo schon seit 1985 bzw. 2005 gesetzliche Regelungen unter bestimmten Voraussetzungen eine Leihmutterschaft erlauben. Im Herbst vergangenen Jahres hat auch Portugal nach längeren Debatten und einem präsidentiellen Veto der ersten Fassung des Gesetzes die

---

14 Für einen aktuellen Überblick siehe *Finkelstein/Mac Dougall/Kintominas/Olsen*, Columbia Law School Sexuality Gender Law Clinic (2016), abrufbar unter www.law.columbia.edu.

15 Art. 541 Québec Code Civil, wobei eine anschließende Adoption durch die Wunscheltern nach der Rechtsprechung möglich sein soll, siehe die Entscheidung des *Québec Court of Appeal*, Adoption – 1445, 2014 QCCA 1162 vom 10. Juni 2014.

16 Vgl. etwa den Surrogacy Act 2010 in New South Wales oder den Surrogacy Act 2008 in Western Australia; für einen Überblick zu den einzelnen australischen Regelungen *Trowse*, in: *Sills* (Hrsg.), Handbook of Gestational Surrogacy, Cambridge 2016, 106 ff.

17 §3 (c) Human Assisted Reproductive Technology Act 2004; weiterführend *Anderson/Snelling/Tomlins-Jahnke*, Australian and New Zealand Journal of Obstretics and Gynaecology 2012, 253 ff.

18 Embryo Carrying Agreement (Agreement Authorization & Status of the Newborn Child) Act, Nr. 5756 von 1996; näher auch *Teman*, in: *Sills* (Hrsg.), Handbook of Gestational Surrogacy, Cambridge 2016, 165 ff.

19 Grundlegend in *Baby Manji Yamada v. Union of India & Anr.* (2008) INSC 1656; siehe näher *Malhotra*, Surrogacy in India – A law in the Making, Neu Delhi 2013.

20 Bill of Protection of Children Born from Assisted Reproductive Technologies Act B. E. 2015.

21 Art. 51 Abs. 4 Satz 2 russ. FamGB, Art. 55 Abs. 10 des Föderalen Gesetzes über die Gesundheitsgewährleistung der Bürger in der Russischen Föderation 2011; dazu etwa *Snitnev*, Reproductive BioMedicine Online 2010, 892 ff.

22 Art. 281 Abs. 7 ukr. ZGB, Art. 123 Abs. 2 ukr. FamGB; dazu *Druzenko*, in: *Trimmings/Beaumont* (Hrsg.), International Surrogacy Arrangements, Oxford 2013, 357 ff.

23 Art. 292 ff. des Children's Act 2005. Siehe auch *Slabbert*, 5 South African Journal of Bioethics and Law 2012, 27 ff.

24 Resolução CFM Nr. 2.121/2015 des Conselho Federal de Medicina, abrufbar unter *www.portalmedico.org.br/resolucoes/CFM/2015/2121_2015.pdf*.

25 Sec. 54 Human Fertilisation and Embryology Act (HFEA) 2008; siehe für einen Reformvorschlag den Report der Surrogacy UK Working Group on Surrogacy Law Reform vom November 2015 abrufbar unter www.surrogacyuk.org/Downloads/Surrogacy%20in%20the%20UK%20Report%20FINAL.pdf.

26 Art. 1458 ff. griech. ZGB sowie Gesetz Nr. 3089/2002 über die medizinisch assistierte Reproduktion und Gesetz Nr. 3305/2005 über die Anwendung der medizinisch assistierten Reproduktion; für eine Übersetzung siehe *Kastrissios*, in: *Bergmann/Ferid/Henrich* (Hrsg.), Internationales Ehe- und Kindschaftsrecht, Griechenland 2012, 66 ff.

Leihmutterschaft legalisiert[27]. Wenngleich nicht gesetzlich geregelt, ist sie unter strengen Voraussetzungen etwa auch in Belgien[28], den Niederlanden[29] und Dänemark[30] möglich.

a) Zulässigkeit und ihre Voraussetzungen

Die mit einer Leihmutterschaft verbundenen Rechtsfragen sind in diesen Ländern auf sehr unterschiedliche Weise geregelt: Dies betrifft zunächst einmal die Frage, unter welchen Voraussetzungen eine Leihmutterschaft zulässig ist.

aa) Altruistisch oder kommerziell

Viele Länder lassen sie nur in altruistischer Form zu, bei der die Leihmutter keine Vergütung für ihre Dienste erhält. Wann allerdings von einer altruistischen Leihmutterschaft auszugehen ist, wird sehr unterschiedlich beurteilt. Vereinzelt ist dies nur dann der Fall, wenn eine Nähebeziehung zwischen Wunscheltern und Leihmutter besteht, es sich also um eine Verwandte oder Freundin handelt, so etwa in den Niederlanden[31], Brasilien[32], Thailand[33] oder dem seit kurzem vorliegenden neuesten Gesetzentwurf in Indien[34]. Zum Teil darf, wie in Griechenland[35], Portugal[36] oder den Niederlanden[37], keinerlei monetäre Kom-

---

[27] Art. 8 Lei n. 25/2016 vom 22. 8. 2016, Regula o acesso à gestação de substituição, procedendo à terceira alteração à Lei n. 32/2006, de 26 de julho (procriação medicamente assistida); dazu *de Oliviera*, FamRZ 2016, 1550 ff.

[28] Siehe die Stellungnahme des Comité Consultatif de Bioéthique, Avis Nr. 30 vom 5. 7. 2004, abrufbar unter www.health.belgium.be; dazu auch *Verschelden/Pluym*, in: *Schamps/Sosson* (Hrsg.), La gestation pour autrui: vers un encadrement?, Brüssel 2013, 195 ff.

[29] Auch hier existieren nur die *Richtlijn hoog-technologisch draagmoederschap*, Nr. 18 der Vereniging voor Obstetrie en Gynaecologie Januar 1999 der Freien Universitätsklinik Amsterdam, abrufbar unter www.nvog.nl; für einen Überblick auch *Curry-Sumner/Vonk* Int. Surv. Fam. L, 259–280 (2011).

[30] Siehe dazu *Twine*, Outsourcing the Womb, 2. Auflage, New York 2015, 72 f.

[31] In den Niederlanden sehen die *Richtlijn hoog-technologisch draagmoederschap*, Nr. 18 der Vereniging voor Obstetrie en Gynaecologie Januar 1999 der Freien Universitätsklinik Amsterdam, abrufbar unter www.nvog.nl, 2, vor, dass die Leihmutter vorzugsweise eine Schwester, Schwägerin, Mutter, Stiefmutter oder eine gute Freundin der Wunschmutter sein soll.

[32] Resolução CFM Nr. 2.121/2015 des Conselho Federal de Medicina, abrufbar unter *www.portalmedico.org.br/resolucoes/CFM/2015/2121_2015.pdf* unter VII.1.

[33] Sec. 21 (2), (3) Bill of Protection of Children Born from Assisted Reproductive Technologies Act B. E. 2015, wonach die Leihmutter eine Verwandte der Wunscheltern sein muss, allerdings kein Elternteil oder Abkömmling der Wunscheltern sein darf.

[34] Siehe Sec. 4 (iii) (b) (II) der neuen Surrogacy (Regulation) Bill 2016 vom November 2016, Bill No. 257 of 2016, abrufbar unter www.prsindia.org/uploads/media/Surrogacy/Surrogacy%20%28Regulation%29%20Bill,%202016.pdf.

[35] Art. 1458 f. griech. ZGB, Art. 13 Abs. 4 Gesetz Nr. 3305/2005 (nur Aufwendungsersatz sowie Ersatz von entgangenem Arbeitseinkommen).

[36] Art. 8 (5) Art. 8 Lei n. 25/2016 vom 22. 8. 2016, Regula o acesso à gestação de substituição, procedendo à terceira alteração à Lei n. 32/2006, de 26 de julho (procriação medicamente assistida).

[37] *Richtlijn hoog-technologisch draagmoederschap*, Nr. 18 der Vereniging voor Obstetrie

pensation erfolgen. Das portugiesische Recht sieht darüber hinaus ausdrücklich vor, dass eine Leihmutterschaft bei bestehender wirtschaftlicher Abhängigkeit der Leihmutter, insbesondere aufgrund eines Arbeitsverhältnisses, ausgeschlossen ist[38]. Meist ist aber auch bei einer altruistischen Leihmutterschaft ein Ersatz der Aufwendungen möglich. So ist etwa im Vereinigten Königreich der „expenses reasonably incurred" vorgesehen, der unter anderem die Kosten der medizinischen Versorgung und das entgangene Arbeitseinkommen erfasst[39]. Zum Teil, wie etwa in Israel[40], werden zudem die Kosten für Beratungen, für im Zusammenhang mit der Geburt stehende Reise- und Unterbringungskosten sowie auch ein Ausgleich für „pain and suffering" erfasst. Andere Rechte, wie das russische, das ukrainische sowie eine Reihe US-amerikanischer Rechte, erlauben dagegen auch die kommerzielle Leihmutterschaft[41].

bb) Genetische Verbindungen

Weiter finden sich Beschränkungen auf bestimmte *Formen* der Leihmutterschaft: Sehr verbreitet sind hier Regelungen, die die traditionelle Form, die sogenannte Ersatzmutterschaft, ausschließen und nur das Austragen eines genetisch *fremden* Kindes für andere gestatten, wie etwa in Griechenland[42] oder Portugal[43]. Auch ist oft erforderlich, dass das Kind zumindest mit *einem* der beiden Wunschelternteile *genetisch* verbunden sein muss. Dies ist zum Beispiel im Vereinigten Königreich und in Portugal, aber auch in Südafrika vorgesehen[44].

cc) Leihmutter

Viele Rechtsordnungen stellen zudem besondere Anforderungen an die Person der *Leihmutter*, wie etwa die bereits erwähnte Nähebeziehung oder Verwandtschaft zu den Wunscheltern, die bei einer Beschränkung auf eine sehr strikte Form altruistischer Leihmutterschaft gefordert wird. Verbreitet findet sich hingegen die Voraussetzung, dass die Leihmutter selber schon mindestens ein Kind hat, bevor sie für andere ein Kind austrägt, da dann eher eine komplikationslose

---

en *Gynaecologie* Januar 1999 der Freien Universitätsklinik Amsterdam, abrufbar unter www.nvog.nl, 1 und 3.

[38] Art. 8 (6) Art. 8 Lei n. 25/2016 vom 22. 8. 2016, Regula o acesso à gestação de substituição, procedendo à terceira alteração à Lei n. 32/2006, de 26 de julho (procriação medicamente assistida).

[39] Sec. 54 (8) HFEA 2008.

[40] Art. 39 Embryo Carrying Agreements Approval Committee, Recommendations and Legal Guidelines, Nr. 72320, 2006.

[41] So etwa für Illinois Sec. 25 (b) (4) 750 ILCS 47/1 Gestational Surrogacy Act.

[42] Art. 1458 griech. ZGB.

[43] Art. 8 (3) Art. 8 Lei n. 25/2016 vom 22. 8. 2016, Regula o acesso à gestação de substituição, procedendo à terceira alteração à Lei n. 32/2006, de 26 de julho (procriação medicamente assistida).

[44] Für das Vereinigte Königreich ergibt sich diese Notwendigkeit aus Sec. 54 HFEA 2008. In Südafrika sollen die Gameten der Wunschelternteile verwendet werden, soweit dies medizinisch möglich ist, Art. 294 Children's Act 2005.

Schwangerschaft zu erwarten ist und es unwahrscheinlicher erscheint, dass der Wunsch aufkommt, das Neugeborene zu behalten. So bestimmt es das südafrikanische[45] oder thailändische Recht[46]. In Indien ist dem aktuellen Gesetzentwurf zufolge künftig vorgesehen, dass die Leihmutter im Alter zwischen 25 und 35 Jahren sein soll[47]. Auch soll sie nur einmal ein Kind für andere austragen dürfen[48]. Teilweise wird zudem ein ärztliches Attest über den Gesundheitszustand sowie darüber hinaus auch eine psychiatrische Bescheinigung hinsichtlich der emotionalen Stabilität der Leihmutter gefordert, so in Griechenland[49]. Häufiger findet sich auch das Erfordernis, dass die Leihmutter ledig bzw. geschieden oder dass ihr Ehemann einverstanden ist[50]. Manche Rechte sehen des Weiteren eine obligatorische *psychologische* Beratung vor, wie etwa in South Australia[51]. In Western Australia[52] muss die Leihmutter zudem eine unabhängige *rechtliche* Beratung bei Abschluss der Leihmutterschaftsvereinbarung erhalten, so wie dies teilweise auch in den USA einzelstaatliches Recht[53] fordert.

dd) Wunscheltern

Auf Seiten der *Wunscheltern* wird oft verlangt, dass gesundheitliche Gründe die Leihmutterschaft erfordern, es der Wunschmutter also nicht möglich ist, selber ein Kind auszutragen[54]. Weiter wird teilweise ein bestimmtes Mindest- oder auch Höchstalter der Wunscheltern vorausgesetzt. Im Vereinigten Königreich ist lediglich ein Mindestalter von 18 Jahren erforderlich[55], in Indien müssen künftig das Alter der Wunschmutter zwischen 23 und 50 Jahren und das des Wunschvaters zwischen 26 und 55 Jahren liegen[56]. Manche Rechte, wie etwa das russische, erlauben die Leihmutterschaft nur verheirateten Paaren[57]. Teilweise setzen Rechtsordnungen zudem die Verschiedengeschlechtlichkeit der Wunsch-

---

[45] Sec. 295 (c) (vi) und (vii) Children's Act 2005.

[46] Sec. 21 (4) Bill of Protection of Children Born from Assisted Reproductive Technologies Act B. E. 2015.

[47] Siehe Sec. 4 (iii) (b) (I) der Surrogacy (Regulation) Bill 2016 vom November 2016, Bill No. 257 of 2016.

[48] Sec. 4 (iii) (b) (III) der Surrogacy (Regulation) Bill 2016 vom November 2016, Bill No. 257 of 2016.

[49] Art. 18 (2) Gesetz Nr. 3305/2005.

[50] Siehe zum Beispiel für das Vereinigte Königreich Sec. 54 (6) HFEA 2008; für Israel Art. 2 Abs. 3 lit. a des Embryo Carrying Agreement (Agreement Authorization & Status of the Newborn Child) Act 1996.

[51] Sec. 10 HA (3) (b) (i) (B) Family Relationships Act 1975.

[52] Sec. 17 (c) (iii) Surrogacy Act 2008.

[53] So für Illinois Sec. 20 (a) (5) 750 ILCS 47/1 Gestational Surrogacy Act.

[54] Beispielsweise Sec. 295 (a) Children's Act 2005 für Südafrika; Sec. 30 des Surrogacy Act 2010 für New South Wales, Australien sowie Art. 1455 griech. ZGB.

[55] Sec. 54 (5) HFEA 2008.

[56] Sec. 4 (iii) (c) (I) der Surrogacy (Regulation) Bill 2016 vom November 2016, Bill No. 257 of 2016.

[57] Vgl. Art. 51 Abs. 4 russ. FamGB.

eltern voraus[58]. Andere Länder erlauben hingegen auch unverheirateten bzw. gleichgeschlechtlichen Paaren[59] oder sogar alleinstehenden Männern und Frauen[60] die Inanspruchnahme einer Leihmutter.

ee) Inlandsbeziehung

Schließlich wird teilweise eine gewisse *Inlandsbeziehung* verlangt und beide Wunscheltern müssen, wie etwa in den Niederlanden[61], die Staatsangehörigkeit des betreffenden Staates besitzen. Im Vereinigten Königreich muss wenigstens ein Elternteil sein sog. *domicile* im Inland haben[62]. In Griechenland müssen dagegen seit kurzem nicht mehr Wunsch- *und* Leihmutter ihren Wohnsitz seit mindestens sechs Monaten im Inland haben, sondern nur noch eine der beiden Frauen[63]. In jüngerer Zeit haben aber andere Länder, wie Indien oder Thailand, die traditionell Ziel von Paaren mit unerfülltem Kinderwunsch sind, striktere Regelungen in Bezug auf die Staatsangehörigkeit der Wunscheltern geschaffen. So wurde in Thailand im Jahr 2015 ausdrücklich die inländische Staatsangehörigkeit zumindest eines der Wunschelternteile, der mit dem ausländischen Wunschelternteil mindestens drei Jahre verheiratet sein muss, als Voraussetzung für eine Leihmutterschaft normiert[64]. Auch in Indien, wo bis vor kurzem ausländischen Staatsangehörigen sogar sog. „medical visa" eigens zur Durchführung der Leihmutterschaft erteilt wurden, soll künftig nur Wunscheltern, die die inländische Staatsangehörigkeit besitzen, eine Leihmutterschaft erlaubt sein[65].

b) Elternschaft

Nun zur Regelung der Elternschaft: Rechtsordnungen, die eine Leihmutterschaft unter bestimmten Voraussetzungen zulassen, sehen vor, dass die Wunscheltern die rechtliche Elternstellung erlangen, soweit die jeweiligen Voraussetzungen eingehalten wurden. Erhebliche Unterschiede bestehen allerdings hinsichtlich der Frage, auf welche Weise und zu welchem Zeitpunkt die Elternstellung der Wunscheltern begründet wird.

---

[58] So zum Beispiel in Florida, USA, § 742.15 Florida Statutes 2011.

[59] So etwa ohne Beschränkung in Südafrika, siehe Art. 292 f. Children's Act 2005.

[60] So in einigen Bundesstaaten Australiens: New South Wales, Sec. 25 (1) (b) Surrogacy Act 2010; Queensland, Sec. 21 (6) Surrogacy Act 2010; Victoria, Sec. 17 (1) Status of Children Act 1974; Western Australia, Sec. 3 Surrogacy Act 2008; Tasmania, Sec. 5, 13 (1) Surrogacy Act 2012.

[61] So müssen die Wunscheltern in den Niederlanden die niederländische Staatsangehörigkeit besitzen, siehe *Curry-Sumner/Vonk*, in: *Trimmings/Beaumont* (Hrsg.), International Surrogacy Arrangements, Oxford 2013, 273, 281.

[62] Sec. 54 (4) (b) HFEA 2008.

[63] Siehe dazu *Koutsouradis*, FamRZ 2015, 1550 f.

[64] Sec. 21 (1) Bill of Protection of Children Born from Assisted Reproductive Technologies Act B. E. 2015.

[65] Sec. 4 (iii) (c) (II) der Surrogacy (Regulation) Bill 2016 vom November 2016, Bill No. 257 of 2016.

aa) Nach Geburt

Auf der einen Seite stehen hier die Länder, in denen sie die Elternstellung erst *nach* der Geburt erlangen. Dies kann etwa, wie im Vereinigten Königreich, durch eine gerichtliche *parental order* erfolgen, eine Art vereinfachtes Adoptionsverfahren, in dem die Wunscheltern frühestens sechs Wochen und spätestens sechs Monate nach der Geburt mit Zustimmung der Leihmutter die Elternstellung beantragen können. Voraussetzung für die Erteilung der *parental order* ist, dass es sich um das genetische Kind eines der Partner handelt und das Kind bei den Antragstellern lebt[66]. Zudem muss das Gericht überzeugt sein, dass die Frau, die das Kind ausgetragen hat, freiwillig und in voller Kenntnis der Umstände und der Rechtsfolgen der Entscheidung zustimmt, und – abgesehen vom Ersatz der Aufwendungen – keine Zahlung oder sonstige Gegenleistung für die Übergabe des Kindes geleistet wurde[67]. In anderen Staaten genügt ein Antrag der Wunscheltern auf Eintragung ins Geburtenregister oder auf Ausstellung einer Geburtsurkunde. Eine solche wird etwa in Russland den Wunscheltern erteilt, wenn sie nachweisen, dass die Zustimmung der Leihmutter sowohl zur Durchführung der Leihmutterschaft als auch zur Eintragung der Wunscheltern in das Personenstandsregister vorliegt[68].

bb) Bei Geburt

Auf der anderen Seite gibt es Rechtsordnungen, in denen die Wunscheltern – bei Einhaltung der gesetzlich vorgesehenen Anforderungen – kraft Gesetzes unmittelbar *bei* der Geburt Eltern werden[69]. Zum Teil ist dafür allerdings eine vorherige gerichtliche Genehmigung erforderlich, so etwa in Griechenland[70], Südafrika[71] oder einigen US-Bundesstaaten[72]. Das Kind gilt dann als Kind der

---

[66] Sec. 54 (1) (b), (4) (a) HFEA 2008.

[67] Sec. 54 (6) HFEA 2008.

[68] Siehe Art. 51 Abs. 1, 4 russ. FamGB und Art. 16 Abs. 5 des Föderalen Gesetzes über die Personenstandsakte vom 15. 11. 1997, Übersetzung bei *Lorenz*, in: *Bergmann/Ferid/Henrich* (Hrsg.), Internationales Ehe- und Kindschaftsrecht, Russische Föderation 2013, 55, 96. In British Columbia, Kanada, werden die Wunscheltern ebenfalls ohne gerichtliche Genehmigung, aber nur mit Zustimmung der Leihmutter nach der Geburt rechtliche Eltern, Sec. 29 (3) (b) (i) des Family Law Act von 2011.

[69] So in der Ukraine gem. § 123 Abs. 2 ukr. FamGB; ebenso in Thailand, siehe Sec. 29, 33 Bill of Protection of Children Born from Assisted Reproductive Technologies Act B. E. 2015.

[70] Art. 1458 griech. ZGB.

[71] Hier muss die Leihmutterschaftsabrede vom High Court genehmigt werden, Sec. 292 (1) (e) Children's Act 2005.

[72] So in Texas, siehe Sec. § 160–755 ff. Texas Family Code; in Ontario, Kanada, soll gem. Sec. 10 (4), (5) Bill 28 All Families Are Equal Act (Parentage and Related Registrations Statutes Amendment), 2016, abrufbar unter www.ontla.on.ca/web/bills/bills_detail.do?locale=en&BillID=4176&detailPage=bills_detail_the_bill, nunmehr auf das Erfordernis jeglicher gerichtlicher Beteiligung verzichtet und eine Überlegungsfrist von sieben Tage für die Leihmutter eingeräumt werden.

Wunscheltern und nicht der Geburtsmutter. In anderen Staaten wiederum erlangen sie ohne weiteres mit der Geburt die rechtliche Elternstellung.

cc) Ergebnis

Zentraler Unterschied ist somit zum einen, ob die Zustimmung der *Leihmutter* noch zum Zeitpunkt der Geburt vorliegen muss, sie also das Kind auch dann herausgeben muss, wenn sie es inzwischen behalten möchte. Fundamentaler Unterschied ist zum anderen, ob die *Wunscheltern* sich eines anderen besinnen können. Dies ist der Fall, wenn ihre Elternstellung nicht bereits kraft Gesetzes mit der Geburt besteht, sondern von einem von ihnen zu initiierenden Verfahren abhängt. Das Risiko, dass sich Wunscheltern von ihrer rechtlichen Verantwortung lossagen wollen, besteht in den seltenen Fällen einer Behinderung des Kindes, aber etwa auch bei einer zwischenzeitlichen Trennung des Paares. Weiter unterscheiden sich die Rechtsordnungen aber auch grundlegend hinsichtlich der Frage, ob die Einhaltung der sehr unterschiedlichen Voraussetzungen für die Zulässigkeit einer Leihmutterschaft in einem Verfahren, sei es vor deren Durchführung, sei es nach der Geburt, überprüft werden oder nicht.

III. Grenzüberschreitende Leihmutterschaften

Herausforderungen bestehen in Fällen grenzüberschreitender Leihmutterschaften: Begeben sich Wunscheltern angesichts eines inländischen Verbotes zur Verwirklichung ihres Kinderwunsches in ein leihmutterschaftsfreundliches Land, so stellt sich bei Rückkehr die Frage nach der Anerkennung ihrer im Ausland bestehenden rechtlichen Elternstellung. Mehrere oberste Gerichte in Europa haben hierzu schon – durchaus kontrovers – Position bezogen. Während Frankreich[73], Spanien[74] und nun auch die Schweiz[75] aus generalpräventiven Gründen die Anerkennung einer ausländischen Elternschaft verweigerten, stellten die Gerichtshöfe in Österreich[76] und auch der Bundesgerichtshof[77] (BGH) in Deutschland das Wohl des bereits geborenen Kindes und sein Recht auf Eltern in den Mittelpunkt. Und auch der Europäische Gerichtshof für Menschenrechte (EGMR) entschied im Jahr 2014 in zwei französischen Fällen[78], dass die Nichtanerkennung der in Kalifornien begründeten Elternstellung gegen das Recht des Kindes auf Privatleben verstößt, wenn gleichzeitig auch die Möglichkeit der

---

[73] Siehe etwa *Cour de Cassation,* D. 2011, 1522.

[74] *Tribunal Supremo,* Az. 835/2013, abrufbar unter www.poderjudicial.es.

[75] Etwa *Bundesgericht Lausanne*, FamRZ 2015, 1912.

[76] *Österreichischer Verfassungsgerichtshof,* IPRax 2013, 271 ff., 275 ff.

[77] BGHZ 203, 350.

[78] *EGMR* (Mennesson gg. Frankreich), NJW 2015, 3211; *EGMR* (Labassee gg. Frankreich), BeckRS 2014, 16292.

Adoption ausgeschlossen wird. Es besteht dann nämlich die Gefahr, dass das Kind elternlos und gegebenenfalls sogar staatenlos wird.

Im selben Jahr erkannte der BGH eine im Ausland durch ein kalifornisches Gerichtsurteil begründete Elternschaft zweier Wunschväter an[79]. Sie verstoße ungeachtet des inländischen Verbots der Leihmutterschaft nicht gegen wesentliche Grundsätze des deutschen Rechts. Vielmehr stellte der BGH ausdrücklich fest, dass das Ziel des deutschen Verbots, Leihmutterschaften im Inland zu verhindern[80], nach deren im Ausland rechtmäßig erfolgter Durchführung keine Versagung der Anerkennung der ausländischen Elternstellung rechtfertigen kann. Ist ein Kind geboren, so bedarf es vielmehr einer eigenständigen Beurteilung, welche die Rechte des Kindes als eigener Rechtsträger berücksichtigt[81]. Dem BGH zufolge ist die ausländische Entscheidung, die den Wunscheltern die rechtliche Elternstellung zuweist, jedenfalls dann von deutschen Gerichten anzuerkennen, wenn – wie in dem zu beurteilenden Fall – einer der Wunschelternteile – nicht aber die Leihmutter – genetisch mit dem Kind verbunden ist und die Leihmutter sowohl die Leihmutterschaftsvereinbarung freiwillig getroffen als auch das Kind nach der Geburt freiwillig abgegeben hat[82].

Anders ist die Lage allerdings, wenn die rechtliche Elternschaft der Wunscheltern im Ausland nicht durch ein anerkennungsfähiges Urteil, sondern kraft Gesetzes begründet wurde. Aus deutscher Sicht richtet sich die rechtliche Elternschaft dann nämlich nach dem Recht am gewöhnlichen Aufenthalt des Kindes. Konnte das Kind nach seiner Geburt zeitnah ins Inland einreisen, ist deutsches Recht anwendbar und Mutter ist die ausländische Leihmutter, die in ihrer Heimat gerade nicht rechtliche Mutter ist und auch nicht für das Kind sorgen will. Die Wunschmutter kann dann nur durch Adoption die Elternstellung erlangen. Musste das Kind dagegen noch längere Zeit im Ausland bleiben, etwa, weil es ohne Pass nicht einreisen konnte, findet das ausländische Recht Anwendung, nach dem die Wunscheltern rechtliche Eltern sind. Das Ergebnis ist paradox[83]: Je länger das Kind, unter Umständen allein, getrennt von den Wunscheltern, im Ausland bleiben muss, umso wahrscheinlicher ist es, dass sie als rechtliche Eltern anerkannt werden. Die erheblichen Defizite der geltenden Rechtslage, die zu nicht gerechtfertigten Ungleichbehandlungen führt, treffen vor allem die so gezeugten Kinder, die für die Umstände ihrer Entstehung jedoch keine Verantwortung tragen.

---

79 BGHZ 203, 350.

80 Siehe §§ 13c, 14b AdVermiG; § 1 Abs. 1 Nr. 1, 2, 7 ESchG sowie § 1591 BGB. Für einen Überblick zum deutschen materiellen Recht siehe *Gössl*, in: *Trimmings/Beaumont* (Hrsg.), International Surrogacy Arrangements, Oxford 2013, 131 ff.

81 BGHZ 203, 350, Rn. 45 f.

82 BGHZ 203, 350; siehe auch schon *Dethloff*, JZ 2014, 922, 926 ff.

83 Auf dieses Paradoxon hinweisend *Dethloff*, JZ 2014, 922, 929 f.

IV. Fazit

Als Fazit ist Folgendes festzustellen: Angesichts der weltweit bestehenden fundamentalen Regelungsunterschiede ist der Handlungs*bedarf* dringend. Der Blick in andere Länder hat aber zugleich auch deutlich Handlungs*optionen* aufgezeigt.

1. Anerkennung ausländischer Leihmutterschaft

Zunächst einmal ist eine sachgerechte Regelung der Elternschaft in grenzüberschreitenden Fällen zu schaffen – und zwar unabhängig davon, ob am inländischen Verbot der Leihmutterschaft festgehalten wird oder nicht. Eine im Ausland wirksam begründete Elternstellung der Wunscheltern sollte grundsätzlich anerkannt werden. Dies hat auch der 71. Deutsche Juristentag im vergangenen Jahr auf Grundlage der Beschlüsse der familienrechtlichen Abteilung dem Gesetzgeber empfohlen[84]. Dementsprechend sollte eine *vereinfachte* Anerkennung ermöglicht werden[85]. Eine solche kann zumindest dann ohne weiteres erfolgen, wenn die Leihmutter sich freiwillig für das Austragen des Kindes entschieden und das Kind auch nach der Geburt freiwillig an die Wunscheltern übergeben hat[86]. Eine derartige Regelung trägt dem Umstand Rechnung, dass die Wunscheltern die Verantwortung für die Entstehung des Kindes tragen und dass in aller Regel sie es sind, die – anders als die Leihmutter – für das Kind sorgen wollen und werden.

2. Leihmutterschaft im Inland

Darüber hinaus hat der Vergleich aber auch gezeigt, dass die im *Inland* geltende Rechtslage kritischer Überprüfung bedarf. Das Recht auf Gründung einer Familie mittels assistierter Fortpflanzung wird in einer wachsenden Zahl von Ländern anerkannt. Es ist als Ausdruck des Selbstbestimmungsrechts auch in Deutschland geschützt[87] und erstreckt sich grundsätzlich auf die Zeugung eines Kindes mithilfe einer Leihmutter. Vor allem dann, wenn sich eine Fortpflanzung nur mithilfe einer Leihmutter verwirklichen lässt, also bei Gebärunfähigkeit der

[84] Näher zu der von der Autorin geleiteten familienrechtlichen Abteilung *Gössl/Timmermann*, JZ 2018, 248 f.

[85] Siehe hierzu schon *Dethloff*, JZ 2014, 922, 931; zu dieser Möglichkeit auch *Duden*, Leihmutterschaft im Internationalen Privat- und Verfahrensrecht, Tübingen 2015, 326 ff., und *Helms*, Rechtliche, biologische und soziale Elternschaft – Herausforderungen durch neue Familienformen, Gutachten F zum 71. Deutschen Juristentag, München 2016, F 1, F 56.

[86] Letzteres ist bei einer Leihmutterschaft im Ausland und auch bei der Anerkennung ausländischer Gerichtsentscheidungen gerade nicht immer gewährleistet, dazu *Dethloff*, JZ 2016, 207, 209.

[87] *Herdegen*, in: Maunz/Dürig Grundgesetz-Kommentar Art. 1 Abs. 1 Rn. 100; *Dethloff/Timmermann*, Gleichgeschlechtliche Paare und Familiengründung durch Reproduktionsmedizin, Bonn 2016, 4.

Frau oder aufgrund der Gleichgeschlechtlichkeit des Paares, wird dementsprechend zunehmend die Leihmutterschaft zugelassen. Die Würde des *Kindes*, das anderenfalls überhaupt nicht gezeugt würde, rechtfertigt ein Leihmutterschaftsverbot nicht, ebenso wenig aber die der austragenden *Frau* – solange und soweit tatsächlich die Selbstbestimmung der betreffenden Frau gewährleistet ist. Dies ist angesichts der rechtlichen und wirtschaftlichen Bedingungen nicht in allen Ländern der Fall, in denen die Leihmutterschaft erlaubt ist und in die Paare zur Verwirklichung ihres Kinderwunsches ausweichen[88]. Statt jegliche Form der Leihmutterschaft zu verbieten, sollte daher eine Mutterschaft für andere unter bestimmten Voraussetzungen im Inland zugelassen werden. Zugleich ist im Interesse der so gezeugten Kinder die Elternschaft der Wunscheltern sicherzustellen.

Wie der Blick in andere Länder deutlich gemacht hat, lassen sich die rechtlichen Rahmenbedingungen hierbei in einer Weise gestalten, die die Rechte von Wunscheltern, Leihmüttern und den von ihnen geborenen Kindern berücksichtigen. Erstens gilt es, die Selbstbestimmung der Frau bei Übernahme der Leihmutterschaft, während der Schwangerschaft und nach der Geburt zu sichern. Zweitens ist möglichen Interessenkonflikten zwischen ihr und den Wunscheltern entgegenzuwirken und drittens ist das Recht des so gezeugten Kindes auf eine möglichst frühzeitige und sichere Zuordnung zu den Wunscheltern zu gewährleisten. Aus der Fülle der rechtsvergleichenden Bestandsaufnahme seien hierfür einige wichtige Eckpunkte benannt: Die Leihmutter sollte nicht die genetische Mutter sein, zumindest einer der Wunschelternteile sollte hingegen eine solche Verbindung zum Kind haben. Wichtig erscheint auch, eine obligatorische psychologische und rechtliche Beratung sowie eine Kontrolle der Voraussetzungen vor der Geburt vorzusehen. Bei entsprechender Ausgestaltung bestehen dann gegen eine Leihmutterschaft, zumal in altruistischer Form, keine Bedenken. Vieles spricht auch dafür, eine Aufwandsentschädigung zuzulassen, wie sie ebenso bei Blut- oder Spermaspenden zulässig ist. Bei einer Leihmutterschaft würde diese freilich etwa auch die Kosten von Schwangerschaft und Geburt sowie den Verdienstausfall erfassen und daher höher ausfallen.

Nach der Geburt könnte dann die Herausgabe des Kindes an die Wunscheltern, wie bei einer Adoption, erfolgen, wenn sie dem freien und auf reiflicher Überlegung beruhenden Willen der Leihmutter entspricht[89]. Rechtliche Eltern würden unmittelbar die Wunscheltern. Der Durchführung eines – vor allem bei einem genetisch eigenen Kind – überflüssigen und langwierigen Adoptionsverfahrens bedürfte es nicht. Aber auch auf einen Antrag der Wunscheltern wäre zu verzichten, denn diese sollten sich nicht von der rechtlichen Elternschaft und der damit einhergehenden Verantwortung für das Kind lossagen können.

Im Ergebnis sollte daher eine Mutterschaft für andere unter bestimmten Voraussetzungen auch im Inland zugelassen werden. Dies würde es zwar nicht

---

[88] Vgl. hierzu *Dethloff*, JZ 2014, 922.

[89] *Dethloff*, JZ 2014, 922, 924f.

völlig verhindern, dass ungewollt Kinderlose in andere Länder ausweichen, in denen weniger strenge Anforderungen gelten, könnte diese Fälle aber deutlich reduzieren. Auf internationaler Ebene gilt es, sich weiterhin dafür einzusetzen Standards festzuschreiben, die schon im Herkunftsland die Rechte der Leihmütter und damit auch der Kinder besser schützen. Letztlich ist eine Regulierung auf nationaler und internationaler Ebene notwendig, um dem gegenwärtigen Zustand der Recht- und Schutzlosigkeit aller Beteiligten – und vor allem der Kinder – wirksam zu begegnen.

From European Theory to American Practice: The United States as a Laboratory for Surrogacy Law

Eliza Hall

I. Introduction

Surrogacy has been practiced openly in the United States for over thirty years, and surrogacy law varies dramatically from state to state.[1] As such, the U.S. is in effect a legal laboratory whose results provide empirical information on a range of different approaches to legislating surrogacy. Moreover, the decades of experience U.S. courts have in adjudicating surrogacy cases provide, in the form of judicial opinions, a wealth of reasoning addressing the ethical and human rights issues that have arisen in real life cases. Information on surrogacy in the U.S. thus provides a robust basis for decision-making on the part of countries grappling with how to legislate surrogacy – indeed, far more robust than the mere theories of scholars working in countries where surrogacy is illegal or only newly legal.

II. The U.S. Legal System as it Relates to Surrogacy

1. *The Separate Competencies of the Federal and State Governments*

The U.S. functions as a laboratory for surrogacy law because, like Germany's Länder and Bund, its state and federal governments have separate competencies. Surrogacy is primarily a question of family and contract law, areas generally governed by the states, so regulating surrogacy falls to the states and each state may, so long as it complies with the federal Constitution and any relevant federal statutes, regulate surrogacy as it sees fit.

The role of federal law in surrogacy is limited, but important:

---

[1] "Surrogacy" here refers to compensated surrogacy unless otherwise indicated, as U.S. states that do not prohibit surrogacy generally permit compensation.

- Citizenship is determined by the federal government and any baby born in the U.S. has U.S. citizenship from birth, regardless of its parentage. Thus, U.S. surrogacy carries no risk of the "stateless child" problem.[1]
- The U.S. Constitution and certain federal statutes provide the "floor" with respect to civil rights (or human rights, as they are called in Europe). States may protect such rights more but not less than federal law.

One pertinent federal right is the right to refuse unwanted medical care.[2] Thus, no state could permit intended parents ("IPs") or doctors to force treatment or procedures on a surrogate.

2. *Sources of Law: Constitution, Statute, Case Law*

In the U.S., the federal and state governments each have three main types of law: (1) the Constitution; (2) statutes; and (3) common law (judicial opinions in specific cases). This third category, which derives from the British legal system, is also known as judge-made law or case law. Given the separate state and federal competencies in the U.S., case law on surrogacy generally is to be found in the decisions of state rather than federal courts.

Legal scholars from civil-law countries may not understand how critical judicial decisions are in the U.S. or how they are used, even though in theory some judge-made law exists at the EU level.[3] It may seem strange to such scholars that many U.S. states where surrogacy is legal have no statutes on surrogacy, but only case law. To be clear, only appellate judges can make law. Judicial opinions from courts of first instance may be persuasive for other judges considering similar facts, but they are binding only in the original case. In contrast, once an appellate judge has spoken on an issue, then within that jurisdiction no judge in any court of first instance is allowed to reach a contrary opinion on the same issue.[4] Similarly, the decision of a state's highest court on a given issue is binding on all courts in that state.[5]

---

[1] *See Laurence Brunet* et al., "A comparative study on the regime of surrogacy in EU Member States" (2013) ("Brunet Report"), at 10 (refusal by EU states to recognize foreign birth certificates in surrogacy cases can "leave a child … stateless and without citizenship").

[2] *See, e. g., Cruzan v. Mo. Dep't of Health*, 497 U.S. 261, 278 (1990).

[3] *See, e. g., Vivian Grosswald Curran*, "Re-Membering Law in the Internationalizing World," 34 Hofstra L. Rev. 93, 102–07 (2005) (discussing how European Court of Human Rights decisions are understood and applied in civil-law EU countries).

[4] Judicial decisions, like statutes, are binding only within their own jurisdictions. The recent Brunet Report, drafted for the European Parliament's Directorate-General for Internal Policies, was thus incorrect to cite a New Jersey Supreme Court decision as support when discussing California law. *See* Brunet Report at 10 n. 14 (citing *In re Baby M*, 537 A. 2d 1227 (N. J. 1988)).

[5] While most states call their highest court the Supreme Court, New York follows the unusual practice of calling its courts of first instance "Supreme Courts." Its intermediate courts are called Supreme Courts, Appellate Division, and are designated in legal citations by "(N. Y. App. Div.)," while its highest court is called the Court of Appeals and is designated by "(N. Y.)."

3. The Importance of Place of Birth Under U.S. Law

Parentage and surrogacy laws are state-dependent, so place of birth is critical. In a 2012 case, a Connecticut woman agreed to be a gestational surrogate.[6] When tests revealed severe abnormalities the IPs asked her to abort, as the contract provided. She refused and fled to Michigan, where surrogacy is illegal – indeed, it is a serious crime[7] – and gestational motherhood means legal motherhood. As the legal mother in Michigan, the surrogate had the right to keep the child or place it for adoption. With the IP father's consent, she placed the severely handicapped baby with a family willing to raise it.[8]

Potentially, a surrogate carrying the genetic child of both IPs could flee to Michigan to give birth and defeat the IPs in a custody case. Even a surrogate who had no desire to keep the baby could be the legal mother if she gave birth in an anti-surrogacy state. Attorneys thus advise using only surrogates who live in states where surrogacy is legal and contracts that provide for third-trimester travel restrictions, to avoid an inadvertent birth elsewhere.

III. Types of Surrogacy

Because the law is made in response to the facts known to legislators and judges at the time, a coherent examination of U.S. surrogacy law is not possible without first clarifying (i) the reasons for surrogacy and (ii) the pertinent medical technology and how it has changed since the 1980s, when surrogacy began to be practiced openly in the U.S.

1. Reasons for Surrogacy

Couples generally use surrogacy for one of three reasons:

- The woman is medically incapable of carrying a baby to term (*e. g.*, hysterectomy, dysfunctional cervix, or a history of multiple unexplained miscarriages).
- The woman's health makes pregnancy dangerous for her. For instance, actress Giuliana Rancic used a surrogate after being cured of early breast cancer; her doctor warned that the hormonal changes of pregnancy could bring the cancer back.[9]

---

[6] *Elizabeth Cohen*, "Surrogate offered $10,000 to abort baby," CNN, March 6, 2013, *available at* www.cnn.com/2013/03/04/health/surrogacy-kelley-legal-battle/.

[7] Under the Surrogate Parenting Act, § 722.851–863 (1988), entering into or assisting with a compensated surrogacy contract is punishable by up to 5 years' imprisonment. Altruistic surrogacy is legal but contracts for it are unenforceable.

[8] The question of the IP mother's consent did not arise since the egg came from a donor and the legal proceedings to make her the mother had not yet commenced when the surrogate fled.

[9] *See Zach Johnson*, "Giuliana and Bill Rancic: Why We Chose to Use a Gestational Surro-

- The couple is two gay men. For example, British singer Elton John and his husband used an American surrogate to have their sons.[10]

While some surrogacy opponents cite the risk that it may be done for "frivolous" reasons, the classic example being a Hollywood actress not wanting her career to be interrupted by pregnancy, U.S. law shows how to prevent that: Florida permits surrogacy only if a doctor confirms that the IP mother cannot carry a pregnancy at all or cannot do so safely.[11]

2. *Traditional vs. Gestational Surrogacy: Mater non semper certa est*

When medical technology reached the point where one woman could carry a pregnancy conceived with another woman's egg, it became possible for the first time to literally and conceptually "split" biological motherhood between two women.[12] The world's first donor-egg baby was born in Australia in 1983,[13] but the practice remained experimental for at least another decade and was not considered routine – and thus a reasonable choice for couples seeking surrogacy – until approximately the mid to late 1990s. Surrogacy using twenty-first century technology can thus be divided into two subtypes:

- *Traditional* (also called "partial"), in which the surrogate's own egg is used and she is therefore unquestionably the biological mother; and
- *Gestational* (also called "full"), in which the egg came from a woman other than the surrogate. The egg may come from the IP mother or an egg donor.

Simply put, this technological advancement means that the ancient legal maxim that *mater semper certa est* is no longer true. Indeed, treating that maxim as true even in gestational surrogacy cases is sexually discriminatory, since it means an IP father can prove paternity with a genetic test showing that the child came from his sperm, while an IP mother cannot prove maternity with an equivalent test.[14] While some may prefer to cling to the ancient maxim and reject the bifurcation

gate," Us Magazine, April 24, 2012, *available at* www.usmagazine.com/celebrity-moms/news/giuliana-and-bill-rancic-why-we-chose-to-use-a-gestational-surrogate-2012244.

[10] "Elton John Introduces Son Elijah Joseph Daniel," People Magazine, Jan. 27, 2013, *available at* celebritybabies.people.com/2013/01/27/elton-john-introduces-son-elijah-first-photo/.

[11] Fla. Stat. §742.15(2) (2016).

[12] U.S. law recognizes this split: to convey citizenship to a child born abroad an American man must be the genetic and legal father (*i. e.*, provide the sperm while not being merely a sperm donor), but an American woman conveys citizenship if she is "the genetic *and/or … gestational* and legal mother." U.S. State Dep't, "Information for U.S. Citizens Considering International Surrogacy," *available at* travel.state.gov/content/travel/en/legal-considerations/us-citizenship-laws-policies/assisted-reproductive-technology.html (emphasis added).

[13] *See* "First Baby Born of Frozen Embryo," N. Y. Times, April 11, 1984, at A16, *available at* www.nytimes.com/1984/04/11/us/first-baby-born-of-frozen-embryo.html.

[14] In one 2012 Irish case the Chief Registrar responsible for placing parents' names on birth certificates, relying on the principle of *mater semper certa est*, named a surrogate and the IP father and refused to name the IP mother despite DNA evidence the child was genetically hers. It took a High Court decision to overturn his refusal. Brunet Report at 70–71.

of biological motherhood, that is not only contrary to medical reality, but contrary to the legal equality of the sexes.[15]

3. The Legal Treatment of Different Types of Surrogacy Under U.S. Law

The genetic relationships made possible by modern technology, and their typical legal results in the U.S., are as follows:

- Sperm from IP father, egg from traditional surrogate: the IP father is the legal father; the surrogate is the legal mother until she relinquishes her parental rights by procedures similar to adoption. The IP mother adopts via a simplified, fast-track procedure akin to a stepparent adopting a spouse's biological child.
- Sperm and egg from the IPs: Both IPs are the child's biological and thus legal parents, but legal procedures must be complied with to demonstrate that these are the facts.
- Sperm from IP father, donor egg: egg donors, like sperm donors, legally relinquish any potential parental rights. Thus, only the IP mother or the surrogate could be the mother. These cases are more complex, but generally the IP mother is the mother.
- Both gametes from donors, or donor embryo: this is prohibited in some states and where permitted, such cases are more complex. No general rule can thus be stated.

These different types of cases will be discussed in more detail below. Of note, in the past twenty years there has been a strong trend in the U. S. toward permitting gestational surrogacy, particularly where one or both IPs is a genetic parent. In just the past two years, four jurisdictions reversed course after decades of prohibiting surrogacy. As of 2016 Louisiana permits married heterosexual couples to use gestational surrogates if both IPs are the genetic parents, while Washington DC, the nation's capital, enacted a more liberal law that became effective in April 2017.[16] Most recently, in March 2018 the state of Washington – a different jurisdiction located almost 4000 km from Washington DC – enacted a new parentage statute permitting compensated gestational surrogacy.[17] And on May 31, 2018, New Jersey passed a new law legalizing compensated surrogacy in cases where the surrogate is not genetically related to the child.[18]

---

[15] *See, e. g., Soos v. Arizona*, 897 P. 2d 1356 (Ariz. 1995) (holding unconstitutional a state statute under which a surrogate and her husband were presumed legal parents and the presumption was rebuttable only as to the husband; the court found that gender equality under the Equal Protection Clause requires that IP mothers, not just IP fathers, be able to rebut such presumptions with DNA evidence).

[16] La. Rev. Stat. Ann. § 40:32 (2016); D. C. Code § 16–404 (2017).

[17] Wash. 6037-S.SL. (state law enacted 6 March 2018, effective 1 Jan. 2019).

[18] N. J. Senate No. 482 (state law enacted May 31, 2018, effective immediately).

Four U.S. states still prohibit surrogacy by statute and two even classify involvement in a surrogacy contract as a crime.[19] However, these statutes were passed in the 1980s or early 1990s, when traditional surrogacy was the only type available. The same is true of many EU anti-surrogacy laws: Germany's Embryo Protection Act was passed in 1990; Spain outlawed surrogacy in 1988; and French court decisions went against surrogacy in 1988 and 1990, with a statute being passed in 1994.[20] Such laws arguably should not apply to gestational surrogacy because that cannot have been the intent of legislators acting before such technology was available, and because gestational surrogacy is factually and ethically different than the traditional type. In any case, laws that predate gestational surrogacy should be updated to reflect reality. The desire of some legislators to avoid confronting the potential implications of new technology cannot justify placing children and their families in legal limbo.

IV. Fatherhood, Motherhood, and Children's Rights

1. *Fatherhood is Typically Not at Issue in Surrogacy*

Since surrogacy is a remedy for female infertility (or, in gay male couples, for the absence of a woman), fatherhood is typically not at issue. The IP father (or one of them, in a gay couple) is the biological father in virtually all surrogacy cases. Indeed, sometimes the desire to have a child who is related to the father is the reason couples pursue surrogacy rather than adoption. In New Jersey's 1988 *Baby M* case, IP father Mr. Stern was the only child of Holocaust survivors who were themselves the only survivors of their entire families.[21] Although he and Mrs. Stern looked into adoption, the possibility of carrying on his family line led them to choose surrogacy.[22]

The true question in surrogacy, then, is almost never "who are the parents," but only "who is the mother." Where the IP father is the biological father – that is, in most cases – it is thus nonsensical to propose, as some have, that the law should "condition parentage of intended parents on conducting an adoption

[19] Mich. Comp. Laws §722.851–863 (1988) (crime); N. Y. Dom. Rel. Law §§121–124 (1992) (crime); Ariz. Rev. Stat. Ann. §25–218 (1989) (contracts illegal, rebuttable presumption that surrogate and her husband are parents); Wash. Rev. Code §26.26.230 (1989) (compensated surrogacy illegal).

[20] *See* Brunet Report at 105–08.

[21] *In re Baby M*, 537 A.2d at 1235 ("As the family's only survivor, he very much wanted to continue his bloodline").

[22] Mr. Stern's precise affiliation is not of record, but Reform Jews consider children Jewish even if only their father is Jewish, rejecting the strict reliance on matrilineal descent of Orthodox and Conservative Jews. *See, e. g., Jerry Klinger*, "Matrilineal Descent and the Struggle for Jewish Identity: An American Contrarian View," The Jewish Magazine (Jan. 2011), *available at* www.jewishmag.com/150mag/intermarriage/intermarriage.htm. Whether or not Mr. Stern intended to pass on his family's Judaism, surrogacy permitted him to pass on their genetics.

procedure."[23] That approach could deny a child its right to know and be cared for by its biological parents, and potentially places its citizenship at risk. That would violate at least Articles 3, 7 and 9 of the U. N. Convention on the Rights of the Child, as well as violating both the child's and the father's right to respect for their private and family life under Article 8 of the European Convention on Human Rights.

These are not merely theoretical concerns. Some courts have reached the incredible conclusion that the genetic children of German citizens born through surrogacy are not their legal children and thus are not German. The Brunet Report describes a case where the court held that despite DNA evidence, the parentage and nationality of a child born to an Indian surrogate should be determined under Indian law, under which the husband of a married woman is the legal father.[24] Since the surrogate was married, the child's biological father was not its legal father and thus the child was not German. In an even more egregious case, a German court used contrary logic – applying German parentage law to a child born to a California surrogate – to find that the genetic child of two German citizens, the IPs, was not their child and not German despite the fact that the opposite was true under California law.[25]

In U.S. surrogacy cases, biological fatherhood is legal fatherhood. Though U.S. law also presumes that the husband of a married woman is the father of her child, evidence that the pregnancy resulted from surrogacy rebuts that. Thus, even when a married traditional surrogate (*i. e.*, biological mother) attempts to keep the baby, the worst-case scenario is a custody case in which the best interest of the child standard is applied, and either the IP father or the traditional surrogate gets primary custody with the other biological parent getting visitation. That was the outcome of the *Baby M* case, discussed in more detail below.

That said, biological fatherhood is not universal in surrogacy because technology permits the use of donor sperm or donor embryos. The law in such cases varies. In Florida, donor-embryo surrogacy is prohibited and donor sperm is permitted only if either the IP mother or the surrogate is the genetic mother.[26]

---

[23] *Dr. Chris Thomale*, "State of play of cross-border surrogacy arrangements," *available at* www.ipr.uni-heidelberg.de/md/.../europaparlament_policy_hub_statement.pdf); *see also* Euro. Parliament Policy Dep't C: Citizens' Rights & Constitutional Affairs Briefing, "Regulating international surrogacy arrangements – state of play," PE571.368 (2016) at 3.

[24] Brunet Report at 274 nn. 497–501 (citing VG Berlin, 26. 11. 2009-VG 11 L 396.09). It does not appear that the court addressed the question of whether Indian law determines parentage differently in surrogacy cases, as it likely does since surrogacy is legal there and according to one study, most if not all Indian surrogates are married. *See Amrita Pande*, "'At Least I Am Not Sleeping with Anyone': Resisting the Stigma of Commercial Surrogacy in India," 36 Feminist Studies 292, 297 (2010).

[25] *Id.* at 273 n. 489 (citing OLG Stuttgart, 08. 08. 2012–17 UF 162/12). Under this logic, the genetic son of actress Giuliana Rancic and her husband would be French because their gestational surrogate was French. *See Michael Shain*, "The French mom who gave Giuliana and Bill a baby," N. Y. Post, Oct. 1, 2012, *available at* nypost.com/2012/10/01/the-french-mom-who-gave-giuliana-and-bill-a-baby/.

[26] Fla. Stat. §§ 63.213(h), 742.15(e) & 742.16(7).

That is, to ensure that the child will have at least one biological (and thus legal) parent, Florida prohibits surrogacy unless at least one member of the surrogacy triad is a genetic parent. California permits surrogacy with no genetic connection, and to determine parentage in contested cases it uses the concept of parenthood by intent. Thus, when a couple attempted to have a child using a surrogate and a donor embryo but the IP father then sought to disclaim paternity, the Court of Appeal held that he could not, reasoning that the child existed only because the IPs intended her to exist; once she was in utero, their parenthood decision was final.[27]

2. *A Traditional Surrogate Typically is the Presumptive Legal Mother*

Whether the state regulates surrogacy by statute or by judge-made law, generally a traditional surrogate is the legal mother because she in fact is the genetic and biological mother.[28] Thus, if she refuses to relinquish the baby and the IP father is the biological father (as he usually is), U.S. courts typically treat the case like any other custody dispute between biological parents, applying the "best interests of the child" standard to determine custody and visitation.[29]

In the *Baby M* case the surrogate, Mrs. Whitehead, changed her mind after giving the child to Mr. and Mrs. Stern, the IPs, and came to their house in tears.[30] Concerned for her mental health, they gave her the baby to say goodbye. She fled with the baby, went into hiding and threatened suicide. Ultimately the court, applying the "best interest of the child" standard, awarded custody to the Sterns and visitation to Mrs. Whitehead. Interestingly, when she turned 18 the child executed paperwork permitting Mrs. Stern to adopt her, severing the legal tie between herself and Mrs. Whitehead.[31] Evidently she felt Mrs. Stern was her true mother.

Similarly, in Tennessee, which has no surrogacy statute and unclear case law, an Italian couple hired a traditional surrogate who joined in pre-birth legal proceedings to declare them the legal parents.[32] However, six days after birth she changed her mind and sought a declaration that she and her husband were

---

[27] *In re Marriage of Buzzanca*, 61 Cal. App. 4th 1410 (Cal. Ct. App. 1998).

[28] This is so even in California, which regulates gestational surrogacy by statute but has no statute on traditional surrogacy. The limited case law indicates that a California traditional surrogate and biological IP father are the legal parents unless the surrogate consents to adoption by the IP father's spouse. *In re Marriage of Moschetta*, 25 Cal. App. 4th 1218, 1231 (Cal. Ct. App. 1994).

[29] The exception to this is in states that regulate traditional surrogacy as an adoption. There, the court would first determine whether the parties complied with adoption procedures. *See, e. g.*, Fla. Stat. §63.213(1) (giving traditional surrogates 48 hours after birth to decide to keep the child, or longer if she was not informed of her right to that 48-hour period); *Moschetta*, 25 Cal. App. 4th at 1231.

[30] *In re Baby M*, 537 A. 2d 1236–37.

[31] *See, e. g.*, *Vincent Barry*, Bioethics in a Cultural Context 230 (Cengage Books 2010).

[32] *In re Baby*, 447 S. W. 3d 807 (TN 2014).

the legal parents. The state Supreme Court affirmed that the parents were the IP father and the surrogate and that in the best interest of the child the IPs should get custody, with the lower court to determine the surrogate's visitation rights.

3. *Motherhood by Genetics or Intent*

In U.S. states where surrogacy is legal, the law, as the principle of gender equality requires, typically gives as much weight to DNA evidence of maternity as to DNA evidence of paternity. Thus, a traditional surrogate may retain custody while a gestational surrogate generally may not. When a Pennsylvania gestational surrogate refused to relinquish newborn triplets, the appeals court found that she had no standing to seek custody because only genetic parents and persons acting *in loco parentis* have such standing, and someone who takes children against the will of their biological father is not acting *in loco parentis*.[33]

When neither the surrogate nor the IP mother is genetically related – that is, when an egg donor is used – U.S. law generally relies on one of two bases for finding that the IP mother is the legal mother.[34] In states with statutes permitting surrogacy, compliance with the statutes is sufficient. In California, for instance, a notarized contract between the IPs and the surrogate must exist prior to embryo transfer, each party must have its own lawyers (paid for by the IPs), and court proceedings take place to verify that all parties are acting voluntarily and the statutory requirements have been met; these proceedings normally start around week 25 of the pregnancy and become effective upon birth.[35]

In states that permit surrogacy but have no statutes – in other words, states that rely entirely on judge-made law – courts typically apply the concept of motherhood by intent. Thus, where neither the surrogate nor the IP mother is genetically the mother, courts find that the woman who intentionally caused the baby to be conceived with the intention of being its mother bears the legal responsibility for the child, *i. e.*, is the legal mother. This concept stems from the established law that if an infertile married man consents to his wife's use of artificial insemination with donor sperm to become pregnant, he is the legal father.[36]

A Pennsylvania appeals court relied on this principle to force an IP mother to accept financial responsibility for a child.[37] New York television personality

---

[33] *JF v. DB*, 897 A. 2d 1261 (Pa. Super. Ct. 2006).

[34] There is no legal basis to find that the egg donor is the legal mother, since both sperm and egg donors relinquish parental rights in any resulting children. *See*, *e. g.*, Fla. Stat. § 742.14.

[35] Cal. Fam. Code §§ 7960–7962 (2013). Prior to enactment of its surrogacy statute, California case law had held that childbirth and DNA tests were equally valid evidence of legal maternity, so disputes between a gestational surrogate and a genetically related IP mother were to be resolved by reference to their "intentions as manifested in the surrogacy agreement." *Calvert*, 851 P. 2d at 782.

[36] *See*, *e. g.*, *Buzzanca*, 61 Cal. App. 4th at 1420 (this rule or "*grundnorm* … express[es] the law's distaste for inconsistent actions and positions – like consenting to an act which brings a child into existence and then… disclaiming any responsibility").

[37] *In re Baby S.*, 128 A. 3d 296 (Pa. Super. Ct. 2015).

Sherri Shepherd and her husband used a surrogate and an egg donor to conceive, but Ms. Shepherd filed for divorce during the pregnancy and refused to comply with legal formalities to be named as the mother. The father took custody of the baby upon birth, and the surrogate successfully sued to have Ms. Shepherd named as mother. The court reasoned that the baby existed only because Ms. Shepherd and her husband intended to become parents, and she could not disclaim parenthood after the pregnancy was underway because she intentionally caused the child to exist. She was thus ordered to pay child support to her ex-husband.

4. *Women's Rights*

While an in-depth examination of women's rights issues is beyond the scope of this article, surrogacy raises several questions that the law in many U.S. states has addressed. The primary rights at issue are, of course, the surrogate's, but as discussed above, U.S. courts have also recognized important rights in IP mothers who are the genetic mothers of their children.

With respect to surrogates' rights, a California court expressed the widespread U.S. view that "the idea that no surrogate… can truly consent to a surrogacy contract [is] patronizing, if not outright discriminatory against women."[38] The argument that pregnancy itself causes women to want to keep the baby, and thus that surrogacy is antifeminist because even gestational surrogates suffer psychological damage from relinquishment, is rebutted not only by social history (*e. g.*, the battles women have waged for abortion rights), but by cases in which surrogates fought not to be considered the mother or to place the baby for adoption with someone other than the IPs.[39] That said, the overrepresentation of traditional surrogates in custody disputes shows such disputes are most likely when she is the genetic mother. That suggests U.S. law is correct when it distinguishes between traditional and gestational surrogates by recognizing the former, but not the latter, as mothers with the right to decide whether to keep the child or allow the IP mother (or male spouse of the IP father) to adopt.

Finally, the view that only altruistic surrogacy should be permitted because compensation risks exploitation has also been described as patronizing. No one argues that the doctors, nurses or medical assistants in surrogacy cases are vulnerable to exploitation unless they work for free. The urge to "protect" surrogates by preventing them from earning money arguably stems from the sexist belief that women's work in the private or family sphere should be done out of love – or altruism, to use the surrogacy term – while only public, "masculine" work should be commercialized.[40] Concerns that money could make women

---

38 *Moschetta*, 25 Cal. App. at 1230 (citing *Calvert*, 851 P. 2d at 785).

39 *See*, *e. g.*, *In re Baby S.*, 128 A. 3d at 301; Cohen, *supra* n. 8 (discussing the Michigan case).

40 *See* Brunet Report at 23 (citing *Jennifer Burr*, "'Repellant to proper ideas about the procreation of children': Procreation and motherhood in the legal and ethical treatment of the surrogate mother," Psych. Evo. & Gender 2(2):105–117 (2000)).

discount the risks of pregnancy when deciding whether to be surrogates also seem sexist in light of the fact that men are allowed to be well paid for far more dangerous work, even when it serves a comparatively trivial consumer need. For instance, a U.S. commercial fisherman, whose job serves only to add ocean fish to our already ample menus, is nine times more likely to be killed at work than a U.S. woman is to die of pregnancy or childbirth complications.[41]

5. *Children's Rights*

As with women's rights, a full discussion is beyond the scope of this article. However, while there may be a child's-rights rationale for banning surrogacy or conditioning it on adoption when neither IP is a biological parent, no such rationale supports that approach when one or both IPs are biological parents. As the European Court of Human Rights has held, "[w]ith regard to the importance of biological filiation as an element of each person's identity [under U. N. Conv. on the Rights of the Child Art. 8]… one cannot pretend that it is consistent with the child's best interest to deprive it of this type of legal link when the biological reality of this link is established and the child and parent in question seek the full recognition thereof."[42]

In addition, requiring a father to adopt his own child in order to be its legal parent would mean that any rights of the child that derive from him, such as citizenship, are not present from birth; that would violate Article 7 of the U. N. Convention on the Rights of the Child, which provides that signatory states must guarantee certain rights from birth. Moreover, if he dies before adoption is final, the child presumably will not inherit his nationality or its share of his assets, will have no right to be placed with or even to know its extended paternal family, and, if an egg donor was used, may be left parentless because the IP mother's right to adopt was contingent on being married to its legal father. The same problems arise if legal motherhood is not automatically recognized in an IP mother whose own egg was used.

None of this is consistent with protecting the child's rights. The U.S. approach, in contrast, is: biological paternity suffices to establish legal paternity even in states where surrogacy is illegal; at least where surrogacy is legal, the same is true of genetic maternity; and such parenthood, together with the legal rights flowing to the child from it, exists from birth.

---

[41] *Compare Centers for Disease Control*, "Commercial Fishing Deaths – United States, 2000–2009" (2010), *available at* www.cdc.gov/mmwr/preview/mmwrhtml/mm5927a2.htm (death rate 128/100,000) *with WHO* et al., "Trends in Maternal Mortality: 1990 to 2015" (2015), *available at* data.worldbank.org/indicator/SH.STA.MMRT (U.S. death rate 14/100,000). Note that the mortality rate for U.S. surrogates is likely below the U.S. average since they typically are required to pass a medical clearance and are provided with full prenatal care.

[42] *Mennesson v. France*, 2014-III Eur. Ct. H. R. 219 at Para. 100 (2014) (translated by the author).

V. Conclusion

European legislators and other policy-makers considering how to regulate surrogacy can examine a wide range of approaches, their legal and ethical rationales, and their practical effects by studying U.S. surrogacy law. In addition, given the trend toward permitting gestational surrogacy in more and more U.S. states, it should be apparent that surrogacy is only going to increase in frequency. European legislators therefore must address it in order to avoid leaving children and families in legal limbo, and they should address it in ways consistent with the rights of children, women, and biological parents.

Leihmutterschaft und Reproduktionstourismus

Die rechtspolitische Perspektive

Stephan Harbarth

I. Einleitung

Die moderne Reproduktionsmedizin – etwa die In-vitro-Fertilisation – ermöglicht zahlreichen Paaren die Verwirklichung ihres bislang unerfüllten Kinderwunsches. Eine Konsequenz kann dabei das Auseinanderfallen von rechtlicher und genetischer Elternschaft sein. Bei der Leihmutterschaft trägt eine Frau nach einer künstlichen Befruchtung ein in der Regel nicht mit ihr genetisch verwandtes Kind aus, das sie auf Grundlage einer Abrede mit den Wunscheltern nach Geburt des Kindes an diese übergibt. Die für die künstliche Befruchtung verwendeten Ei- oder Samenzellen können (ganz oder teilweise) von den Wunscheltern oder dritten Spendern stammen.

Die Leihmutterschaft ist in Deutschland unzulässig. Vermehrt kommt es jedoch zu von deutschen Paaren im Ausland durchgeführten Leihmutterschaften, was bei der Rückkehr der Paare nach Deutschland mit dem durch eine Leihmutter geborenen Kind zahlreiche rechtliche, aber auch ethische Fragen aufwirft. Die höchstrichterliche Rechtsprechung hat die Elternschaft der Wunscheltern in Leihmutterschaftsfällen unter bestimmten Voraussetzungen anerkannt, wobei immer noch offene Fragen verbleiben. Dies gibt Anlass zu beleuchten, ob und inwieweit aus rechtspolitischer Sicht Handlungsbedarf besteht.

II. Rechtslage in Deutschland

Der Gesetzgeber in Deutschland hat sich entschieden, die Leihmutterschaft zu verbieten, und sieht bestimmte Ordnungswidrigkeits- und Straftatbestände in dem Gesetz über die Vermittlung der Annahme als Kind und über das Verbot der Vermittlung von Ersatzmüttern (AdVermiG) und dem Gesetz zum Schutz von Embryonen (ESchG) vor. Das AdVermiG verbietet die Ersatzmuttervermittlung (§ 13c) und bewehrt einen Verstoß mit Strafe (§ 14b). Eine Strafbarkeit der Ersatzmutter und der Wunscheltern ist nach § 14b Abs. 3 AdVermiG jedoch ausgeschlossen. Laut Gesetzesbegründung[1] soll durch das Verbot der Ersatzmutterschaft eine ungestörte Identitätsfindung bei den Kindern und eine gesicherte familiäre Zuordnung gewährleistet werden. Zugleich sollen menschenunwürdige Konflikte aus einer Übernahme von Schwangerschaften als Dienstleistung und nicht zuletzt mögliche Streitigkeiten um die Herausgabe des Kindes ausgeschlossen werden.

Darüber hinaus bewehrt das Gesetz zum Schutz von Embryonen (ESchG) die Durchführung einer Leihmutterschaft (§1 Abs. 1 Nr. 7 ESchG) bzw. die Übertragung fremder Eizellen auf eine Frau (§1 Abs. 1 Nr. 1 und 2 ESchG) mit Strafe. Strafbar macht sich, wer den Eingriff vornimmt. Mit diesen Regelungen sollen gespaltene Mutterschaften, bei denen genetische und austragende Mutter nicht identisch sind, verhindert werden.[2]

Ergänzt werden diese Vorschriften durch das Abstammungsrecht. §1591 des Bürgerlichen Gesetzbuches (BGB), der durch die Kindschaftsrechtsreform von 1998 in das BGB eingeführt wurde, stellt klar, dass „Mutter eines Kindes die Frau ist, die es geboren hat." Ausweislich der Begründung des Gesetzesentwurfs war eine Verhinderung der Leihmutterschaft durch diese abstammungsrechtliche Regelung auch hier gerade gewollt, um eine „gespaltene Mutterschaft" zu verhindern.[3] Die rechtliche Klarstellung sei notwendig geworden, um eine durch die Ei- oder Embryonenspende offenbarte Regelungslücke zu schließen. Konsequenz der Vorschrift ist, dass eine genetische Verwandtschaft zwischen Mutter und Kind für die rechtliche Beurteilung der Mutterschaft irrelevant ist und das Leitmotiv „mater semper certa est" perpetuiert wird.[4] Mutter im Sinne des Gesetzes ist nur die gebärende Frau. Die Möglichkeit eines Statusverfahrens, wie etwa die Anfechtungsmöglichkeit bei der Vaterschaft, existiert nicht.[5] Es verbleibt für die genetische Mutter nur die Möglichkeit, eine abstammungsrechtliche Zuordnung über eine Adoption zu erreichen.[6]

Die Vaterschaft wird nach den Regelungen des §1592 BGB festgestellt. Für ein durch eine verheiratete Leihmutter geborenes Kind gilt ihr Ehemann nach deutschem Recht als der Vater des Kindes, sofern die Vaterschaft nicht nach §1599 BGB angefochten wird. Ist die Leihmutter ledig, besteht für den Wunschvater des Kindes nach §1592 Nr. 2 i. V. m. §§1594 ff. BGB die Möglichkeit, dieses anzuerkennen. Die Anerkennung ist dabei unabhängig von einer genetischen Abstammung möglich, bedarf aber der Zustimmung der Leihmutter nach §1595 Abs. 1 BGB. Darüber hinaus besteht für den Vater die Möglichkeit, die Vaterschaft gerichtlich gem. §1592 Nr. 3 i. V. m. §1600d BGB, §§169 ff. FamFG feststellen zu lassen.

---

[1] BT-Drs. 11/4154, S. 8 f.

[2] BT-Drs. 11/5460, S. 6

[3] BT-Drs. 13/4899, S. 82.

[4] *Spickhoff* in Spickhoff, 2. Aufl. 2014, §1591 Rn. 1.

[5] BT-Drs. 13/4899, S. 83.

[6] *Diel*, Leihmutterschaft und Reproduktionstourismus, 2014, S. 81.

Insgesamt wird damit deutlich, dass der Gesetzgeber eine klare Wertentscheidung gegen die Möglichkeit der Leihmutterschaft in Deutschland getroffen hat. Eine doppelte Mutterschaft oder Vaterschaft sieht der Gesetzgeber nicht vor. Ferner hat dieser Rechtsrahmen zur Folge, dass nach §§ 134, 138 BGB Leihmutterschaftsvereinbarungen in Deutschland nichtig sind.[7]

III. Reproduktionstourismus

Angesichts dieser in Deutschland geltenden Rechtslage weichen Paare mit Kinderwunsch vermehrt auf andere Staaten aus. Denn was in Deutschland verboten ist, ist in anderen Staaten zum Teil erlaubt.[8] In der Presse ist bereits von einem blühenden Reproduktionstourismus zu lesen[9] und auf Messen – wie etwa den in Berlin abgehaltenen „Kinderwunsch-Tagen“[10] – werden Informationen über den Markt der Reproduktionsmedizin und Angebote aus dem Ausland zugänglich gemacht.

Die rechtlichen Rahmenbedingungen in den jeweiligen Staaten sind dabei unterschiedlich. Einige Staaten sehen die Möglichkeit der Leihmutterschaft nur in engen Grenzen vor bzw. gestatten diese nur aus altruistischen Motiven, während andere Staaten auch kommerzielle Varianten der Leihmutterschaft zulassen.[11]

Kehren die Wunscheltern mit ihrem durch eine Leihmutter geborenen Kind nach Deutschland zurück, ergeben sich zahlreiche rechtliche Fragen. Im Mittelpunkt steht dabei die Frage, welche Auswirkungen eine erfolgreich im Ausland durchgeführte Leihmutterschaft auf die abstammungsrechtliche Zuordnung in Deutschland hat. Im rechtlichen Fundament für die Begründung von Elternschaft in Leihmutterschaftsfällen zeigt sich indes in der rechtsvergleichenden Perspektive eine grundlegende Unterscheidung, die im Hinblick auf die Beantwortung dieser Frage und damit der rechtlichen Behandlung in Deutschland von Relevanz ist:

In einigen Staaten erlangen die Wunscheltern nach Antrag bei dem dort zuständigen Gericht durch gerichtliche Entscheidung ihren Elternstatus.[12] Diese ausländische Gerichtsentscheidung kann dann unter bestimmten Voraussetzungen in Deutschland anerkannt werden. Andere Staaten ermöglichen hingegen die Erlangung der Elternschaft der Wunscheltern qua Gesetz.[13] Nicht die Leih-

---

[7] So die ganz h. M.: Statt aller *Wellenhofer* in Münchener Kommentar, 7. Auflage 2017, § 1591 Rn. 18 m. w. N.

[8] Siehe rechtsvergleichend die Beiträge von *Dethloff* (rechtsvergleichender Überblick), *Engelhardt* (Schweiz), *Gummersbach* (Frankreich), *Hall* (USA) und *Schwind* (England) in diesem Band.

[9] Beispielhaft „Ab in den Befruchtungsurlaub“, FAZ vom 15. 04. 2015.

[10] Abrufbar unter www.kinderwunsch-tage.de.

[11] Für einen Überblick über die Rechtslage in verschiedenen Staaten *Lederer*, Grenzenloser Kinderwunsch, 2015, S. 37 ff.

[12] *Heiderhoff*, NJW 2014, 2673 Fn. 5 m. w. N.

[13] *Heiderhoff*, NJW 2014, 2673 Fn. 6 m. w. N.

mutter gilt in diesen Staaten ab Geburt als Mutter, sondern die Wunschmutter. In diesen Fällen richtet sich die Frage nach der Rechtswirkung nach dem Internationalen Privatrecht. Beide Konstellationen sollen im Folgenden kurz beleuchtet werden.

1. *Anerkennung ausländischer Entscheidungen*

Zur Anerkennung ausländischer Gerichtsentscheidungen sind in jüngerer Zeit vor allem zwei relevante Beschlüsse ergangen.

a) *Beschluss des BGH*

In einem Beschluss aus dem Jahr 2014 erkannte der BGH ein kalifornisches Gerichtsurteil an, das zwei homosexuelle deutsche Partner zu rechtlichen Eltern eines durch eine Leihmutter geborenen Kindes erklärt hatte, wobei einer der Partner auch der genetische Vater des Kindes ist.[14]

Ausländische Gerichtsurteile in Familiensachen werden in Deutschland grundsätzlich anerkannt (§ 108 Abs. 1 FamFG). Ausgeschlossen ist die Anerkennung ausländischer Gerichtsurteile jedoch, wenn sie im konkreten Fall zu einem Ergebnis führen, das mit wesentlichen Grundsätzen des deutschen Rechts offensichtlich unvereinbar ist, insbesondere wenn die Anerkennung mit Grundrechten unvereinbar ist (§ 109 Abs. 1 Nr. 4 FamFG).

Der BGH stellte in seinem Beschluss klar, dass für den vorliegenden Fall nicht der *kollisionsrechtliche ordre public* des Art. 6 EGBGB, sondern der großzügigere anerkennungsrechtliche *ordre public international* als Maßstab anzulegen sei.[15] Danach sei entscheidend, ob das Ergebnis der Anerkennung im konkreten Fall zu den Grundgedanken der deutschen Regelungen und den in ihnen enthaltenen Gerechtigkeitsvorstellungen in so starkem Widerspruch stehe, dass es nach deutscher Vorstellung untragbar erscheine.

Das Verbot der Leihmutterschaft in Deutschland erkannte der BGH an,[16] gab jedoch unter Bezugnahme auf den *ordre public international* im Rahmen einer grundrechtlichen Prüfung letztlich dem Kindeswohl den Vorrang.[17] Das generalpräventiv geprägte Leihmutterschaftsverbot trete – so der BGH – hinter das Wohl des Kindes zurück, das nach seiner Geburt als Rechtsträger zu berücksichtigen und in die Wertentscheidung miteinzubeziehen sei.[18] Dabei nimmt der BGH auch Bezug auf den Fall *Mennesson/Frankreich*,[19] in dem der EGMR die

---

[14] BGH NJW 2015, 479; so auch OLG Düsseldorf NJW 2015, 3382 für einen ähnlich gelagerten Fall.

[15] BGH NJW 2015, 479, 480.

[16] BGH NJW 2015, 479, 481.

[17] BGH NJW 2015, 479, 482.

[18] BGH NJW 2015, 479, 482.

[19] EGMR NJW 2015, 3211.

Versagung einer statusrechtlichen Eltern-Kind-Zuordnung in einem Leihmutterschaftsfall als Verstoß gegen Art. 8 Abs. 1 EMRK angesehen hatte.

Eine Verletzung der Menschenwürde der Leihmutter sah der BGH in diesem Fall als nicht gegeben an, weil das kalifornische Recht und die vorgenommene gerichtliche Prüfung die Freiwilligkeit der Leihmutterschaft sichergestellt hätten und die Situation damit – in Bezug auf die Herausgabe des Kindes – einer Adoption vergleichbar sei.[20]

Aufbauend auf das Urteil des Bundesverfassungsgerichts zur Sukzessivadoption sah der BGH in einer gleichgeschlechtlichen Wunschelternschaft auch keinen entscheidenden Unterschied zu heterosexuellen Eltern.[21] Im Ergebnis wies der BGH das Standesamt an, beide Männer als Eltern in das Geburtenregister einzutragen und die Geburt dementsprechend nachzubeurkunden.

b) Beschluss des OLG Braunschweig

Zu einem anderen Ergebnis kam hingegen das OLG Braunschweig in einem erst kürzlich ergangenen Beschluss.[22] Es erkannte ein Urteil eines Gerichts des US-Bundesstaats Colorado und damit die rechtliche Elternschaft betreffend Zwillinge, die durch eine Leihmutter geboren worden waren, unter Bezug auf den *ordre public*-Vorbehalt des § 109 Abs. Nr. 4 FamFG nicht an.

Die Wunscheltern hätten bewusst – so das OLG Braunschweig – die Rechtsordnung eines anderen Staates ausgenutzt, um die Verbotstatbestände im deutschen Recht zu umgehen.[23] Dieser „Fortpflanzungstourismus"[24] stehe der Anerkennung der Elternschaft wegen des damit verbundenen *ordre public*-Verstoßes grundsätzlich entgegen. Unter Bezugnahme auf die jüngste Entscheidung des EGMR in *Paradiso u. Campanelli/Italien*,[25] wonach Art. 8 EMRK keinen Anspruch auf Elternschaft oder Schaffung einer Familie garantiere, verwies das OLG auf den Spielraum der nationalen Gesetzgeber. Der deutsche Gesetzgeber habe „den Schutz der betroffenen Frauen und der gezeugten Kinder vor damit einhergehenden Gefahren kommerziellen Handels über die Wünsche von Auftraggebern nach Elternschaft gestellt".[26] Diesen Schutzanforderungen genügten die vertraglichen Vereinbarungen, auf denen die Entscheidung des US-Gerichts beruhe, nicht. Darüber hinaus sei die Entscheidung des US-Gerichts ohne vorherige Anhörung der Leihmutter und bereits sechs Wochen vor der Geburt der

---

[20] BGH NJW 2015, 479, 483.

[21] BGH NJW 2015, 479, 481 unter Bezugnahme auf BVerfG NJW 2013, 847. Das BVerfG hatte das Verbot der Sukzessivadoption aus Gründen der Gleichbehandlung für verfassungswidrig erklärt, weil davon auszugehen sei, dass die behüteten Verhältnisse einer eingetragenen Lebenspartnerschaft das Aufwachsen von Kindern ebenso fördern könnten wie die einer Ehe.

[22] OLG Braunschweig NZFam 2017, 522.

[23] OLG Braunschweig NZFam 2017, 522, 524.

[24] OLG Braunschweig NZFam 2017, 522, 524.

[25] EGMR NJW 2017, 941. In diesem Fall bestand keine genetische Verwandtschaft zu den Wunscheltern, indes bestand eine genetische Verwandtschaft zur Leihmutter.

[26] OLG Braunschweig NZFam 2017, 522, 525.

Kinder ergangen und damit die Freiwilligkeit der Herausgabe der von ihr geborenen Kindern nie hinterfragt worden.[27] Im Übrigen könne eine Anerkennung auch nicht aufgrund einer genetischen Vaterschaft erfolgen. Zwar lasse ein Gutachten die Vaterschaft mit einer 99,99-prozentigen Wahrscheinlichkeit vermuten, das Gutachten sei jedoch ohne rechtlich wirksame Vertretung der Kinder in Auftrag gegeben worden und könne daher nicht verwertet werden.[28] Schließlich ging das OLG Braunschweig nicht davon aus, „dass das Kindeswohl grundsätzlich die rechtliche Zuordnung einer Elternschaft gebietet".[29] Damit weicht das OLG Braunschweig von der BGH-Entscheidung ab.

Die beiden genannten Urteile führen die Schwierigkeiten im Rahmen der *ordre public*-Beurteilung allzu deutlich vor Augen. Aus Kindeswohlgründen tritt bei dem Beschluss des BGH das generalpräventive Verbot der Leihmutterschaft in Deutschland zurück, was zumindest die Gefahr einer Förderung des Reproduktionstourismus birgt und die Wertentscheidung des Gesetzgebers leerlaufen lässt. Der Beschluss des OLG Braunschweig hingegen trägt dem generalpräventiven Verbot der Leihmutterschaft zwar Rechnung, führt aber vor dem Hintergrund des Beschlusses des BGH – auch wenn diesem ein anderer Sachverhalt zugrunde lag – zu weiterer Rechtsunsicherheit. Zu bedenken ist dabei, dass nur über eine abstammungsrechtliche Zuordnung in Fallkonstellationen entschieden wurde, in denen zumindest ein Wunschelternteil mit dem Kind genetisch verwandt war, während es zu der Leihmutter keine genetische Verwandtschaft gab. Konsequenterweise maß das OLG Braunschweig der Rechtssache aber grundlegende Bedeutung bei und ließ die Rechtsbeschwerde zu. Diese wurde mittlerweile eingelegt, so dass der BGH die Möglichkeit hat, erneut Stellung zu nehmen.

2. *Kollisionsrecht*

Erfolgt die statusrechtliche Zuordnung des Kindes zu den Wunscheltern im Durchführungsstaat kraft Gesetzes, bestimmt sich die Elternschaft in Deutschland nach dem Internationalen Privatrecht. In diesen Fällen stellt sich die Rechtslage nicht weniger vielschichtig dar.

Das Internationale Privatrecht mit seinen Kollisionsregeln beantwortet in diesen Fällen die Frage nach der Elternschaft. Dabei kommen nach Art. 19 EGBGB verschiedene Anknüpfungspunkte in Frage.

Geht man davon aus, dass beide Wunscheltern die deutsche Staatsangehörigkeit besitzen, wäre die Folge die Anwendbarkeit des deutschen Abstammungsrechts. Nach § 1591 BGB wäre Mutter die Leihmutter im Geburtsstaat; die Wunschmutter hätte keine rechtliche Position, während dem Vater die An-

[27] OLG Braunschweig NZFam 2017, 522, 525.
[28] OLG Braunschweig NZFam 2017, 522, 525.
[29] OLG Braunschweig NZFam 2017, 522, 526.

erkennung offen stünde – ein Ergebnis, das aus Sicht der Wunscheltern nicht gewollt sein kann.

Der andere Anknüpfungspunkt, die Bestimmung des gewöhnlichen Aufenthaltsortes des Kindes, bereitet bei einem gerade geborenen Kind gewisse Schwierigkeiten, weil dieses noch keinen sogenannten Daseinsmittelpunkt hat. Es wird daher regelmäßig auf die zukünftige bzw. geplante Entwicklung abgestellt.[30] Wird das Kind von den Wunscheltern also zeitnah nach Deutschland verbracht, hat es dort seinen gewöhnlichen Aufenthaltsort mit der Folge, dass sich die Abstammung nach deutschem Recht richtet.

Verbleiben die Wunscheltern hingegen für einen längeren Zeitraum im Durchführungsstaat, kann das Kind dort seinen gewöhnlichen Aufenthalt mit der Konsequenz erlangen, dass das ausländische Recht zur Anwendung käme und an sich die Wunscheltern als die rechtlichen Eltern anzusehen wären.[31] Dieses Ergebnis könnte jedoch unvereinbar sein mit der inländischen Wertentscheidung gegen die Leihmutterschaft. Rechtsprechung hierzu gibt es soweit ersichtlich noch nicht, allerdings liegt es nahe, die supra skizzierten Überlegungen entweder des BGH oder aber des OLG Braunschweig entsprechend fruchtbar zu machen. Folgte man den Kernaussagen des OLG Braunschweig, wäre das Ergebnis des ausländischen Rechts, die Wunscheltern als rechtliche Eltern anzusehen, *ordre public*-widrig. In Konsequenz des *ordre public*-Verstoßes würde man die Verweisung auf das ausländische Recht korrigieren und stattdessen ersatzweise das deutsche Recht heranziehen. Hiernach würde eine Elternschaft basierend auf einer Leihmutterschaft nicht anerkannt.

IV. Wertung

Der deutsche Gesetzgeber hat in Bezug auf die Leihmutterschaft eine klare Wertentscheidung getroffen, die sich in der statusrechtlichen Zuordnung des §1591 BGB und der Strafbewehrung im AdVermiG und im ESchG widerspiegelt. Auch von der Großen Koalition der 18. Legislaturperiode wird dieses Grundverständnis geteilt, die sich im Koalitionsvertrag hierzu klar positioniert hat. Dort heißt es wörtlich: „Die Leihmutterschaft lehnen wir ab, da sie mit der Würde des Menschen unvereinbar ist."[32]

Zugleich steigt die Zahl der ungewollt kinderlosen Paare. Inzwischen haben in Deutschland im Alter von 25 und 59 Jahren 6 Millionen Frauen und Männer einen unerfüllten Kinderwunsch.[33] Für viele Paare ist die genetische Verwandtschaft auch ein erheblicher Faktor für den familiären Zusammenhalt, weshalb für

[30] *Dethloff*, JZ 2014, 922, 929.

[31] *Heiderhoff*, NJW 2014, 2673, 2675 f.

[32] Deutschlands Zukunft gestalten – Koalitionsvertrag zwischen CDU, CSU und SPD, 18. Legislaturperiode, S. 99, erhältlich über www.bundesregierung.de.

[33] Fakten zur Unfruchtbarkeit – Wenn das Wunschkind ausbleibt, Die Zeit online, erhältlich über www.zeit.de/wissen/gesundheit/2013-03/ungewollt-kinderlos-infografiken.

sie eine Adoption keine Alternative zu einer Leihmutterschaft darstellt.[34] Dabei ist zu berücksichtigen: Den Eltern kommt ein Recht auf „reproduktive Selbstbestimmung“[35] aus Art. 2 Abs. 1 i. V. m. Art. 1 GG bzw. Art. 6 Abs. 1 GG zu, das nicht nur das „Ob“, sondern auch das „Wie“ der Fortpflanzung und damit auch die Entscheidung über eine medizinische Assistenz umfasst.[36] Eingriffe, die die grundrechtlich garantierte Substanz verkürzen, bedürfen der verfassungsrechtlichen Rechtfertigung.[37] Durch das in Deutschland geltende einfachgesetzliche Leihmutterschaftsverbot wird die Möglichkeit des Rückgriffs auf diese Reproduktionstechnologie grundsätzlich versagt. Dadurch erfolgt ein Eingriff in das Recht auf reproduktive Selbstbestimmung der Wunscheltern, der verfassungsrechtlich gerechtfertigt sein müsste. Im Fall der Leihmutterschaft sind dabei auch die Rechte der Leihmutter und des Kindes im Rahmen einer Güterabwägung entscheidend zu berücksichtigen.

Die in den Gesetzesbegründungen des AdVermiG, des ESchG und der Kindschaftsrechtsreform aufgeführten Argumente beanspruchen nach wie vor Geltung. Im Rahmen der kommerziellen Leihmutterschaft ist die Würde des Kindes und der Leihmutter bedroht. In einem Leihmutterschaftsvertrag wird die Leihmutter regelmäßig verpflichtet, das Kind an die Wunscheltern gegen die Überlassung eines Entgelts herauszugeben. Das Kind wird bei der kommerziellen Leihmutterschaft zur „Bestellware“, das nach Inauftraggabe von der Leihmutter ausgetragen wird und nach Geburt gegen Entgelt sogleich an die Wunscheltern zu übergeben ist; es wird zum Objekt eines Rechtsgeschäftes.[38] Zugleich besteht die erhebliche Gefahr der Ausbeutung der Leihmutter. Die Frau, die ein Kind für die Wunscheltern austrägt, stellt ihren Körper gegen Bezahlung für einen erheblichen Zeitraum und unter Inkaufnahme von gesundheitlichen Risiken zur Verfügung. Dass diese Situation durch ein starkes Kaufkraftgefälle zwischen Deutschland und dem Durchführungsstaat in der Regel noch verstärkt wird, liegt auf der Hand. Das OLG Braunschweig hat es daher sogar regelmäßig für ausgeschlossen gehalten, dass sich eine Frau, die sich nicht in einer finanziellen Notlage oder angespannten Lebenssituation befindet, den Risiken einer Eizellenspende oder Leihmutterschaft aussetzen würde.[39] Korrekterweise müsste in diesen Fällen auch von der „Mietmutterschaft“ und nicht der Leihmutterschaft

[34] *Dethloff*, JZ 2014, 922.

[35] *Gassner*, ZRP 2015, 126.

[36] *Diel*, Leihmutterschaft und Reproduktionstourismus, 2014, S. 68 f.; *Müller-Terpitz* in Spickhoff, 2. Auflage 2014, Art. 6 Rn. 5, der unter Rn. 2 auch darauf verweist, dass der exakten dogmatischen Herleitung des Rechts keine praktische Relevanz zukommen dürfte.

[37] *Herdegen* in Maunz/Dürig, 79. EL 2016, Art. 1 Abs. 2 Rn. 39.

[38] *Diel*, Leihmutterschaft und Reproduktionstourismus, 2014, S. 71; *Thomale*, Mietmutterschaft, 2015, S. 12; *Wache/Lutz* in Erbs/Kohlhaas, 213. EL 2017, § 13a Rn. 1; vgl. dazu auch BVerfG NJW 1998, 519, 521, wonach eine Verletzung des Achtungsanspruchs der Menschenwürde als oberstem Wert des Grundgesetzes auch in der „Kommerzialisierung menschlichen Daseins“ liegen kann.

[39] OLG Braunschweig NZFam 2017, 522, 525.

gesprochen werden, weil die Leihe eine unentgeltliche Überlassung einer Sache nach § 598 BGB voraussetzt.[40]

Daher erscheint es notwendig, jedenfalls das Verbot der kommerziellen Leihmutterschaft und Eizellenspende in Deutschland aufrecht zu erhalten und auch auf internationaler Ebene auf entsprechende Regelungen hinzuwirken. Zwar gibt es erste Bestrebungen, multilaterale Instrumente zur Regelung der Leihmutterschaft zu schaffen. Wie der jüngste Bericht der Expertengruppe der Haager Konferenz für Internationales Privatrecht zeigt, gibt es zwischen den Staaten jedoch sehr unterschiedliche Vorstellungen, so dass aufgrund der Komplexität der Fragestellung und der Vielgestaltigkeit der Regelungen in den verschiedenen Staaten eine zeitnahe Einigung unwahrscheinlich erscheint.[41] Es verbleibt einstweilen nur die Möglichkeit, Fälle mit grenzüberschreitendem Bezug national zu regeln.

Jedenfalls hinsichtlich solcher internationaler Fälle, denen eine kommerzielle Leihmutterschaft zugrunde liegt, sollte aus eben diesen Erwägungen auch keine rechtliche Zuordnung der Elternschaft in Deutschland möglich sein. Konsequenterweise sollte daher auch nicht der Empfehlung der Mehrheit des Arbeitskreises Abstammungsrecht des Bundesministeriums der Justiz und für Verbraucherschutz gefolgt werden. Darin wird – jedenfalls für den vom BGH entschiedenen Fall – vorgeschlagen, dem Kind den ihm nach ausländischem Recht zugeordneten Elternteil zu erhalten.[42] Die Folge bestünde darin, sehenden Auges einer Umgehung des Leihmutterschaftsverbots Tür und Tor zu öffnen, was einen blühenden Fortpflanzungstourismus zur Folge hätte. Weitere Konsequenz wären erhebliche Wertungswidersprüche. Um den Schutz der Menschenwürde von Frauen und Kindern in Deutschland zu garantieren, bliebe die Leihmutterschaft verboten, zugleich würde deren Durchführung im Ausland aber in Kauf genommen. Gegenüber Frauen und Kindern in Deutschland würde Kindern und Leihmüttern im Ausland nur eine geringere Menschenwürde zuteil.

Die gegen die kommerzielle Leihmutterschaft vorgebrachten Argumente greifen im Rahmen der altruistischen Leihmutterschaft allerdings nur zum Teil. Es wäre daher überlegenswert, die altruistische Leihmutterschaft im Wege eng kontrollierter Regelungen zu öffnen und die Wunscheltern in diesen Fällen als die rechtlichen Eltern anzuerkennen.

Der Wegfall des finanziellen Anreizes vermeidet es, das Kind oder die Frau zum Objekt einer wirtschaftlichen Transaktion werden zu lassen. Eine Leihmutterschaft gegen Entgelt muss konsequenterweise weiterhin untersagt bleiben. Bei einer altruistischen Leihmutterschaft kämen allenfalls eine Aufwandsentschädigung und die Übernahme sämtlicher mit der Herbeiführung der Schwan-

---

40 *Thomale*, Mietmutterschaft, 2015, S. 8.

41 Bericht der Expertengruppe der Haager Konferenz für Internationales Privatrecht, Februar 2017, Rn. 38, erhältlich über www.hcch.net/en/projects/legislative-projects/parentage-surrogacy.

42 Abschlussbericht des Arbeitskreises Abstammungsrecht, veröffentlicht am 4. Juli 2017, S. 39, erhältlich über www.bmjv.de.

gerschaft, der Schwangerschaft selbst und der Geburt verbundener Kosten in Betracht. Hierfür müsste eine klare Abgrenzung zwischen einer verbotenen Entgeltlichkeit und einer zulässigen Aufwandsentschädigung erfolgen; über eine Aufwandsentschädigung hinausgehende Zahlungen – auch unter der Hand – müssten unterbunden werden.

Das Grundgesetz geht davon aus, dass jeder Mensch über sich selbst verfügen und sein Schicksal eigenverantwortlich gestalten kann.[43] Die Vertragsfreiheit und die Privatautonomie als Ausfluss dieser Grundsätze statuieren zugleich aber eine Schutzpflicht des Staates, dafür zu sorgen, dass es nicht aufgrund einer gestörten Vertragsparität zwischen den Vertragspartnern zu einer Fremdbestimmung kommt.[44] Zweifelsohne wäre ein Rechtsrahmen, der die Freiwilligkeit der Leihmutterschaft sicherstellt, daher conditio sine qua non. Berechtigterweise haben der BGH[45] und das OLG Braunschweig[46] in ihren Beschlüssen in den kommerziellen Leihmutterschaftsfällen dem Aspekt der freien Entscheidung der Leihmutter entscheidende Bedeutung beigemessen. Ein Handeln unter Zwang entzöge der Entscheidung über die Leihmutterschaft ihre Legitimation und darf von unserer Rechtsordnung nicht geduldet werden. Um die Freiwilligkeit der Entscheidung zu gewährleisten, könnte über ein geeignetes Verfahren – etwa durch Einbindung unabhängiger Gremien oder Gerichte – sichergestellt werden, dass die betroffene Frau aus freien Stücken und in voller Kenntnis der Auswirkungen handelt. Eine Einschränkung der Vertragsfreiheit in diesem Sinne erscheint, ließe man die altruistische Leihmutterschaft zu, mit Blick auf die hohe Missbrauchsgefahr und die bedrohten Rechte ohnehin nicht nur zulässig, sondern vor dem Hintergrund des Schutzauftrags des Staates aus Art. 1 GG in verhältnismäßigem Maß geradezu geboten.

Eine eng gefasste Zulassung der altruistischen Leihmutterschaft könnte auch den Reproduktionstourismus eindämmen. Aufgrund des erheblichen Wohlstandsgefälles zwischen Deutschland und anderen Staaten, die die Leihmutterschaft ermöglichen, wird der Ausbeutung von Frauen durch die kommerzielle Leihmutterschaft Vorschub geleistet. Deutsche Wunscheltern müssten, würde die altruistische Leihmutterschaft legalisiert, nicht mehr in Staaten reisen, in denen ohne Erfüllung von Mindeststandards „günstig" Leihmutterschaften möglich sind. Der Gefahr der Ausbeutung durch kommerzielle Leihmutterschaften könnte man durch die Legalisierung der altruistischen Leihmutterschaft in Deutschland – jedenfalls zum Teil – begegnen und dem Recht auf Privatautonomie der Leihmutter sowie dem Recht der Eltern auf reproduktive Selbstbestimmung Rechnung tragen. Durch einen entsprechenden Rahmen könnte darüber hinaus das Recht auf Kenntnis der eigenen Abstammung[47] angemessen berück-

---

43 BVerfG NJW 1979, 595.

44 *Di Fabio* in Maunz/Dürig, 79. EL 2016, Art. 2 Rn. 107.

45 BGH NJW 2015, 479, 482 f.

46 OLG Braunschweig, NZFam 2017, 522, 525.

47 BVerfG NJW 1989, 891, das das Recht auf Kenntnis der eigenen Abstammung aus dem allgemeinen Persönlichkeitsrecht aus Art. 2 i. V. m. Art. 1 Abs. 1 GG herleitet.

sichtigt werden, während bei im Ausland erfolgten Leihmutterschaftsfällen die Eizellenspenden häufig anonym erfolgen, so dass die Kinder keine Möglichkeit haben, mehr über ihre genetischen Mütter in Erfahrung zu bringen.[48]

Unzureichend untersucht ist allerdings die in diesem Zusammenhang ganz entscheidende Frage, ob bzw. wie schädlich eine Leihmutterschaft für das physische und psychische Wohl von Leihmutter und Kind ist, auch wenn erste Studien[49] eher auf eine Unbedenklichkeit hinweisen. Die Gesetzesbegründung des AdVermiG[50] ging von einer erheblichen psychischen Belastung für beide, d. h. sowohl für die Leihmutter als auch für das Kind, aus. Weitere Voraussetzung für entsprechende Gesetzesänderungen wären daher repräsentative und belastbare Studien über die psychologischen Implikationen einer Leihmutterschaft für die Beteiligten. Eine nicht hinzunehmende psychologische Belastung der Beteiligten muss sicher ausgeschlossen werden können.

Auch wenn sich die Komplexität des Themas, seine ethische Dimension und die wohl schwer zu leugnende Qualität als Gewissensentscheidung nur sehr eingeschränkt für eine parteipolitische Positionierung eignen, verdeutlichen die dargelegten abweichenden Gerichtsentscheidungen in Fällen der Anerkennung von ausländischen Gerichtsentscheidungen und die zu willkürlichen Ergebnissen führende kollisionsrechtliche Rechtslage bei internationalen Leihmutterschaftsfällen zugleich den gesetzgeberischen Handlungsbedarf. Die Diskussion um Lösungen hat bereits begonnen – wie etwa der 71. Deutsche Juristentag, der Arbeitskreis Abstammungsrecht des Bundesministeriums der Justiz und für Verbraucherschutz oder auch dieses Symposium belegen. Darüber hinaus bedarf es aber auch einer Diskussion dieses Fragenkreises in der Öffentlichkeit. Nur eine möglichst breit geführte gesellschaftliche Debatte kann die Grundlage für eine gesetzgeberische Neuregelung bilden.

---

[48] Vgl. etwa BGH NJW 2015, 479. Die in diesem Fall durchgeführte Leihmutterschaft wurde mit anonym gespendeten Eizellen ermöglicht.

[49] Siehe die übergreifende Studie *Söderström-Anttila* et al., Human Reproductive Update 2016, 260 m. w. N.

[50] BT-Drs. 11/4154, S. 7.

Die Leihmutterschaft im schweizerischen Recht

*Lisa Engelhardt**

Die gesetzlichen Rahmenbedingungen der Schweiz sind mit den Deutschen vergleichbar. Beide Staaten verbieten die Leihmutterschaft. Ein gesetzlicher Unterschied besteht nur darin, dass das Verbot der Leihmutterschaft in der Schweiz auch auf Verfassungsebene verankert ist. Dennoch kommt die Rechtsprechung der beiden obersten Gerichte hinsichtlich der Anerkennung ausländischer Leihmutterschaftsfälle zu gegensätzlichen Ergebnissen.

I. Gesetzliche Rahmenbedingungen

In der Schweiz ist das Verbot der Leihmutterschaft in Art. 119 Abs. 2 d der Bundesverfassung (BV) kodifiziert. Dort heißt es: „Die Embryonenspende und alle Arten von Leihmutterschaft sind unzulässig". Die Gesetzgebungskompetenz im Bereich der Fortpflanzungsmedizin, worunter auch die Leihmutterschaft fällt, obliegt nach Art. 119 Abs. 2 BV dem Bund. Damit gilt das Fortpflanzungsmedizingesetz (FMedG), welches die Leihmutterschaft auf einfachgesetzlicher Ebene regelt, als Bundesgesetz für alle Kantone der Schweiz.

1. Strafrechtliche Sanktionen

Das verfassungsrechtliche Verbot der Leihmutterschaft wird von Art. 4 FMedG[1] aufgegriffen und in Art. 2 k FMedG konkretisiert. Eine Leihmutterschaft liegt vor, wenn eine Frau durch moderne Fortpflanzungsverfahren ein Kind empfängt und dieses nach der Geburt den Wunscheltern überlässt.[2] Einem Arzt, der diesem Verbot zuwiderhandelt und ein Fortpflanzungsverfahren bei einer Leihmutter durchführt droht, ebenso wie einem Leihmutterschaftsvermittler bis zu drei Jahren Freiheitsentzug.[3] Die Strafbarkeit der Wunscheltern ist nicht

---

* Herzlich gedankt sei Herrn Prof. Dr. *Marc-Philippe Weller* und Herrn *Roman Wolf*.

[1] Art. 4 FMedG: „Die Ei- und Embryonenspende sowie die Leihmutterschaft sind unzulässig."

[2] Art. 2 k FMedG: „In diesem Gesetz bedeuten: [...] (k) Leihmutter: eine Frau, die bereit ist, durch ein Fortpflanzungsverfahren ein Kind zu empfangen, es auszutragen und nach der Geburt Dritten auf Dauer zu überlassen [...]"

[3] Art. 31 FMedG: „(1) Wer bei einer Leihmutter ein Fortpflanzungsverfahren anwendet,

eindeutig geregelt; sie machen sich möglicherweise nach den allgemeinen Regeln des Strafgesetzbuchs je nach Beteiligungsform als Anstifter oder Teilnehmer strafbar.[4]

2. *Zivilrechtliche Wirksamkeit des Leihmutterschaftsvertrags*

Auch das Zivilrecht spiegelt das verfassungsrechtliche Leihmutterschaftsverbot. Wenn der Vertrag aufgrund des Verbots widerrechtlich ist, hätte das zur Folge, dass der Vertrag nach Art. 20 Abs. 1 Obligationenrecht (OR)[5] nichtig wäre. Widerrechtlich im Sinne des Art. 20 OR ist ein Vertragsinhalt dann, wenn er einer zwingenden objektiven, privat- oder öffentlich-rechtlichen Norm des schweizerischen Rechts widerspricht.[6] Art. 4 FMedG sowie Art. 119 Abs. 2 d BV stellen klar, dass die Leihmutterschaft in der Schweiz unzulässig ist, womit der Inhalt eines Vertrag zwischen den Wunscheltern und der Leihmutter ebenso wie ein Leihmutterschafts-Vermittlungsvertrag widerrechtlich und damit gemäß Art. 20 OR nichtig ist.[7]

Trotz Nichtigkeitssanktion der Verträge könnte jedoch die elternrechtliche Stellung der Wunscheltern anerkannt werden. Ein Kindesverhältnis entsteht nach Art. 252 A I Schweizer Zivilgesetzbuch (ZGB)[8] zwischen dem Kind und der Mutter mit der Geburt. Außerdem kann die Mutterschaft im Vergleich zur Vaterschaft weder angefochten noch anerkannt werden.[9] Die Mutterschaft kann damit in der Schweiz grundsätzlich nur aufgrund der Geburt begründet werden. Das hat zur Folge, dass die Wunschmutter nicht die rechtliche Mutter ist.

II. Die Anerkennung ausländischer Leihmutterschaftsfälle

1. *Gesetzliche Regelungen*

Innerhalb der schweizerischen Landesgrenzen kann keine Leihmutterschaft durchgeführt werden. Doch auch schweizerische Bürger bedienen sich einer Leihmutter im Ausland und reisen dann mit den von einer Leihmutter ausgetra-

---

wird mit Gefängnis oder mit Busse bestraft. (2) Ebenso wird bestraft, wer Leihmutterschaften vermittelt." Zur Strafandrohung siehe Art. 333 Abs. 2 a Schweizerisches Strafgesetzbuch, welcher die Übergangsregelungen bestimmt, da das FMedG noch nicht mit den neuen Begriffen harmonisiert ist, welche seit der Überarbeitung des Strafgesetzbuchs von 2007 gelten.

[4] *Bertschi*, Leihmutterschaft, 2014, S. 25.

[5] Art. 20 Abs. 1 OR: „(1) Ein Vertrag, der einen unmöglichen oder widerrechtlichen Inhalt hat oder gegen die guten Sitten verstösst, ist nichtig."

[6] Bundesgericht, Urteil vom 4. Juni 1991, BGE 117 II 287; Basler Kommentar-*Huguenin*, 3. Auflage, Art. 20 OR, Rn. 15.

[7] *Bertschi*, Leihmutterschaft, 2014, S. 29.

[8] Art. 252 A I ZGB: „Das Kindesverhältnis entsteht zwischen dem Kind und der Mutter mit der Geburt."

[9] Eine Anerkennung gem. Artt. 260 ff. oder eine Anfechtung nach Artt. 256 ff. ZGB wie sie für die Vaterschaft vorgesehen sind, existieren für die Mutterschaft nicht.

genen Kindern in die Schweiz ein. Unklar ist in diesen Fällen, ob das verfassungsrechtliche Verbot der Leihmutterschaft extraterritorial wirkt. Eine Wirkung des Verbots über die Landesgrenze hinweg hätte zur Folge, dass die schweizerischen Behörden die mit dem Kind nicht genetisch verwandten Wunscheltern nicht anerkennen würden. Sind beide Wunschelternteile nicht mit dem Kind genetisch verwandt, erhält das Kind ohne die Anerkennung der Elternschaft durch schweizerische Behörden auch nicht das schweizerische Bürgerrecht (Staatsangehörigkeit).[10]

Regelmäßig wird die Elternschaft bereits im Ausland nach dortigem Recht per Gerichtsurteil auf die Wunscheltern übertragen.[11] Die Kernfrage ist folglich, ob dieses Urteil in der Schweiz anerkannt wird. Sofern keine speziellen Staatsverträge einschlägig sind[12], richtet sich die Frage der Anerkennung des im Ausland begründeten Kindesverhältnisses zu den Wunscheltern nach dem Bundesgesetz über das Internationale Privatrecht (IPRG).[13] Nach Art. 25 IPRG wird eine ausländische Entscheidung grundsätzlich anerkannt, wenn die internationale Zuständigkeit für diese Entscheidung gegeben war, diese endgültig ist, folglich alle Rechtsmittel erschöpft sind, und kein Verweigerungsgrund nach Art. 27 IPRG vorliegt.[14] In Bezug auf die Leihmutterschaft ist insbesondere der Verweis auf den Verweigerungsgrund des Art. 27 Abs. 1 IPRG, den *ordre public*-Vorbehalt bei der Anerkennung und Vollstreckung von ausländischen Entscheidungen, relevant.[15]

Gegen den *ordre public* des Art. 27 Abs. 1 IPRG wird nach Auffassung des Bundesgerichts dann verstoßen, wenn „sonst das einheimische Rechtsgefühl in unerträglicher Weise verletzt würde“[16], wenn „grundlegende Vorschriften der

---

[10] Das schweizerische Bürgerrecht folgt im Grundsatz dem ius sanguinis-Prinzip, siehe Art. 1 Bürgerrechtsgesetz: „Schweizer Bürgerin oder Bürger ist von Geburt an: (a) das Kind, dessen Eltern miteinander verheiratet sind und dessen Vater oder Mutter Schweizer Bürgerin oder Bürger ist; (b) das Kind einer Schweizer Bürgerin, die mit dem Vater nicht verheiratet ist.“.

[11] Beispielsweise in Kalifornien, siehe dazu in diesem Band *Engelhardt,* Die Leihmutterschaft im US-amerikanischen Recht am Beispiel von Kalifornien und New Hampshire.

[12] „Zurzeit besteht kein internationales Übereinkommen betreffend die Leihmutterschaft“, so *Büchler/Maranta*, Leihmutterschaft im internationalen Verhältnis: Der aktuelle Stand in der Schweiz, FamPra.ch 2015, S. 354, S. 357.

[13] Bundesgericht, Urteil vom 21. Mai 2015, BGE 141 III 312, E. 3; *Büchler/Maranta*, Leihmutterschaft im internationalen Verhältnis: Der aktuelle Stand in der Schweiz, FamPra.ch 2015, S. 354, S. 357; *Büchler/Bertschi*, Gewünschtes Kind, geliehene Mutter, zurückgewiesene Eltern?, FamPra.ch 2013, S. 33, S. 42; *Turolla*, Die Anerkennung ausländischer Kindesverhältnisse in Leihmutterschaftsfällen, SJZ 2016, S. 393, S. 394.

[14] Art. 25 IPRG: „Eine ausländische Entscheidung wird in der Schweiz anerkannt: (a) wenn die Zuständigkeit der Gerichte oder Behörden des Staates, in dem die Entscheidung ergangen ist, begründet war; (b) wenn gegen die Entscheidung kein ordentliches Rechtsmittel mehr geltend gemacht werden kann oder wenn sie endgültig ist, und (c) wenn kein Verweigerungsgrund im Sinne von Artikel 27 vorliegt.“

[15] Art. 27 Abs. 1 IPRG: „Eine im Ausland ergangene Entscheidung wird in der Schweiz nicht anerkannt, wenn die Anerkennung mit dem schweizerischen Ordre public offensichtlich unvereinbar wäre.“

[16] Bundesgericht, Urteil vom 1. Februar 1938, BGE 64 II 88 E. 5.

schweizerischen Rechtsordnung missachtet“[17] werden oder wenn der Entscheid im Ergebnis mit der schweizerischen Rechts- oder Werteordnung schlechthin unvereinbar erscheint[18].[19] Um hinkende Rechtsverhältnisse zu vermeiden, soll grundsätzlich eine ausländische Entscheidung anerkannt werden.[20] Der *ordre public*-Vorbehalt im Rahmen des Art. 27 IPRG ist folglich sehr restriktiv auszulegen.[21]

2. *Gerichtlicher Umgang mit ausländischen Leihmutterschaftsfällen*

In Bezug auf die Anerkennung ausländischer Leihmutterschaften hat das schweizerische Bundesgericht zwei relevante Urteile im Jahr 2015 gefällt.

a) Das Urteil des Bundesgerichts vom 21. Mai 2015, BGE 141 III 312[22]

Im zeitlich ersten Urteil des schweizerischen Bundesgerichts ging es um ein in Kalifornien, USA, geborenes Kind. Die beiden männlichen Wunscheltern haben die schweizerische Staatsbürgerschaft. Sie leben in eingetragener Lebenspartnerschaft. Mit der in Kalifornien wohnhaften Leihmutter wurde ein Leihmutterschaftsvertrag geschlossen. Einer der beiden Wunschelternteile ist der genetische Vater des Kindes, die Eizelle stammt von einer anonymen Spenderin. Die Elternschaft der Leihmutter und ihres Ehemanns wurde durch Urteil eines kalifornischen Gerichts schon vor Geburt des Kindes auf die Wunscheltern übertragen.

Nach der Geburt des Kindes kehrten die Wunscheltern mit dem Kind in die Schweiz zurück und verlangten auf Grundlage der kalifornischen Geburtsurkunde, welche die Wunscheltern als Eltern ausweist, Eintragung ihres Kindes in das Personenstandsregister. Dies lehnten die schweizerische Behörden ab, woraufhin die Klage bis zum schweizerischen Bundesgericht ging. Strittig ist nur die Elternstellung des Wunschvaters, der nicht mit dem Kind genetisch verwandt ist. Die Vaterschaftsstellung von dem genetisch verwandten Vater hatten die schweizerischen Behörden eingetragen.

Nach Art. 70 IPRG[23] werden ausländische Urteile bezüglich Kinderverhältnisse dann anerkannt, wenn sie im Heimatstaat des Kindes ergangen sind. Das

---

[17] Bundesgericht, Urteil vom 17. Mai 1950, BGE 76 I 121 E. 3.

[18] Bundesgericht, Urteil vom 3. März 1993, BGE 119 II 264 E. 3b.

[19] Zum *ordre public*-Vorbehalt des Art. 27 IPRG insgesamt: *Turolla*, Die Anerkennung ausländischer Kindesverhältnisse in Leihmutterschaftsfällen, SJZ 2016, S. 393, S. 395.

[20] Basler Kommentar-*Däppen/Mabillard*, Art. 27 IPRG, Rn. 5; *Turolla*, Die Anerkennung ausländischer Kindesverhältnisse in Leihmutterschaftsfällen, SJZ 2016, S. 393, S. 395.

[21] Basler Kommentar-*Däppen/Mabillard*, Art. 27 IPRG, Rn. 5 f.

[22] Dieses Urteil hat besprochen *Thomale*, Anerkennung kalifornischer Leihmutterschaftsdekrete in der Schweiz, IPRax 2016, 177 ff.

[23] Art. 70 IPRG: „Ausländische Entscheidungen betreffend die Feststellung oder Anfechtung des Kindesverhältnisses werden in der Schweiz anerkannt, wenn sie im Staat des gewöhnlichen Aufenthaltes des Kindes, in dessen Heimatstaat oder im Wohnsitz- oder im Heimatstaat der Mutter oder des Vaters ergangen sind.“

Kind hat aufgrund seiner Geburt in den USA die amerikanische Staatsbürgerschaft.[24] Folglich wird die kalifornische Gerichtsentscheidung, die die Elternschaft auf die Wunscheltern überträgt, grundsätzlich im Rahmen des Art. 70 IPRG anerkannt. Gegen eine solche Anerkennung könnte der *ordre public*-Vorbehalt des Art. 27 IPRG sprechen. Dazu führt das Gericht in genereller Hinsicht aus, dass der *ordre public*-Vorbehalt zur Vermeidung hinkender Rechtsverhältnisse „umso mehr die Ausnahme bleiben [wird], je loser die Beziehungen zur Schweiz sind und je länger der Zeitraum zwischen der Ausfertigung der Urkunde und dem Entscheid und der Prüfung [in der Schweiz] ist".[25]

Im konkreten Fall bejaht das schweizerische Bundesgericht einen Verstoß gegen den *ordre public*. Das damit extraterritorial wirkende Verbot der Leihmutterschaft diene dem Schutz des Kindes vor einer Degradierung als Ware und dem Schutz der Leihmutter vor Instrumentalisierung. Die Leihmutter solle nicht in den Konflikt kommen, sich zwischen dem Kind und der Erfüllung des Vertrags entscheiden zu müssen. Die Tatsache, dass es sich bei den Wunscheltern um ein homosexuelles Paar handelt, spielt nach den Ausführungen des Gerichts keine Rolle.[26] Für die Entscheidung des *ordre public*-Verstoßes sei es irrelevant, ob für hinreichende Versorgungsstandards der Leihmutter während der Schwangerschaft gesorgt wurde.[27] Die Leihmutterschaft als solche sieht das Gericht nicht mit den grundlegenden Vorschriften der schweizerischen Rechtsordnung im Einklang.

Der Verstoß gegen den *ordre public* wird vom Gericht außerdem mit dem Vorwurf der Rechtsumgehung begründet.[28] Die Wunscheltern haben sich dem amerikanischen Recht nur unterworfen, um das schweizerische Verbot der Leihmutterschaft zu umgehen. Außer der Staatsangehörigkeit des Kindes, der Leihmutterschaft und dem Geburtsort gibt es keinerlei Verbindungspunkt zu den USA: Die Wunscheltern sind beide schweizerische Staatsbürger mit Wohnsitz in der Schweiz. Die fehlende Verbindung zum kalifornischen Recht lässt auf eine bewusste Gesetzesumgehung schließen. Einen stärkeren Bezug zu Kalifornien weisen die Wunscheltern nicht auf. Würde man die Rechtsumgehung der Wunscheltern durch Anerkennung des kalifornischen Gerichtsurteils nachträglich für gültig erklären, wäre „der Schutz des Kindes davor, zur Ware degradiert zu werden, die man bei Dritten bestellen kann, aber auch der Schutz der Leihmutter vor der Kommerzialisierung ihres Körpers, bedeutungslos".[29] Zwar erkennt das Gericht an, dass eine Nichtanerkennung zu hinkenden Rechtsverhältnissen und damit möglicherweise zu Identitätsproblemen des Kindes führen

---

[24] Siehe dazu in diesem Band *Engelhardt,* Die Leihmutterschaft im US-amerikanischen Recht am Beispiel von Kalifornien und New Hampshire.

[25] Bundesgericht, Urteil vom 21. Mai 2015, BGE 141 III 312, E. 4.1.

[26] Bundesgericht, Urteil vom 21. Mai 2015, BGE 141 III 312, E. 4.2.

[27] Bundesgericht, Urteil vom 21. Mai 2015, BGE 141 III 312, E. 5.4.3.

[28] Bundesgericht, Urteil vom 21. Mai 2015, BGE 141 III 312, E. 5.3.3.

[29] Bundesgericht, Urteil vom 21. Mai 2015, BGE 141 III 312, E. 5.3.

kann.[30] Jedoch sieht es die größere Gefährdung des Kindeswohls in der grundsätzlichen Anerkennung der ausländischen Urteile hinsichtlich der Übertragung der Elternschaft. Es würde den Fortpflanzungstourismus fördern, was gegen das Kindeswohl spräche, und die Eignung der Wunscheltern würde ebenfalls von keiner Stelle überprüft werden.[31]

Der nicht genetisch verwandte Wunschvater ist damit nicht der rechtliche Vater des Leihmutterschaftskindes. Er kann das Kind auch nicht adoptieren, da gem. Art. 28 Partnerschaftsgesetz eingetragene Lebenspartner nicht zur Adoption zugelassen sind. Art. 27 Partnerschaftsgesetz verleiht dem Lebenspartner jedoch gewisse Betreuungsrechte und -pflichten.[32] Die kalifornische Leihmutter wird nicht ersatzweise als zweites Elternteil eingetragen. Eingetragen wird nur der genetische Vater. Dem nicht genetisch verwandten Wunschvater kommen elterliche Rechte und Pflichten nur über Art. 27 Partnerschaftsgesetz zu.

b) Das Urteil des Bundesgerichts vom 14. September 2015, BGE 141 III 328

Das schweizerische Bundesgericht hatte wenig später einen ähnlich gelagerten Fall zu entscheiden. Ein schweizerisches Ehepaar engagierte in Kalifornien eine Leihmutter, die Zwillinge austrug. Die genetischen Eltern der Kinder sind anonyme Samen- und Eizellenspender. Auch in diesem Fall wurde die Elternschaft auf Grundlage eines kalifornischen Urteils schon vor der Geburt auf das schweizerische Ehepaar übertragen. Nach der Einreise der Kinder beantragte das Ehepaar die Eintragung der Kinder in das schweizerische Personenstandsregister. Da die Wunschmutter bereits über 50 Jahre alt war und sich zum Zeitpunkt der Geburt nicht in den USA aufgehalten hatte, untersuchten die schweizerischen Behörden die Umstände und verweigerten die Eintragung.

Das Gericht führte die Rechtsprechung der Entscheidung vom 21. Mai 2015, BGE 141 III 312, konsequent fort. Es statuiert die Leihmutterschaft als *ordre public*-widrig und betont dabei, dass selbst Kindeswohlgründe nicht automatisch zu einer Anerkennung führen. Denn das Wohl des Kindes müsse konkret im Einzelfall geprüft werden. Gerade in Fällen automatischer Anerkennung von ausländischen Leihmutterschaften sei das Kindeswohl gefährdet. Müssten die Behörden die Situation generell als „fait accompli" akzeptieren, würde das zu einer Förderung des Fortpflanzungstourismus führen.

Deshalb werden die Wunscheltern zunächst nicht als rechtliche Eltern akzeptiert. Das Gericht hebt die Nähe zur Adoption hervor, da keine biologische oder genetische Verbindung der Wunscheltern zu den Kindern besteht. Das kalifor-

---

[30] Bundesgericht, Urteil vom 21. Mai 2015, BGE 141 III 312, E. 6.4.3.

[31] Die Gefährdung des Kindeswohl wurde im späteren Urteil vom 14. September 2015, BGE 141 III 328, E. 6.6 und 6.7 konkretisiert.

[32] Art. 27 I Partnerschaftsgesetz: „Hat eine Person Kinder, so steht ihre Partnerin oder ihr Partner ihr in der Erfüllung der Unterhaltspflicht und in der Ausübung der elterlichen Sorge in angemessener Weise bei und vertritt sie, wenn die Umstände es erfordern. Elternrechte bleiben jedoch in allen Fällen gewahrt."

nische Urteil kommt nach Auffassung des Gerichts jedoch keinem Adoptionsurteil gleich. Deshalb muss ein inländisches Adoptionsverfahren noch durchlaufen werden. Der Aufenthalt der Zwillinge, die ja durch die Nichtanerkennung keine schweizerischen Staatsbürger sind, ist jedoch laut Gericht nicht gefährdet. Im zweiten Urteil hat das Gericht sein erstes bestätigt: Die Übertragung der Elternschaft von ausländischen Gerichten bei Leihmutterschaftskindern wird in der Schweiz nicht anerkannt.

III. Reform der Gesetzeslage?

Im Jahr 2014 gab es eine Parlamentarische Initiative, welche die Lockerung und Änderung des Verbots hinsichtlich der Leihmutterschaft forderte. Der Bundesrat lehnte es allerdings ab, die Möglichkeit der Lockerung des Leihmutterschaftsverbots zu prüfen.[33] Das schweizerische Parlament beschäftigte sich demnach nicht weiter mit der Frage der Lockerung des Leihmutterschaftsverbots. 2016 erfolgte eine Überarbeitung des FMedG, welches jedoch das Verbot der Leihmutterschaft unberührt lässt[34], was zeigt, dass an diesem Verbot aus gesetzgeberischer Sicht festgehalten wird.

IV. Zusammenfassung in Thesenform

1. Wird eine Leihmutterschaft in der Schweiz durchgeführt, machen sich jedenfalls die behandelnden Ärzte sowie die Vermittler strafbar. Die der Leihmutterschaft zugrunde liegenden Verträge sind gemäß Art. 20 OR nichtig. Die Wunschmutter ist nicht die rechtliche Mutter des Kindes. Der Wunschvater ist nur dann rechtlicher Vater, wenn er mit dem Kind genetisch verwandt ist.
2. Ausländische Gerichtsurteile, die die Elternschaft einer Leihmutter auf die Wunscheltern übertragen, müssen sich an dem *ordre public*-Vorbehalt des Art. 27 IPRG messen lassen.
3. Dieser Vorbehalt ist aufgrund der grundsätzlichen Anerkennung ausländischer Entscheidungen restriktiv auszulegen.
4. Die Anerkennung eines ausländischen Gerichtsurteils, welches die Elternschaft einer Leihmutter auf die Wunscheltern überträgt, missachtet die grundlegenden Vorschriften der schweizerischen Rechtsordnung. Damit scheitert eine Anerkennung am *ordre public*-Vorbehalt des Art. 27 IPRG.
5. Nach der Schweizerischen Rechtsprechung wäre das Kindeswohl gerade dann gefährdet, wenn man das ausländische Gerichtsurteil anerkennen wür-

[33] Bundesgericht, Urteil vom 21. Mai 2015, BGE 141 III 312, E. 4.2.3.

[34] www.bag.admin.ch/themen/medizin/03878/06152/ vom 17. 10. 2016; die Überarbeitung betrifft die Legalisierung der Präimplantationsdiagnostik.

de, denn diese Anerkennung fördere den Fortpflanzungstourismus. Das Kind müsse vor einer Degradierung als Ware geschützt werden.

6. Der Schutz der Leihmutter vor Instrumentalisierung fordert die Nichtanerkennung eines solchen Gerichtsurteils.
7. Zudem wird der Verstoß gegen den *ordre public* mit der Rechtsumgehung durch die Wunscheltern begründet. In beiden Fällen fehlen enge Verbindungen zu dem gewählten Recht, weshalb eine bewusste Umgehung des gesetzlichen Verbots vom Bundesgericht angenommen wurde.
8. Wunscheltern, die eine Leihmutter im Ausland beauftragt haben, erlangen in der Schweiz nicht die Stellung rechtlicher Eltern.

Die Leihmutterschaft im französischen Recht

*Anna Lina Gummersbach**

Das Thema Leihmutterschaft ist in Frankreich nicht unbekannt. Bereits im Jahre 1991 befasste sich der oberste Gerichtshof der ordentlichen Gerichtsbarkeit, der Kassationshof *(„Cour de cassation")* mit ihren abstammungsrechtlichen Implikationen. Anlässlich der Präsidentschaftswahl im Jahr 2017 entspann sich erneut eine lebhafte Diskussion um das Für und Wider der Reproduktionstechnik. Neben den Verfechtern des Verbotes der *gestation pour autrui*, das nun immerhin seit 23 Jahren besteht, treten zunehmend auch Vertreter liberaler Positionen in den Vordergrund, die dem „Tabu-Thema"[1] erneut einen Raum zur Diskussion eröffnen möchten und eine Neuregelung befürworten.[2] In diesem Zusammenhang von Bedeutung ist auch eine Entscheidung des Kassationshofs aus dem Jahr 2017.[3]

Der vorliegende Beitrag geht zum besseren Verständnis der aktuellen Reformdebatte zunächst auf die bestehende Rechtslage ein (I.) und stellt insbesondere den Umgang mit grenzüberschreitenden Leihmutterschaften dar (II.). Schließlich werden Gesetzesvorhaben, Reformtendenzen und Regelungsansätze (III.) näher beleuchtet.

I. Lex lata: Unzulässigkeit der Leihmutterschaft

1. Zivilrechtliche Regelungen

a) Abstammung und Staatsangehörigkeit im französischen Zivilrecht

Die Abstammung richtet sich im französischen Zivilrecht nach dem persönlichen Recht *(„loi personnelle")* der Mutter am Tag der Geburt des Kindes,

---

* Herzlicher Dank gilt Herrn *Prof. Dr. Marc-Philipe Weller*, sowie Frau *Frederike Heitmann* und Herrn *Anton Zimmermann* für die kritische Lektüre des Manuskripts.

[1] *Dupont*, La gestation pour autrui, un marché mondial, www.lemonde.fr/idees/article/2016/11/24/la-gestation-pour-autrui-se-joue-des-frontieres_5037184_3232.html (Stand: 28.11.2016).

[2] Vgl. *Clavel*, Cécile Duflot veut „ouvrir le débat" sur la GPA en 2017, www.huffingtonpost.fr/2016/10/13/cecile-duflot-veut-ouvrir-le-debat-sur-la-gpa-en-2017/ (Stand: 05.11.2016).

[3] Siehe II., 3. Ausgewählte Entscheidungen zu internationalen Leihmutterschaften.

Art. 311-14 Code civil[4]. Auf Sachrechtsebene ordnet Art. 311-25 Code civil an, dass Mutter eines Kindes die gebärende Frau ist.[5] Es gilt demnach für die mütterliche Abstammung, wie auch im deutschen Zivilrecht,[6] der Grundsatz *mater semper certa est*. In den Fällen einer Leihmutterschaft ist danach die Leihmutter die rechtliche Mutter.[7] Als Vater gilt nach Art. 312 Code civil[8] der Ehemann der Mutter, wenn das Kind während der Ehe gezeugt oder geboren wurde.

Die soeben skizzierten gesetzlichen Vorschriften bilden den praktisch wichtigsten Fall der Abstammungszuweisung. Daneben kann die Elternschaft gem. Art. 310-1 Abs. 1 Code civil[9] kraft freiwilliger Anerkennung (Artt. 329[10], 316[11] und 320[12] Code civil)[13] oder kraft notarieller Feststellung auf Grundlage des Familienstandes *(„possession d'état")*[14] (Art. 311-3 Code civil)[15] begründet werden.

Eine einmal bestehende rechtliche Verwandtschaftsbeziehung kann nur noch gerichtlich angefochten werden, Art. 320 Code civil[16]. Wer eine mütterliche Ab-

---

[4] Art. 311-14 Code civil: „La filiation est régie par la loi personnelle de la mère au jour de la naissance de l'enfant; si la mère n'est pas connue, par la loi personnelle de l'enfant."

[5] Art. 311-25 Code civil: „La filiation est établie, à l'égard de la mère, par la désignation de celle-ci dans l'acte de naissance de l'enfant."

[6] *Thomale*, Mietmutterschaft, 2015, S. 1.

[7] *Monéger*, France, in: Gestation pour autrui: Surrogate motherhood, XVIII Congrès, Washington D. C., 25.-31. Juli 2010, hrsg. v.: *dies.*, Collection Colloques Vol. 14, Paris 2011, S. 157, 163.

[8] Art. 312 Code civil: „L'enfant conçu ou né pendant le mariage a pour père le mari."

[9] Art. 310-1 Abs. 1 Code civil: „La filiation est légalement établie (...) par l'effet de la loi, par la reconnaissance volontaire ou par la possession d'état constatée par un acte de notoriété."

[10] Art. 329 Code civil: „Lorsque la présomption de paternité a été écartée en application de l'article 313, chacun des époux peut demander, durant la minorité de l'enfant, que ses effets soient rétablis en prouvant que le mari est le père. L'action est ouverte à l'enfant pendant les dix années qui suivent sa majorité."

[11] Art. 316 Code civil: „(1) Lorsque la filiation n'est pas établie dans les conditions prévues à la section I du présent chapitre, elle peut l'être par une reconnaissance de paternité ou de maternité, faite avant ou après la naissance. (2) La reconnaissance n'établit la filiation qu'à l'égard de son auteur. (3) Elle est faite dans l'acte de naissance, par acte reçu par l'officier de l'état civil ou par tout autre acte authentique. (4) L'acte comporte les énonciations prévues à l'article 62 et la mention que l'auteur de la reconnaissance a été informé du caractère divisible du lien de filiation ainsi établi."

[12] Art. 320 Code civil: „Tant qu'elle n'a pas été contestée en justice, la filiation légalement établie fait obstacle à l'établissement d'une autre filiation qui la contredirait."

[13] Rieck/*Eber-Arampatsi*, Ausländisches Familienrecht, 15. EL März 2017, Frankreich, Rn. 35.

[14] Der Familienstand basiert auf Tatsachen, die in Art. 311-1 Code civil aufgelistet sind, wie z. B. der Nachname des Kindes und die Behandlung des Kindes als eigenes, so: Rieck/*Eber-Arampatsi*, Ausländisches Familienrecht, 15. EL März 2017, Frankreich, Rn. 35.

[15] Art. 311-3 Code civil: „(1) Les parents ou l'enfant peuvent demander au juge des tutelles que leur soit délivré, dans les conditions prévues aux articles 71 et 72 du présent code, un acte de notoriété faisant foi de la possession d'état jusqu'à preuve contraire; (2) Sans préjudice de tous autres moyens de preuve auxquels ils pourraient recourir pour en établir l'existence en justice, si elle venait à être contestée. (3) Le lien de filiation établi par la possession d'état constatée dans l'acte de notoriété est mentionné en marge de l'acte de naissance de l'enfant."

[16] Siehe Fn. 12.

stammung anficht, muss nach Art. 332 Abs. 1 Code civil[17] den Beweis erbringen, dass die vermeintliche Mutter das Kind nicht entbunden hat. Wer eine väterliche Abstammung anficht, muss beweisen, dass der Ehemann der Mutter nicht der biologische Vater ist, Art. 332 Abs. 2 Code civil. Auch die Staatsanwaltschaft kann die Abstammung anfechten, sofern Indizien diese unglaubhaft erscheinen lassen oder ein Betrug vorliegt, Art. 336 Code civil[18]. Der Begriff des Betrugsfalls erfasst auch die Verletzung des Verbots der Leihmutterschaft.[19] In einigen Fällen, in denen französische Paare ihr Wunschkind im Ausland von einer Leihmutter austragen ließen, kam es zu solch einer Anfechtung der im Ausland festgestellten Abstammungsverhältnisse durch die französischen Behörden.[20]

Das Kind erhält mit seiner Geburt (Art. 20 Code civil)[21] die französische Staatsangehörigkeit, sofern zumindest eines seiner Elternteile französischer Staatsbürger ist, Art. 18 Code civil[22].[23] Damit gilt, anders als z. B. in den USA,[24] das ius sanguinis. Ob das Kind im In- oder Ausland geboren wurde ist dafür unerheblich, Art. 18-1 Code civil[25].

b) Zivilrechtliche Regelung der Leihmutterschaft

Der französische Kassationshof sah in seiner ersten Leitentscheidung im Jahr 1991 in Empfängnis und Austragung eines Kindes durch eine Leihmutter einen Verstoß gegen das Prinzip der Unverfügbarkeit des menschlichen Körpers

---

[17] Art. 332 Code civil: „(1) La maternité peut être contestée en rapportant la preuve que la mère n'a pas accouché de l'enfant. (2) La paternité peut être contestée en rapportant la preuve que le mari ou l'auteur de la reconnaissance n'est pas le père."

[18] Art. 336 Code civil: „La filiation légalement établie peut être contestée par le ministère public si des indices tirés des actes eux-mêmes la rendent invraisemblable ou en cas de fraude à la loi."

[19] Justizministerium, Rundschreiben v. 30. Juni 2006, zum Erlass Nr. 2005-759 vom 4. Juli 2005, im offiziellen Mitteilungsblatt des Justizministeriums Nr. 103, 1. Abschnitt, III, 3.1.1, c.; *Soulard*, Bericht zu den Kass., Plen., Urt. v. 3. Juli 2015, Nr. 619 (14-21.323) und Nr. 620 (15-50.002), S. 11.

[20] Siehe II., 3. Ausgewählte Entscheidungen zu internationalen Leihmutterschaften.

[21] Art. 20 Code civil: „(1) L'enfant qui est français en vertu des dispositions du présent chapitre est réputé avoir été français dès sa naissance, même si l'existence des conditions requises par la loi pour l'attribution de la nationalité française n'est établie que postérieurement. (2) La nationalité de l'enfant qui a fait l'objet d'une adoption plénière est déterminée selon les distinctions établies aux articles 18 et 18-1,19-1,19-3 et 19-4 ci-dessus. (3) Toutefois, l'établissement de la qualité de Français postérieurement à la naissance ne porte pas atteinte à la validité des actes antérieurement passés par l'intéressé ni aux droits antérieurement acquis à des tiers sur le fondement de la nationalité apparente de l'enfant."

[22] Art. 18 Code civil: „Est français l'enfant dont l'un des parents au moins est français."

[23] Rieck/*Eber-Arampatsi*, Ausländisches Familienrecht, 15. EL März 2017, Frankreich, Rn. 40.

[24] *Engelhardt*, Die Leihmutterschaft im US-amerikanischen Recht am Beispiel von Kalifornien und New Hampshire, in diesem Tagungsband, S. 133, 134.

[25] Art. 18-1 Code civil: „(1) Toutefois, si un seul des parents est français, l'enfant qui n'est pas né en France a la faculté de répudier la qualité de Français dans les six mois précédant sa majorité et dans les douze mois la suivant. (2) Cette faculté se perd si le parent étranger ou apatride acquiert la nationalité française durant la minorité de l'enfant."

(*„principe de l'indisponibilité du corps humain"*) und gegen das Prinzip der Unverfügbarkeit des Personenstandes (*„principe de l'indisponibilité de l'état des personnes"*).[26] Als Reaktion auf diese Leitentscheidung wurden im Jahr 1994 im Zuge der Bioethikgesetze Artt. 16-7 und 16-9 in den Code civil eingefügt.[27] Nach Art. 16-7 Code civil[28] sind alle Übereinkünfte, die in Verbindung mit der Durchführung einer Leihmutterschaft stehen, nichtig und verstoßen laut Art. 16-9 Code civil[29] gegen den ordre public. Die Nichtigkeit nach Artikel 16-7 Code civil betrifft sowohl jedwede Verträge zwischen Wunscheltern und Leihmutter, als auch diejenigen zwischen der Mittleragentur und den genannten Parteien.[30] Ferner haben die Aktivitäten eines Vereins keine rechtliche Wirkung, sofern der Verein zum Ziel hat, Leihmütter zu akquirieren und mit Wunscheltern in Kontakt zu bringen.[31]

Das Prinzip der Unverfügbarkeit des menschlichen Körpers wurde im Zuge der gleichen Gesetze in Art. 16-1 Code civil[32] normiert, wonach jeder das Recht auf körperliche Unversehrtheit hat, der menschliche Körper unverletzlich ist und nicht Objekt vermögensrechtlicher Ansprüche sein kann. Verstärkt wird dieses Prinzip noch durch Art. 16-5 Code civil[33]: Alle Vereinbarungen sind nichtig, die dem menschlichen Körper, seinen Teilen oder seinen Produkten Vermögenswert verleihen. Demnach steht weder der Körper der Leihmutter noch der des Kindes zur Disposition privatautonomen Handelns.[34] Das Prinzip der Unverfügbarkeit des Personenstandes besagt, dass private Übereinkünfte zum Personenstand keine rechtlichen Auswirkungen haben.[35] Die durch Leihmutterschaftsvertrag vereinbarten Abstammungsverhältnisse von Wunscheltern zum Kind können demnach das französische Abstammungsrecht nicht umgehen.[36] Die Leihmutter hat das Kind auf die Welt gebracht, also ist sie nach französischem Recht (Art. 311-25 Code civil) auch seine Mutter, ungeachtet des im Vertrag Vereinbarten.

---

[26] Kassationshof (Kass.), Plenarversammlung (Plen.), Urt. v. 31. Mai 1991, Nr. 90-20105.

[27] Gesetz v. 29. Juli 1994, Nr. 94-653.

[28] Art. 16-7 Code civil: „Toute convention portant sur la procréation ou la gestation pour le compte d'autrui est nulle."

[29] Art. 16-9 Code civil: „Les dispositions du présent chapitre sont d'ordre public."

[30] *Monéger* (Fn. 7), S. 164.

[31] *Monéger* (Fn. 7), S. 164.

[32] Art. 16-1 Code civil: „(1) Chacun a droit au respect de son corps. (2) Le corps humain est inviolable. (3) Le corps humain, ses éléments et ses produits ne peuvent faire l'objet d'un droit patrimonial."

[33] Art. 16-5 Code civil: „Les conventions ayant pour effet de conférer une valeur patrimoniale au corps humain, à ses éléments ou à ses produits sont nulles."

[34] *Perreau-Saussine/Sauvage*, France, in: International Surrogacy Arragements, Legal Regulation at the International Level, hrsg. v.: Trimmings, Katarina / Beaumont, Paul, Oxford und Portland, Oregon 2013, Kapitel 7, S. 119, 120.

[35] *Perreau-Saussine/Sauvage* (Fn. 34), S. 120.

[36] *Perreau-Saussine/Sauvage* (Fn. 34), S. 121.

2. *Strafrechtliche Regelungen*

Bereits im Jahr 1988 stellte der Staatsrat, dem zugleich die Funktion als oberstes Verwaltungsgericht und Berater der Regierung in Rechtssachen zukommt,[37] fest, dass die Vereinigung *„Les Cigognes"*, die über Leihmutterschaften informierte, sie unterstützte und durchführte, gegen das Strafrecht verstieß.[38] In seiner Entscheidung berief er sich auf den früheren Art. 353-1-2 °Code pénal[39], nachdem derjenige bestraft werden soll, der zukünftige Eltern zur Abgabe ihres Kindes bei Geburt vertraglich verpflichtet, einen solchen Vertrag anwendet oder es zumindest versucht.[40] Im Gegensatz zum Zivilrecht gibt es allerdings bis heute keine ausdrückliche Strafandrohung für Leihmutterschaftsbeteiligte. Vielmehr werden entsprechende Sachverhalte unter Art. 227-13 Code pénal[41] subsumiert, der Verschleierungen oder Vorspiegelungen, die den zivilrechtlichen Personenstand eines Kindes verändern, verbietet und mit strafrechtlichen Sanktionen von drei Jahren Freiheitsstrafe und 45.000 Euro Geldstrafe ahndet.[42] In den Leihmutterschaftsfällen spiegele die Wunschmutter vor, sie habe das Kind geboren und die Leihmutter verschleiere die Realität, weshalb beide nach Art. 227-13 Code pénal zu bestrafen seien.[43] Werden infolgedessen falsche Angaben in öffentlichen Dokumenten gemacht, liegt eine Straftat nach Art. 441-4 Abs. 1 Code pénal[44] vor, die mit 10 Jahren Freiheitsstrafe und einer Geldstrafe von 150.000 Euro bestraft wird.[45]

Aber nicht nur die direkt Beteiligten stehen im Fokus strafrechtlicher Sanktionen. Auch Mittler wie Ärzte, Kliniken oder Agenturen müssen im französischen Recht mit Strafen für ihre Beteiligung rechnen. Gemäß Art. 227-12 Abs. 3 Code pénal[46] wird derjenige mit einem Jahr Freiheitsstrafe und 15.000 Euro

---

[37] deutsch.conseil-etat.fr/ (Stand: 13. 10. 2017).

[38] Staatsrat, Entscheidung v. 22. Januar 1988, Nr. 80936.

[39] Art. 353-1-2 °Code pénal: „(Sera punie ...) Toute personne qui aura faire suscrire ou tenté de faire souscrire, par les futures parents ou l'un deux, un acte aux termes duquel ils s'engagent à abandonner l'enfant à naître, qui aura détenu un tel acte, en aura fait usage ou tenté d'en faire usage."

[40] Staatsrat, Entscheidung v. 22. Januar 1988, Nr. 80936.

[41] Art. 227-13 Code pénal: „(1) La substitution volontaire, la simulation ou dissimulation ayant entraîné une attente à l'état civil d'un enfant est punie de trois ans d'emprisonnement et de 45 000 euros d'amende. (2) La tentative est punie des mêmes peines."

[42] *Perreau-Saussine/Sauvage* (Fn. 34), S. 121; *Monéger* (Fn. 7), S. 164.

[43] *Perreau-Saussine/Sauvage* (Fn. 34), S. 121.

[44] Art. 441-4 Code pénal: „(1) Le faux commis dans une écriture publique ou authentique ou dans un enregistrement ordonné par l'autorité publique est puni de dix ans d'emprisonnement et de 150 000 euros d'amende. (2) L'usage du faux mentionné à l'alinéa qui précède est puni des mêmes peines. (3) Les peines sont portées à quinze ans de réclusion criminelle et à 225 000 euros d'amende lorsque le faux ou l'usage de faux est commis par une personne dépositaire de l'autorité publique ou chargée d'une mission de service public agissant dans l'exercice de ses fonctions ou de sa mission."

[45] *Monéger*, France, S. 164 f.

[46] Art. 227-12 Code pénal: „(1) Le fait de provoquer soit dans un but lucratif, soit par don, promesse, menace ou abus d'autorité, les parents ou l'un d'entre eux à abandonner un enfant né

Geldstrafe bestraft, der als Mittler zwischen einer Person oder einem Paar mit Kinderwunsch und einer Frau auftritt, die bereit ist, das Kind für dieses Paar auszutragen. Ferner verdoppelt sich gem. Satz 2 die Strafandrohung, sofern derjenige regelmäßig oder in Gewinnerzielungsabsicht agiert. Außerdem besteht im Einzelfall die Möglichkeit, dass sich Kliniken und Agenturen auch nach Artikel 227-13 Code pénal strafbar machen.[47]

Nach Art. 511-24 Code pénal[48] wird die Durchführung einer medizinisch unterstützten Fortpflanzung mit einer Freiheitsstrafe von fünf Jahren sowie einer Geldstrafe von 75.000 Euro bestraft, wenn sie nicht mit den Normen des Gesundheitsgesetzbuchs vereinbar ist. Art. 511-24 Code pénal verweist auf Art. L2141-2 Code de la santé publique, der zulässige medizinische Fortpflanzungsmethoden und Bedingungen für die Nutzung selbiger beschreibt. Nach Art. L2141-1 Code de la santé publique sind diese konform mit den fundamentalen Bioethikprinzipien der Artt. 16 bis 16-8 Code civil. Die Anwendung der In-vitro-Fertilisation bei einer Leihmutterschaft ist danach nicht zulässig und steht deshalb nach Art. 511-24 Code pénal unter Strafe.

Allerdings finden die Normen des Strafgesetzbuches für einen französischen Staatsbürger nur dann Anwendung, wenn die Straftat in Frankreich begangen wurde oder im Ausland begangen wurde und nach ausländischem Recht ebenfalls strafbar ist, Art. 113-6 Abs. 1 und 2 Code pénal[49]. Das bedeutet, dass die Beteiligten einer ausländischen Leihmutterschaft, bei der regelmäßig alle im Zusammenhang mit der Durchführung stehenden Handlungen im Ausland legal vollzogen werden, in Frankreich nicht bestraft werden können.[50]

---

ou à naître est puni de six mois d'emprisonnement et de 7 500 euros d'amende. (2) Le fait, dans un but lucratif, de s'entremettre entre une personne désireuse d'adopter un enfant et un parent désireux d'abandonner son enfant né ou à naître est puni d'un an d'emprisonnement et de 15 000 euros d'amende. (3) Est puni des peines prévues au deuxième alinéa le fait de s'entremettre entre une personne ou un couple désireux d'accueillir un enfant et une femme acceptant de porter en elle cet enfant en vue de le leur remettre. Lorsque ces faits ont été commis à titre habituel ou dans un but lucratif, les peines sont portées au double. (4) La tentative des infractions prévues par les deuxième et troisième alinéas du présent article est punie des mêmes peines."

[47] *Perreau-Saussine/Sauvage* (Fn. 34), S. 121.

[48] Art. 511-24 Code pénal: „Le fait de procéder à des activités d'assistance médicale à la procréation à des fins autres que celles définies l'article L2141-2 du code de la santé publique est puni de cinq ans d'emprisonnement et de 75 000 euros d'amende."

[49] Art. 113-6 Abs. 1 und 2 Code pénal: „(1) La loi pénal française est applicable à tout crime commis par un Français hors du territoire de la République. (2) Elle est applicable aux délits commis par des Français hors du territoire de la République si les faits sont punis par la législation du pays où ils ont été commis."

[50] *Soulard*, Bericht zu den Kass., Plen., Urt. v. 3. Juli 2015, Nr. 619 (14-21.323) und Nr. 620 (15-50.002), S. 14; Senat, Bericht v. 17. Februar 2016, Nr. 409 (2015-2016) von *Yves Détraigne* und *Catherine Tasca*, im Namen des Rechtsausschusses des Senats, S. 56.

II. Anerkennung ausländischer Leihmutterschaften

Die Leihmutterschaft ist wie gerade erläutert in Frankreich nicht legal durchführbar. Deshalb weichen viele Paare und Einzelpersonen auf Leihmütter und Agenturen im Ausland aus. Ist die Leihmutterschaft im Ausland durchgeführt worden, begehren die Wunscheltern regelmäßig die Eintragung ihres Abstammungsverhältnisses zum Kind im Inland und stehen dabei vor rechtlichen Problemen.

1. Abstammungsanerkennung

In grenzüberschreitenden Leihmutterschaftsfällen ist folgende Norm von zentraler Bedeutung für die Übertragung eines im Ausland festgestellten Personenstands, also auch die zivilrechtlichen Abstammungsverhältnisse: Art. 47 Code civil.[51] Eine Übertragung des Personenstandes ist nach Art. 47 Code civil ausgeschlossen, wenn die ausländische Personenstandsfeststellung illegal ist, verfälscht wurde oder nicht der Realität entspricht.[52]

2. Ordre public-Verstoß

Nach französischem Recht verstoßen alle Übereinkünfte, die in Verbindung mit der Durchführung einer Leihmutterschaft stehen laut Art. 16-9 Code civil gegen den ordre public. Das gilt aus französischer Sicht sowohl für inländische als auch ausländische Leihmutterschaften und spielt eine entscheidende Rolle in solchen Fällen, in denen französische Staatsbürger eine ausländische Leihmutterschaft durchführen.[53]

Der ordre public hat in der französischen Rechtsgeschichte eine lange Tradition. Seine erste textliche Nennung fand der Begriff in Art. 10 der Erklärung der Menschen- und Bürgerrechte (*„Déclaration des Droits de l'Homme et du Citoyen"*) von 1789: „Niemand sollte sich seiner Gedanken wegen fürchten, selbst religiöser, vorausgesetzt ihre Bekundung stört den durch Gesetz etablierten ordre public nicht."[54] Wie man sieht, wurde hier versucht eine Balance zwi-

[51] Art. 47 Code civil: „Tout acte de l'état civil des Français et des étrangers fait en pays étranger et rédigé dans les formes usitées dans ce pays fait foi, sauf si d'autres actes ou pièces détenus, des données extérieures ou des éléments tirés de l'acte lui-même établissent, le cas échéant après toutes vérifications utiles, que cet acte est irrégulier, falsifié ou que les faits qui y sont déclarés ne correspondent pas à la réalité."

[52] In den ausgewählten Entscheidungen zu internationalen Leihmutterschaften (3.) wird die Anwendung des Art. 47 Code civil verdeutlicht.

[53] Siehe II., 3. Ausgewählte Entscheidungen zu internationalen Leihmutterschaften.

[54] Art. 10 Déclaration des Droits de l'Homme et du Citoyen: „Nul ne doit être inquiété pour ses opinions, même religieuses, pourvue que leur manifestation ne trouble pas l'ordre public établie par la Loi."

schen Freiheiten und dem ordre public, der öffentlichen Ordnung zu schaffen.[55] Im heutigen Code civil wird das Gebot der Einhaltung der öffentlichen Ordnung gleich zu Anfang in Art. 6 Code civil klargestellt. Das Verfassungsgericht begreift den ordre public als einen „verfassungsrechtlichen Wert [...], den es durch den Gesetzgeber vor Verletzungen zu schützen und gleichzeitig in einen Ausgleich mit den Freiheiten zu bringen gilt, die durch die Verfassung garantiert werden".[56] Daraus erklärt sich auch die verfassungsrechtlich fundierte Bedeutung des Leihmutterschaftsverbots im französischen Rechtsdenken.

3. *Ausgewählte Entscheidungen zu internationalen Leihmutterschaften*[57]

Beim ersten vom Kassationshof entschiedenen Leihmutterschaftsfall im Jahr 1991 handelte es sich noch um eine inländische *procreation pour autrui*, bei der eine Eizelle der Leihmutter mit dem Sperma des Wunschvaters befruchtet wurde sodass die Leihmutter die genetische Mutter des Kindes war.[58] Der Wunschvater wurde, da mit dem Kind biologisch verwandt, rechtlich als Vater des Kindes festgestellt. Die Wunscheltern richteten sich dann an die französischen Gerichte mit dem Anliegen, dass auch die Wunschmutter durch Adoption rechtlich als Mutter des Kindes anerkannt werde. Das Appelationsgericht *(„Cour d'appel")* Paris gab dem Begehren in zweiter Instanz statt. Der Kassationshof verwarf diese Entscheidung jedoch. Er begründete seine Entscheidung damit, dass diese Adoption zum Ziel habe, den Wunscheltern ein Kind zu verschaffen, das auf Grundlage eines Vertrages nach der Geburt von seiner Mutter getrennt wurde. Darin liege eine Verletzung der Unverfügbarkeit des menschlichen Körpers und des Personenstandes sowie eine Umgehung des Adoptionsverfahrens. Darauffolgend kam es im Jahr 1994 zur Normierung der Artt. 16-7 und 16-9 Code civil. Inländische Leihmutterschaften haben den Kassationshof bis heute nicht mehr erreicht.[59]

Im Jahr 2011 wurde der erste internationale Leihmutterschaftsfall, der bekannte Fall *Labassee*, vom Kassationshof entschieden.[60] Im Gegensatz zu dem Fall aus dem Jahr 1991 handelte es sich nun um eine *gestation pour autrui*, die Standardform der Durchführung einer Leihmutterschaft, bei der Sperma des Wunschvaters zur In-vitro-Befruchtung von Eizellen einer anonymen Spenderin verwendet wird. Es ging den Wunscheltern darum, eine in Minnesota durch

---

[55] *Stirn*, Ordre public et libertés publiques, Vortrag im Rahmen des Kolloquiums zum Ordre public, organisiert von der französischen Vereinigung der Rechtsphilosophie, 17. September 2015, www.conseil-etat.fr/Actualites/Discours-Interventions/Ordre-public-et-libertes-publiq ues (Stand: 22.10.2017).

[56] Verfassungsgericht, Urt. v. 18. Januar 1995, Nr. 94-352; ferner insbes. Urt. v. 13. März 2003, Nr. 2003-467; Urt. v. 19. Januar 2006, Nr. 005-532.

[57] Als Übersicht in Kass., Plen., Urt. v. 3. Juli 2015, Nr. 619 (14-21.323) und Nr. 620 (15-50.002), Ansicht von *Jean-Claude Marin* (Procureur General), S. 63 ff.

[58] Kass., Plen., Urt. v. 31. Mai 1991, Nr. 90-20.105.

[59] Stand: Oktober 2017; siehe auch Fn. 57.

[60] Kass., erste Zivilkam., Urt. v. 6. April 2011, Nr. 09-17.130.

Gerichtsbeschluss festgestellte Vater- und Mutterschaft in das französische Personenstandsregister eintragen zu lassen. Sowohl in erster als auch in zweiter Instanz scheiterten die Wunscheltern allerdings. Sie wendeten sich daraufhin an den Kassationshof mit der Begründung, dass die Nichteintragung eine Verletzung des Rechts *des Kindes* auf Privat- und Familienleben (Art. 8 EMRK) und eine Verletzung seines übergeordneten Interesses, garantiert durch Art. 3 Satz 1 der UN-Kinderrechtskonvention, darstelle. Beides wurde vom Kassationshof zurückgewiesen. Schließlich wandte sich das Ehepaar Labassee an den Europäischen Gerichtshof für Menschenrechte (EGMR), der in seiner Entscheidung vom 26. Juni 2014 eine Verletzung des Rechts des Kindes auf Achtung des Privatlebens aus Art. 8 EMRK urteilte.[61] In seiner Begründung stellte der Gerichtshof fest, dass die Entscheidung des Kassationshofs eine gravierende Rechtsunsicherheit für das Kind schaffen würde, weil die Abstammung zu beiden Wunscheltern nicht anerkannt wurde, obwohl das Kind mit dem Wunschvater biologisch verwandt sei.[62] Die Nichtanerkennung der Abstammung zu den Wunscheltern, bereite ferner Probleme bei der Identitätsbildung des Kindes, der Erlangung der französischen Staatsbürgerschaft als Teil seiner Identität und hinsichtlich der Erbfolge, bei der das Kind nur als Dritter behandelt werde und damit nicht den besseren Status eines rechtlichen Nachkommens genieße.[63]

In gleichem Maße bekannt ist der am selben Tag vom Kassationshof entschiedene Fall *Mennesson*.[64] Die Leihmutterschaft hatte hier in Kalifornien stattgefunden und die Wunscheltern beantragten bei den französischen Behörden ebenfalls die Eintragung ihrer Elternschaft betreffend von der Leihmutter geborener Zwillinge. Die Elternschaft der Wunscheltern war bereits in Kalifornien gerichtlich festgestellt worden. Auch in diesem Fall wurde gegen das Anliegen der Wunscheltern entschieden: Der Verstoß gegen Artt. 16-7 und 16-9 Code civil lasse eine andere Konsequenz nicht zu. Auch das Ehepaar Mennesson wandte sich an den EGMR, der in seiner Entscheidung vom 26. Juni 2014 mit gleicher Begründung wie im Fall *Labassee* eine Verletzung des Rechts der Kinder auf Achtung des Privatlebens aus Art. 8 EMRK feststellte.[65] In den folgenden Entscheidung zu den Fällen *Foulon* und *Bouvet* im Jahr 2016 sowie *Laborie* im Jahr 2017 behielt der EGMR diese Rechtsprechung bei.[66]

In einem weiteren ausländischen Leihmutterschaftsfall, über den der Kassationshof zu entscheiden hatte, sah der Vertrag mit der Leihmutter eine *maternité pour autrui* vor, bei welcher der Wunschvater eine Beziehung mit der Leihmutter vortäuschte, aus der das Kind entstand.[67] Der Fall trug sich in Indien zu,

---

61 EGMR, Urt. v. 24. Juni 2014, Nr. 65941/11 – *Labassee gegen Frankreich*, Tz. 81.

62 EGMR, Urt. v. 24. Juni 2014, Nr. 65941/11, Tz. 75, 78 f.

63 EGMR, Urt. v. 24. Juni 2014, Nr. 65941/11, Tz. 75 ff.

64 Kass., erste Zivilkam., Urt. v. 6. April 2011, Nr. 10-19.053.

65 EGMR, Urt. v. 26. Juni 2014, Nr. 65192/11 – *Mennesson gegen Frankreich*, Tz. 102.

66 EGMR, Urt. v. 21. Juli 2016, Nr. 9063/14 und 10410/14 – *Foulon und Bouvet gegen Frankreich*; EGMR, Urt. v. 19. Januar 2017, Nr. 44024/13 – *Laborie gegen Frankreich*.

67 Kass., erste Zivilkam., Urt. v. 19. März 2014, Nr. 13-50.005.

der Wunschvater beantragte beim französischen Konsulat in Mumbai die Übertragung der Abstammung in das französische Personenstandsregister. Doch der Oberstaatsanwalt („*Procureur de la République*") verweigerte die Eintragung, weil Indizien für einen Leihmutterschaftsvertrag vorlagen. Der Kassationshof stellte auf Grundlage der Indizien der Staatsanwaltschaft eine Verletzung der Artt. 16-7 und 16-9 Code civil fest und lehnte deshalb eine Übertragung der Vaterschaft ab, obwohl der Antragsteller tatsächlich der biologische Vater des Kindes war. Dazu ist zu bemerken, dass diese Entscheidung zeitlich vor der des EGMR in den Fällen *Labassee* und *Mennesson* fiel.

Im Jahr 2015 gelangten zwei weitere Fälle mit ähnlichem Sachverhalt an den Kassationshof: In beiden Fällen hatte ein französischer Wunschvater bei den Behörden vorgegeben, ein Verhältnis mit einer russischen Staatsangehörigen in Moskau gehabt zu haben, die in der Folge ein Kind gebar.[68] Die französischen Wunschväter ersuchten nun die Eintragung ihrer Vaterschaft und der jeweiligen Leihmutter als rechtliche Mutter des jeweiligen Kindes. Der Oberstaatsanwalt sah in beiden Fällen Indizien für eine Leihmutterschaft und verweigerte die Übertragung der Abstammung des jeweiligen Kindes in das französische Personenstandsregister. Anders als zuvor sah der Kassationshof in diesen Fällen allerdings trotz Leihmutterschaft keinen Grund für eine Ablehnung der Übertragung der Abstammung. Dass die Kinder in beiden Fällen vom Wunschvater und der Leihmutter abstammten, entsprach der Realität und ein anderer Grund für die Ablehnung der Abstammungsübertragung nach Maßgabe von Art. 47 Code civil lag nicht vor. Auch wurden die Interessen der Kinder nach Art. 8 EMRK, wie vom EGMR verlangt, bei der Entscheidung berücksichtigt. In der Presseerklärung zum Urteil wurde allerdings explizit klargestellt, dass sich der Gerichtshof in dieser Entscheidung nicht mit der Frage der Anerkennung der Abstammungsverhältnisse bei einem Wunschelternpaar beschäftigt hatte.[69]

Mit dieser Fragestellung befasste sich der Kassationshof erneut im Jahr 2017.[70] Er stellte fest, dass unter Berücksichtigung des Wohles des bereits geborenen Kindes im Lichte der Entscheidung des EGMR aus dem Jahr 2014 der Tatbestand der Leihmutterschaft kein Hindernis für eine Übertragung bzw. Anerkennung der im Ausland gerichtlich festgestellten Abstammungsverhältnisse darstelle, sofern die Bedingungen des Art. 47 Code civil erfüllt seien. Das wäre für den Fall der Übertragung der Vaterschaft des leiblichen Vaters gegeben. Ein Abstammungsverhältnis zur Wunschmutter könne allerdings nicht ohne weiteres etabliert werden, da nicht sie, sondern die Leihmutter das Kind gebiert. Das Gericht stellte jedoch fest, dass einer Adoption des Kindes durch die Ehefrau bzw. bei einem homosexuellen Paar durch den Ehemann des leiblichen Va-

---

[68] Kass., Plen., Urt. v. 3. Juli 2015, Nr. 619 (14-21.323) und Nr. 620 (15-50.002).

[69] Kassationshof, Inscription à l'état civil d'enfants nés à l'étranger d'une GPA, www.courdecassation.fr/jurisprudence_2/communiques_4309/civil_enfants_32237.html (Stand: 05.11.2016).

[70] Kass., erste Zivilkam., Urt. v. 5. Juli 2017, Nr. 824 (15-28.597), Nr. 825 (16-16.901; 16-50.025), Nr. 826 (16-16.455), Nr. 827 (16-16.495).

ters nichts im Weg stehe, sofern die Voraussetzungen einer Adoption erfüllt seien und das Kindeswohl berücksichtigt werde. Auch würden die Behörden dem Kind aufgrund der Abstammung vom leiblichen Wunschvater eine Bescheinigung der französischen Staatsangehörigkeit ausstellen. Mit dieser höchstrichterlichen Entscheidung besteht nun eine Möglichkeit für beide Wunschelternteile, in Frankreich rechtliche Eltern des durch Leihmutterschaft im Ausland geborenen Kindes zu werden. Ob dies auch gesetzlich festgelegt werden wird, soll im nächsten Abschnitt näher erläutert werden.

III. Gesetzesvorhaben, Reformtendenzen und Regelungsansätze

Abschließend soll dargestellt werden, wie sich der gesetzgeberische Umgang mit der Leihmutterschaftsfrage seit Einführung der Artt. 16-7 und 16-9 Code civil im Lichte der Rechtsprechungspraxis entwickelt hat. Besondere Aufmerksamkeit gilt dabei der Frage nach Reformtendenzen und Regelungsansätzen.

Die *lois bioétiques* von 1994 wurden im Jahr 2004 einer Überprüfung unterzogen, doch das daraufhin erlassene Gesetz sah keine Änderungen der Artt. 16-7 und 16-9 Code civil vor.[71] Ein Bericht der Nationalversammlung *(„Assemblée national")* im Februar 2006 unterstützte die Beibehaltung des Verbots der Leihmutterschaft.[72] *Patrick Bloche* und *Valérie Pecresse* legen in diesem Bericht einen Fokus auf ethische Erwägungsgründe und machen deutlich, dass hinsichtlich der mütterlichen Abstammung sowohl eine Adoption, als auch der Rückgriff auf den Familienstand zu einer Umgehung des Verbots führen würden.[73] Sie schlagen deshalb die Möglichkeit einer Sorgerechtszuweisung *(„délégation d'autorité parentale")* zu Gunsten der Wunschmutter vor.[74]

Im Jahr 2008 folgte der Vorschlag einer Arbeitsgruppe des Senats, die Leihmutterschaft unter bestimmten, strikt festgelegten Bedingungen zu legalisieren.[75] Schließlich legten Senatoren verschiedener politischer Lager dem Senat im Januar 2010 zwei Gesetzesvorschläge für eine Legalisierung der Leihmutterschaft vor.[76] Die Initiative blieb jedoch ohne Erfolg. Wenige Monate später sprach sich die Nationale Ethikkommission *(„Comité consultatif national d'étique")* für die Beibehaltung des Verbots aus.[77]

---

[71] Siehe Gesetz v. 6. August 2004, Nr. 2004-800; *Monéger* (Fn. 7), S. 158.

[72] Nationalversammlung, Bericht v. 25. Januar 2006, Nr. 2832, S. 175–183.

[73] Nationalversammlung, Bericht v. 25. Januar 2006, Nr. 2832, S. 176, 180–182.

[74] Nationalversammlung, Bericht v. 25. Januar 2006, Nr. 2832, S. 182.

[75] Senat, Bericht v. 25. Juni 2008, Nr. 421, S. 66 ff.

[76] Senat, Gesetzesvorschlag v. 27. Januar 2010, Nr. 233, 2009–2010; Gesetzesvorschlag v. 27. Januar 2010, Nr. 234, 2009–2010.

[77] Nationale Ethikkommission, Ansicht v. 1. April 2010, Nr. 110, S. 17.

Auch der Staatsrat empfiehlt in seiner Untersuchung im Jahr 2009 zur Revision der Bioethikgesetze aus dem Jahr 2004 die Beibehaltung des Verbots.[78] Wie man den durch ausländische Leihmutterschaft geborenen Kindern dennoch eine gewisse Sicherheit bzgl. ihrer Abstammung garantieren kann, war auch Teil seiner Untersuchung.[79] Der Staatsrat hatte zunächst die „Transkription der väterlichen Abstammung" als eine Regelungslösung vor Augen.[80] Die Wunschmutter hingegen solle eine Möglichkeit zur Adoption oder durch Antrag ihres Mannes eine gerichtliche Entscheidung zur Sorgerechtszuweisung nach Art. 377 Abs. 1 Code civil[81] erhalten.[82] Von Nutzen sei ferner die Eintragung des ausländischen Urteils am Rand der Geburtsurkunde des Kindes.[83] Im Falle des Todes der Wunschmutter oder des Wunschvaters[84] wäre damit eine Verbindung zur Wunschmutter und ihrer Familie garantiert und das Kind könne nicht einfach Objekt einer vollumfänglichen Adoption *(„adoption plénière")*[85] werden.[86] Ebenfalls in Betracht gezogen wurde eine „putative" Abstammungsregelung.[87] Ähnlich dem Institut der Scheinehe *(„mariage putatif")* nach Art. 201 Code civil[88], bei der die Eheleute einer nichtig erklärten Eheschließung trotzdem bestimmte Rechte erlangen, wenn die Ehe nach Treu und Glauben geschlossen wurde bzw. die Partei bestimmte Rechte erlangt, die in gutem Glauben handelte, sollen dem geborenen Kind trotz nichtigem Leihmutterschaftsvertrag gewisse Rechte zugestanden werden.[89] Der Staatsrat hat dabei auch die Entwicklung der Rechte für außereheliche Kindern vor Augen, die in ihren erbrechtlichen Ansprüchen nach Art. 733 Code civil ehelichen Kindern gleichgestellt sind.[90]

---

[78] Staatsrat, Die Revision der Bioethikgesetze, Untersuchung v. 9. April 2009, veröffentlicht bei „La Documentation francaise", S. 63.

[79] Staatsrat, Die Revision der Bioethikgesetze, Untersuchung v. 9. April 2009, S. 65 f.

[80] Staatsrat, Die Revision der Bioethikgesetze, Untersuchung v. 9. April 2009, S. 65 f.

[81] Art. 377 Abs. 1 Code civil: „Les père et mère, ensemble ou séparément, peuvent, lorsque les circonstances l'exigent, saisir le juge en vue de voir déléguer tout ou partie de l'exercice de leur autorité parentale à un tiers, membre de la famille, proche digne de confiance, établissement agréé pour le recueil des enfants ou service départemental de l'aide sociale à l'enfance."

[82] Staatsrat, Die Revision der Bioethikgesetze, Untersuchung v. 9. April 2009, S. 65 f.

[83] Staatsrat, Die Revision der Bioethikgesetze, Untersuchung v. 9. April 2009, S. 66; *Monéger* (Fn. 7), S. 168.

[84] *Monéger* (Fn. 7), S. 168.

[85] Bei der *adoption plénière* (Artt. 343 ff. Code civil) wird jede rechtliche Verbindung zur originären Familie unterbrochen; im Gegensatz dazu bleibt bei der *adoption simple* (Artt. 360 ff. Code civil) die rechtliche Verbindung zur originären Familie bestehen, www.service-public.fr/particuliers/vosdroits/F3151 (Stand: 22. 10. 2017).

[86] Staatsrat, Die Revision der Bioethikgesetze, Untersuchung v. 9. April 2009, S. 66.

[87] Staatsrat, Die Revision der Bioethikgesetze, Untersuchung v. 9. April 2009, S. 65.

[88] Art. 201 Code civil: „(1) Le mariage qui a été déclaré nul produit, néanmoins, ses effets à l'égard des époux, lorsqu'il a été contracté de bonne foi. (2) Si la bonne foi n'existe que de la part de l'un des époux, le mariage ne produit ses effets qu'en faveur de cet époux."

[89] *Soulard*, Bericht zu den Kass., Plen., Urt. v. 3. Juli 2015, Nr. 619 (14-21.323) und Nr. 620 (15-50.002), S. 62.

[90] Staatsrat, Die Revision der Bioethikgesetze, Untersuchung v. 9. April 2009, S. 65.

Der Staatsrat gab allerdings zu bedenken, dass die Umsetzung dieser Regelungsansätze einen Widerspruch zum inländischen Leihmutterschaftsverbot bedeute.[91] Würde man die Abstammung von Wunschvater und -mutter bei ausländischen Leihmutterschaften anerkennen und die Leihmutterschaft im Inland weiterhin verbieten, würde man den Fortpflanzungstourismus fördern und Ungerechtigkeit gegenüber denjenigen schaffen, die sich eine teure ausländische Leihmutterschaft nicht leisten können.[92] Als Alternative bliebe laut dem Staatsrat nur, die Gerichte weiterhin über das Schicksal der Kinder im Einzelfall entscheiden zu lassen.[93]

Im Jahr 2014 entschied der EGMR in den Fällen *Mennesson* und *Labassee*. Seine Rechtsprechung in diesen Fällen wirkte sich nicht nur auf die Rechtsprechung des Kassationshofs aus, sondern auch auf die Entscheidungsfindung des Staatsrates.[94] Im Jahr 2014 bestätigte letzterer in Ausübung seiner Funktion als oberstes Verwaltungsgericht die Rechtmäßigkeit eines Runderlasses des Justizministers, der sich an die Generalstaatsanwälte *(„les procureurs généreux")*, die Oberstaatsanwälte *(„les procureurs de la République")* und die Chefgerichtsschreiber der erstinstanzlichen Gerichte *(„les greffiers en chef des tribunaux d'instance")* richtete und sie dazu aufforderte, Reisepassanträgen für im Ausland geborene Kinder stattzugeben, sofern das im Ausland festgestellte Abstammungsverhältnis zu einem französischen Staatsbürger (siehe Art. 18 Code civil) den Anforderungen des Art. 47 Code civil entspreche[95].[96] Der bloße Verdacht einer Leihmutterschaft genüge für die Ablehnung des Antrags nicht, denn die Staatsangehörigkeit sei Teil des Rechts des Kindes auf Achtung des Privatlebens garantiert durch Art. 8 EMRK und die Vergabe des Reisepasses durch die Verwandtschaft zu einem französischen Staatsbürger nach Art. 18 Code civil legitimiert.[97]

Im Jahr 2016 erschien ein Bericht von *Yves Détraigne* und *Catherine Tasca*, der im Namen des Rechtsausschusses des Senats erstellt wurde.[98] Unter der Leitthese, dass „die Effektivität des Leihmutterschaftsverbots gesteigert werden soll, ohne das Recht der Familien auf ein normales Familienleben zu beeinträchtigen", konkretisieren *Détraigne* und *Tasca* fünf Vorschläge zur legislativen Umsetzung.[99] Zunächst solle das Strafmaß leihmutterschaftsrelevanter Normen nach dem alten Sprichwort „es ist besser vorzubeugen als zu heilen" *(„il vaut*

---

[91] Staatsrat, Die Revision der Bioethikgesetze, Untersuchung v. 9. April 2009, S. 66.

[92] Staatsrat, Die Revision der Bioethikgesetze, Untersuchung v. 9. April 2009, S. 66.

[93] Staatsrat, Die Revision der Bioethikgesetze, Untersuchung v. 9. April 2009, S. 66.

[94] Senat, Bericht v. 17. Februar 2016, Nr. 409 (2015–2016) von *Yves Détraigne* und *Catherine Tasca*, im Namen des Rechtsausschusses des Senats, S. 8.

[95] Justizministerium, Runderlass zur Ausstellung von Reisepässen v. 25. Januar 2013, NOR: JUSC1301528C.

[96] Staatsrat, Entscheidung v. 12. Dezember 2014, Nr. 365779.

[97] Staatsrat, Entscheidung v. 12. Dezember 2014, Nr. 365779, Tz. 11.

[98] Senat, Bericht v. 17. Februar 2016, Nr. 409 (2015–2016) von *Yves Détraigne* und *Catherine Tasca*, im Namen des Rechtsausschusses des Senats.

[99] Senat, Bericht v. 17. Februar 2016, Nr. 409, S. 11.

mieux prévenir que guérir") erhöht werden.[100] Dabei handele es sich um eine symbolische Bestätigung des Leihmutterschaftsverbots.[101] Dass die Einführung einer Möglichkeit zur strafrechtlichen Verfolgung von französischen Paaren, die eine Leihmutterschaft im Ausland wählen, ein deutlich effektiveres Mittel zur Abschreckung von der Umgehung des französischen Leihmutterschaftsverbots wäre, sei offensichtlich.[102] Problematisch sei allerdings, dass jede effektivere Art der Durchsetzung des Leihmutterschaftsverbots schließlich auch das im Einzelfall bereits geborene Kind treffen würde, dessen Interessen man aber gerade schützen möchte.[103] Deshalb belassen es die Berichterstatter bei besagtem symbolischen Vorschlag.[104] Um den Fortpflanzungstourismus französischer Staatsangehöriger dennoch einzudämmen, sollen laut *Détraigne* und *Tasca* „multi- oder bilaterale Verhandlungen mit Staaten, die Leihmutterschaft erlauben, geführt werden, mit dem Ziel, französischen Staatsbürgern die Ausnutzung dieser Rechtslage zu verbieten".[105] Als Austragungsort der Verhandlungen würde sich die Haager Konferenz für Internationales Privatrecht anbieten, deren Rat für allgemeine Angelegenheiten und die Politik der Konferenz bereits im Jahr 2015 ein Mandat für ein legislatives Projekt zur Leihmutterschaft an eine internationale Expertengruppe vergab[106].[107] Vor dem Hintergrund der verschiedenen rechtlichen Positionen zum Thema Leihmutterschaft könnte eine Einigung allerdings schwer zu erreichen sein.[108] Besser umsetzbar erscheint es deshalb, bilaterale Abkommen zu schließen, um so peu à peu das französische Leihmutterschaftsverbot für französische Staatsbürger auch im Ausland durchzusetzen.[109] Drittens sollen „im Lichte der Forderungen des Europäischen Gerichtshofs für Menschenrechte nur solche Abstammungen anerkannt bzw. übertragen werden, die konform mit dem geltenden Recht sind".[110] Darunter fällt, wie bereits erläutert, die Abstammung vom leiblichen Vater und die Abstammung von der Frau, die das Kind geboren hat, also der Leihmutter.[111] In der Umsetzung solle dem Kind in Art. 16-7 Code civil die Möglichkeit der Vaterschafts- bzw. Mutterschaftsfeststellungsklage nach dem geltenden Recht eingeräumt werden, um selbst, in der Praxis vermutlich durch einen rechtlichen Vertreter (*„adminstrateur legal"*), die Abstammungsetablierung zu initiieren.[112] Eine andere Form der Etablierung eines Abstammungsverhältnisses zum nicht genetisch verwandten

---

[100] Senat, Bericht v. 17. Februar 2016, Nr. 409, S. 11, 75 ff.
[101] Senat, Bericht v. 17. Februar 2016, Nr. 409, S. 77.
[102] Senat, Bericht v. 17. Februar 2016, Nr. 409, S. 77.
[103] Senat, Bericht v. 17. Februar 2016, Nr. 409, S. 77.
[104] Senat, Bericht v. 17. Februar 2016, Nr. 409, S. 77.
[105] Senat, Bericht v. 17. Februar 2016, Nr. 409, S. 11, 77 ff.
[106] www.hcch.net/de/projects/legislative-projects/parentage-surrogacy (Stand: 15. 10. 2017).
[107] Senat, Bericht v. 17. Februar 2016, Nr. 409, S. 78 f.
[108] Senat, Bericht v. 17. Februar 2016, Nr. 409, S. 79 f.
[109] Senat, Bericht v. 17. Februar 2016, Nr. 409, S. 80.
[110] Senat, Bericht v. 17. Februar 2016, Nr. 409, S. 11, 80 ff.
[111] Senat, Bericht v. 17. Februar 2016, Nr. 409, S. 11, 80 ff.
[112] Senat, Bericht v. 17. Februar 2016, Nr. 409, S. 83 f.

Wunschelternteil, etwa durch Adoption, soll laut *Détraigne* und *Tasca* explizit gesetzlich ausgeschlossen werden.[113] In diesem Punkt teilen sie den Einwand des Staatsrates, dass eine Abstammungsanerkennung zu beiden Elternteilen einen Widerspruch zum internen Leihmutterschaftsverbot darstellen würde.[114] Als mit dem geltenden Recht vereinbar sehen *Détraigne* und *Tasca* indes die bereits erwähnte Möglichkeit einer Sorgerechtszuweisung an den Wunschelternteil, dessen Abstammung zum Kind nicht nach französischem Recht festgestellt werden kann, in der Regel das Abstammungsverhältnis zur Wunschmutter.[115] Die Sorgerechtszuweisung begründe kein Abstammungsverhältnis zum Kind, gewähre aber gewisse elterliche Rechte und der Familie eine Perspektive ein vergleichbar normales Leben zu führen.[116] Eine Antwort des Gesetzgebers auf diese Vorschläge blieb bisher aus.[117]

IV. Zusammenfassung in Thesenform

1. Leihmutterschaft ist in Frankreich verboten. Das ergibt sich sowohl aus den Artt. 16-7 und 16-9 Code civil als auch aus den entsprechenden strafrechtlichen Normen. Diesbezügliche Gesetzesänderungen sind nicht in Aussicht.
2. Bei grenzüberscheitenden Leihmutterschaften ist die Etablierung des Abstammungsverhältnisses zu den Wunscheltern nicht unproblematisch. Zwar kann die Abstammung des im Ausland geborenen Kindes zum leiblichen Wunschvater nach Art. 47 Code civil anerkannt bzw. übertragen werden. Aufgrund der Abstammung zum leiblichen Wunschvater erlangt das Kind auch die französische Staatsangehörigkeit (Artt. 18 und 18-1 Code civil) und es erhält eine Bescheinigung selbiger zur Einreise nach Frankreich von den französischen Behörden. Dies wurde im Urteil des Kassationshofs im Jahr 2017 bestätigt.
3. Eine direkte Anerkennung bzw. Übertragung des Abstammungsverhältnisses zum anderen Wunschelternteil, in der Regel zur Wunschmutter, ist nach Art. 47 Code civil jedoch nicht möglich. Die Frau, die das Kind gebiert ist die Leihmutter und so kommt nur sie bei der Anerkennung bzw. Übertragung der Mutterschaft in Frage.
4. Eine andere Form der Etablierung eines Abstammungsverhältnisses z. B. durch Adoption soll eine Umgehung des Leihmutterschaftsverbots darstellen. Als mit dem Verbot konforme Alternative kommt eine Sorgerechtszuweisung in Betracht, die kein Abstammungsverhältnis zum Kind begründet, aber zumindest gewisse elterliche Rechte gewährt.

[113] Senat, Bericht v. 17. Februar 2016, Nr. 409, S. 11, 85.

[114] Senat, Bericht v. 17. Februar 2016, Nr. 409, S. 84; Staatsrat, Die Revision der Bioethikgesetze, Untersuchung v. 9. April 2009, S. 66.

[115] Senat, Bericht v. 17. Februar 2016, Nr. 409, S. 11, 86.

[116] Senat, Bericht v. 17. Februar 2016, Nr. 409, S. 11, 86.

[117] Stand: Oktober 2017.

5. Der Kassationshof hat in seiner Entscheidung aus dem Jahr 2017 dennoch die Möglichkeit einer Adoption des Kindes durch die Ehefrau bzw. den Ehemann des leiblichen Vaters nicht ausgeschlossen, sofern dabei das Kindeswohl berücksichtigt wird und die Voraussetzungen einer Adoption erfüllt werden. Nach diesem Urteil besteht nun für beide Wunschelternteile eine Möglichkeit in Frankreich rechtlich anerkannte Eltern des durch Leihmutterschaft im Ausland geborenen Kindes zu sein.

Regulierung der Leihmutterschaft im Vereinigten Königreich

Sebastian Schwind

I. Einführung

Seit der ersten erfolgreichen In-vitro-Fertilisation im Jahre 1978 und der Entdeckung, dass dabei auch fremde Eizellen verwendet werden können, ist es möglich, dass Frauen in Leihmutterschaft[1] Kinder gebären, die genetisch nicht von ihnen abstammen. Biologische und genetische Mutter fallen auseinander. Eine gespaltene Mutterschaft und die Gefahr unklarer Abstammungsverhältnisse sind die Folge. Jedoch variiert die internationale Regulierung der Leihmutterschaft von einem strikten Verbot[2] über eine moderne Steuerung[3] bis hin zu einer liberalen[4] oder schlicht gar keiner Regelung.[5] Als einer von wenigen (Noch-)Mitgliedstaaten der Europäischen Union ist im Vereinigten Königreich die altruistische Form der Leihmutterschaft gesetzlich seit mehr als 30 Jahren erlaubt.[6] Aufgrund dieser rechtlichen Möglichkeit werden dort jedes Jahr allein zwischen 40 und 70 Kinder durch Leihmutterschaften geboren.[7] Angesichts der

---

* Neben der Herausgeberschaft hat den Beitrag mit wichtigen Anmerkungen bereichert: *Alicia Pointner*, stud. iur., studentische Hilfskraft am Heidelberger Institut für ausländisches und internationales Privat- und Wirtschaftsrecht am Lehrstuhl von Prof. Dr. *Marc-Philippe Weller*.

[1] Eine Leihmutterschaft kann entweder *vollständig* oder *partiell* erfolgen. Bei einer partiellen Leihmutterschaft wird die Keimzelle der Leihmutter mit den Keimzellen des Bestellvaters befruchtet. Bei einer vollständigen Leihmutterschaft wird eine befruchtete Keimzelle der Bestelleltern/Samenspender in die Leihmutter eingepflanzt (vgl. *Birnbaum*, UCL Jurisprudence Review 1997, 100). Die vollständige Leihmutterschaft wird heute überwiegend durchgeführt.

[2] Ausführlich zur rechtlichen Missbilligung der Leihmutterschaft durch den deutschen Gesetzgeber: *Thomale*, Mietmutterschaft, 5 ff. und 17 f.

[3] Eines dem britischen altruistischen Leihmutterschaftsmodell vergleichbares wird auch in Griechenland erlaubt.

[4] Die Leihmutterschaft als solche ist in Kalifornien (USA) nicht verboten.

[5] Monographisch zur Leihmutterschaft in letzter Zeit u. a. *Duden*, Leihmutterschaft im Internationalen Privat- und Verfahrensrecht; *Sitter*, Grenzüberschreitende Leihmutterschaft; *Thomale*, Mietmutterschaft; umfassend zur weltweiten Regelungsvielfalt: *Dethloff*, Leihmutterschaft in rechtsvergleichender Perspektive, in diesem Tagungsband.

[6] In 25 von 28 Mitgliedstaaten der Europäischen Union ist die Leihmutterschaft pauschal verboten, vgl. *Thomale*, Mietmutterschaft, 53.

[7] So *Ewing*, Emp. L. B. 2014, 120, 6; *M. Crawshaw* et al., JSWaFL 2012, 1, 3. Jedoch sind im Vereinigten Königreich kaum belastbare Daten vorhanden, so auch: Report of the *Surrogacy*

stetig wachsenden Zahl an Leihmutterschaftsanbietern durch die mittlerweile weltweit verfügbaren Reproduktionstechnologien mehren sich allerdings auch in Großbritannien die Fälle grenzüberschreitender Leihmutterschaften. Britische Gerichte werden deshalb immer häufiger mit dem Phänomen des sog. Reproduktionstourismus konfrontiert.[8]

II. Übersicht der Rechtsquellen

Das Leihmutterschaftsrecht des Vereinigten Königreichs[9] wird primär von dem *Surrogacy Arragement Act 1985* (SAA 1985) bestimmt.[10] Der *Human Fertilisation and Embryology Act 1990* (HFEA 1990) beziehungsweise dessen Änderungsgesetz, der *Human Fertilisation and Embryology Act 2008* (HFEA 2008)[11] regeln insbesondere in s. 54[12] die Voraussetzungen zum Erwerb rechtlicher Elternschaft durch die Bestelleltern.

III. Zivilrechtliche Beurteilung der Leihmutterschaft

Die zivilrechtlichen Hauptprobleme betreffen einerseits die Durchsetzbarkeit der Leihmutterschaftsvereinbarung und andererseits den rechtlichen Erwerb einer Elternschaft durch die Bestelleltern.[13] Im Folgenden soll dazu zunächst – unter Bezugnahme der britischen Rechtsprechung – die aktuelle Regulierung der Leihmutterschaft in Großbritannien sowie deren Entwicklung wiedergegeben werden. Im Anschluss werden einige, der zahlreichen Problemfälle, näher beleuchtet.

UK Working Group on Surrogacy Law Reform, Myth busting and reform, 2015, 12. *Surrogacy UK* gratuliert auf seiner Webseite (www.surrogacyuk.org/2016-round-up.html) zu 25 Geburten durch Leihmutterschaft im Jahr 2016. Ob es sich dabei jedoch nur um solche handelt, die von Surrogacy UK betreut wurden, bleibt undeutlich.

[8] Auch im Fall von grenzüberschreitenden Leihmutterschaften liegen empirisch kaum belastbare Daten über die Zahl der Bestelleltern vor, die für eine Leihmutterschaft ins Ausland reisen, so: Report of the *Surrogacy UK Working Group* on Surrogacy Law Reform, Myth busting and reform, 2015, 12.

[9] Es müssen die drei separaten Rechtssysteme von England und Wales, Schottland und Nordirland unterschieden werden. Im Folgenden wird maßgeblich auf den HFEA 2008 eingegangen werden, der im gesamten Vereinigten Königreich gilt. Unterschiede der Rechtssysteme treten vor allem auf der administrativen Ebene auf.

[10] Basiert auch in großen Teilen auf dem Report of the Committee of Enquiry into Human Fertilisation and Embryology 1984 (auch bekannt als der *Warnock Report*).

[11] In Verbindung mit dem Human Fertilisation and Embryology (Parental Order) Regulations 2010 (HFER 2010) und Teil 13 des Family Procedure Rules 2010 (FPR 2010).

[12] Durch den HFER 2010 wurde der Adoption and Children Act 2002 (ACA 2002) in den HFEA 2008 implementiert und so unter anderem HFEA 2008, s. 54 modifiziert.

[13] *Colenso*, „How Surrogacy Works" abrufbar unter: health.howstuffworks.com/pregnancy-and-parenting/pregnancy/fertility/surrogacy3.htm.

1. Leihmutterschaftsvereinbarung (surrogacy arrangement)

Die Entwicklung des Leihmutterschaftsrechts in Großbritannien beginnt mit der Rechtssache *A v C*.[14] Der *Court of Appeal* erklärte eine Leihmutterschaftsvereinbarung[15] als schädlich und nichtig *(pernicious and void)*.[16] Kurz nach der Veröffentlichung des Urteils[17] reagierte der Gesetzgeber mit dem Erlass des SAA 1985, indem jedoch wenig über den Leihmutterschaftsvertrag selbst ausgesagt wurde. Erst s. 1A des SAA – eingefügt durch den HFEA 1990, s. 36(1) – bestätigt, dass eine Leihmutterschaftsvereinbarung zwischen den Bestelleltern und der Leihmutter vor britischen Gerichten nicht durchsetzbar ist. Folglich besteht keine rechtliche Verpflichtung zwischen der Leihmutter und den Bestelleltern. Dafür werden im wesentlichen drei Gründe angeführt: *Erstens* kann die Leihmutter nicht vertraglich verpflichtet werden, das Kind den Bestelleltern zu übergeben. *Zweitens* wird die rechtliche Elternschaft nicht durch Vertrag, sondern nur per Gesetz begründet. *Drittens* können die Bestelleltern nicht zur Zahlung gezwungen werden.[18]

Problematisch kann sich die Undurchsetzbarkeit darstellen, wenn die Leihmutter nach der Geburt ihre Meinung ändert und das Kind nicht „herausgibt". Die Gerichte sind vor die schwere Aufgabe gestellt, darüber zu befinden, ob entweder eine Elternschaft der Leihmutter oder der Bestelleltern dem Kindeswohl am ehesten gerecht wird.[19]

2. Rechtlicher Erwerb der Elternstellung

Wie das deutsche Recht in § 1591 BGB, ist auch das britische Recht von dem römisch-rechtlichen Grundsatz *mater semper certa est* geprägt.[20] Danach ist die Frau, die das Kind austrägt, die Mutter im Rechtssinne. Auch bei einer Leihmutterschaft ist nach der unwiderlegbaren Vermutung des HFEA 2008, s. 33(1) die gebärende Leihmutter[21] axiomatisch die rechtliche Mutter des Kindes, unabhängig davon, ob sie mit dem geborenen Kind genetisch verwandt ist[22], wo

---

[14] A v C [1985] 1 Fam Law 241; vgl. *Vijay*, UCL J. L. and J. 2014, 3(1), 200, 217.

[15] Zur Legaldefinition der Leihmutterschaftsvereinbarung siehe: SSA, s. 1(3).

[16] A v C [1985] 1 Fam Law 241.

[17] A v C [1985] 1 Fam Law 241 (entschieden 1978; veröffentlicht 1985).

[18] *Wells-Greco* in: Trimmings/Beaumont, 376.

[19] Vgl. die Entscheidungen: Re TT [2011] EWHC 33 (Fam.); Re P (Surrogacy: Residence) [2008] 1 FLR 177; objektive Kriterien lassen sich aus den Urteilen nicht ableiten. Vielmehr ist jede Entscheidung dem Einzelfall geschuldet.

[20] Nach Digesten 2.4.5 (Julius Paulus): *Mater semper certa est*; vgl. zum deutschen Recht: *Thomale*, Mietmutterschaft, 1.

[21] Zur Legaldefinition siehe: SSA, s. 1(2).

[22] Im Vereinigten Königreich ist neben der Samen-, auch die Ei- und Embryonenspende gesetzlich erlaubt, sodass ein Auseinanderfallen von genetischer und gebärender Mutter möglich ist; vgl. *Scherpe*, FamRZ 1513, 1514; *Vijay*, UCL J. L. and J. 2014, 3(1), 200, 220; vgl. auch Re X & Y (Foreign Surrogacy) [2008] EWHC 3030 (Fam).

das Kind geboren wurde und an welchem Ort die Leihmutterschaft stattgefunden hat[23].

Sollte die Leihmutter zur Zeit der Behandlung (z. B. der künstlichen Befruchtung) verheiratet sein, wird nach HFEA 2008, s. 35(1) ihr Ehemann als rechtlicher Vater behandelt, es sei denn, er hat der Behandlung nicht zugestimmt.[24] Gleiches gilt nach HFEA 2008, s. 42 für (eingetragene) Lebenspartnerschaften. In diesen Konstellationen bedeutet dies für den Bestellvater – selbst wenn er der biologische Vater des „bestellten“ Kindes sein sollte –, dass er nicht automatisch die rechtliche Elternschaft erwirbt.[25] Auch ein freiwilliger Samenspender ist nach HFEA 2008, s. 41 nicht als rechtlicher Vater anzusehen.[26]

Sollte die Leihmutter nicht verheiratet sein oder nicht in einer (eingetragenen) Lebenspartnerschaft leben, kann der zweite Elternteil bei einer „inländischen“ Leihmutterschaft auf zwei Weisen bestimmt werden: Einerseits besteht im Falle einer Identität zwischen biologischem Vater und Bestellvater die Möglichkeit diesen als rechtlichen Vater anzusehen.[27] Andererseits kann die Leihmutter, sollte die Behandlung in einer lizensierten Kinderwunschklink im Vereinigten Königreich durchgeführt worden sein, entweder die Bestellmutter nach HFEA 2008, s. 43 oder den nicht-biologischen Bestellvater nach HFEA 2008, s. 36 als zweiten Elternteil ernennen.[28]

Abgesehen von den oben genannten Ausnahmefällen, besteht darin das Hauptproblem, dass das Kind *ipso jure* der Leihmutter zugeordnet wird und die Bestelleltern bei der Geburt des Kindes nicht als die rechtlichen Eltern des Kindes angesehen werden.[29] Um eine rechtliche Elternschaft zu begründen, müssen die Bestelleltern entweder eine gerichtliche Elternverfügung *(parental order)* nach dem HFEA 2008, s. 54(1) oder eine Adoption beantragen.[30]

*a) Elternverfügung (*parental order*)*

Eine Elternverfügung löst die Elternstellung der Leihmutter (und gegebenenfalls ihres Ehemanns/Lebenspartners) auf und bestimmt die Elternschaft der Bestelleltern.[31] Sie hat nicht nur Einfluss auf die rechtlichen Beziehungen des Kindes zur Leihmutter und zu den Bestelleltern, sondern auch tiefgreifende

[23] *Wells-Greco* in: Trimmings/Beaumont, 369.

[24] Ausfluss des römisch-rechtlichen Grundsatzes: *Pater est quem nuptiae demonstant*, Digesten 2.4.5 (Julius Paulus).

[25] *Wells-Greco* in: Trimmings/Beaumont, 369.

[26] *Scherpe*, FamRZ 1513, 1514.

[27] *Wells-Greco* in: Trimmings/Beaumont, 370; im Vergleich dazu kann die Verwendung der Keimzellen der Bestellmutter keine rechtliche Mutterschaft begründen. Dies würde dem oben genannten Grundsatz widersprechen. In diesem Fall ist die Leihmutter der einzige rechtliche Elternteil.

[28] Umfassend zur rechtlichen Vaterschaft nach dem HFEA 2008: *Scherpe*, FamRZ 1513, 1514f.

[29] *Gamble/Ghevaert*, IFL 2009, 223, 224; *Vijay*, UCL J. L. and J. 2014, 3(1), 200, 220.

[30] *Vijay*, UCL J. L. and J. 2014, 3(1), 200, 220.

[31] *Gamble/Ghevaert*, IFL 2009, 223, 225f.; *Vijay*, UCL J. L. and J. 2014, 3(1), 200, 220.

Auswirkungen auf die persönliche, emotionale, seelische, soziale und in manchen Fällen kulturelle und religiöse Situation der Beteiligten.[32]

In den Jahren 1995 bis 2011 wurden insgesamt 939 Elternverfügungen von britischen Gerichten erlassen.[33] Zwischen 2007 und 2011 hat sich die jährliche Rate von circa 70 fast verdoppelt. Auch lagen in immerhin 26 % der 133 erlassenen Elternverfügungen im Jahr 2011 ausländische Leihmutterschaften zugrunde.[34] Im Vergleich dazu lag der Wert im Jahr 2010 noch bei 10 %, im Jahr 2008 bei 2 % und im Jahr 1998 sogar bei 0 %.[35]

Aufgrund der rechtsgestaltenden Wirkung[36] der Elternverfügung normiert HFEA 2008, s. 54 strenge Voraussetzungen für deren Bewilligung:

HFEA *2008 s. 54*

(1) On an application made by two people ("the applicants"), the court may make an order providing for a child to be treated in law as the child of the applicants if –
  (a) the child has been carried by a woman who is not one of the applicants, as a result of the placing in her of an embryo or sperm and eggs or her artificial insemination,
  (b) the gametes of at least one of the applicants were used to bring about the creation of the embryo, and
  (c) the conditions in subsections (2) to (8) are satisfied.

(2) The applicants must be –
  (a) husband and wife,
  (b) civil partners of each other, or
  (c) two persons who are living as partners in an enduring family relationship and are not within prohibited degrees of relationship in relation to each other.

(3) Except in a case falling within subsection (11), the applicants must apply for the order during the period of 6 months beginning with the day on which the child is born.

(4) At the time of the application and the making of the order –
  (a) the child's home must be with the applicants, and
  (b) either or both of the applicants must be domiciled in the United Kingdom or in the Channel Islands or the Isle of Man.

(5) At the time of the making of the order both the applicants must have attained the age of 18.

(6) The court must be satisfied that both –
  (a) the woman who carried the child, and
  (b) any other person who is a parent of the child but is not one of the applicants (including any man who is the father by virtue of section 35 or 36 or any woman who is a parent by virtue of section 42 or 43), have freely, and with full understanding of what is involved, agreed unconditionally to the making of the order.

(7) Subsection (6) does not require the agreement of a person who cannot be found or is incapable of giving agreement; and the agreement of the woman who carried the child is ineffective for the purpose of that subsection if given by her less than six weeks after the child's birth.

---

[32] Vgl. Re X (A Child) (Surrogacy: Time Limit) [2014] EWHC 3135 (Fam); so auch *Wells-Greco* in: Trimmings/Beaumont, 371.

[33] *M. Crawshaw* et al., JSWaFL 2012, 1, 3; siehe auch *Wells-Greco* in: Trimmings/Beaumont, 376 mit Verweis auf die Einschätzung des UK Department of Health mit dem gemittelten Wert von 50 – 70 Elternverfügungen pro Jahr.

[34] *M. Crawshaw* et al., JSWaFL 2012, 1, 5.

[35] *M. Crawshaw* et al., JSWaFL 2012, 1, 5.

[36] Re X (A Child) (Surrogacy: Time Limit) [2014] EWHC 3135 (Fam).

(8) The court must be satisfied that no money or other benefit (other than for expenses reasonably incurred) has been given or received by either of the applicants for or in consideration of –
(a) the making of the order,
(b) any agreement required by subsection (6),
(c) the handing over of the child to the applicants, or
(d) the making of arrangements with a view to the making of the order,

unless authorised by the court.
(9) … (11)

Nach HFEA 2008, s. 54(1) muss das Kind von einer Frau (Leihmutter), die nicht Teil der Bestelleltern (Antragsteller) ist, ausgetragen, die Keimzellen eines Teils der Bestelleltern verwendet und die weiteren Voraussetzungen des HFEA 2008, s. 54(2) bis (8) eingehalten worden sein:

Dazu müssen die Bestelleltern nach HFEA 2008, s. 54(2) und (5) älter als achtzehn Jahre sein und entweder verheiratet, in einer (eingetragenen) Lebenspartnerschaft oder als zwei nicht verwandte Personen in einer andauernden Beziehung leben. Dies bedeutet, dass auch Paare, die in einer andauernden hetero- oder homosexuellen Beziehung leben, eine Elternschaft ermöglicht wird.[37] *E contrario* können einzelne Personen grundsätzlich keine Elternverfügung beantragen.[38] Der Antrag muss nach HFEA 2008, s. 54(3) innerhalb von sechs Monaten nach der Geburt des Kindes gestellt werden. Darüber hinaus muss das Kind gem. HFEA 2008, s. 54(4) zum Zeitpunkt des Antrags sowie des Beschlusses des Gerichts bei den Bestelleltern leben und zumindest ein Bestellelternteil in Großbritannien wohnhaft sein. Zur Übertragung der Elternstellung ist eine Zustimmung der Leihmutter und gegebenenfalls ihres Ehemannes beziehungsweise Lebenspartners erforderlich.[39] Die Zustimmung der Leihmutter ist nach HFEA 2008, s. 54(7) unwirksam, wenn sie weniger als sechs Wochen nach der Geburt des Kindes abgegeben wird. Des Weiteren muss das Gericht nach HFEA 2008, s. 54(6) einerseits überzeugt sein, dass die Zustimmung der Leihmutter zu der Elternverfügung willensfrei getroffen wurde und nach HFEA 2008, s. 54(8) andererseits, dass die Bestelleltern kein Geld oder andere Vorteile im Zusammenhang mit der Elternverfügung, der Zustimmung, der Übergabe des Kindes erhalten oder gegeben haben. Die Gerichte können im Einzelfall – auch rückwirkend – eine gezahlte Vergütung genehmigen.

Aufgrund der Implementierung des ACA 2002 in HFEA 2008, s. 54 ist das Kindeswohl von nun an – bei der Entscheidung des Gerichts – von überragender *(paramount)* Bedeutung.[40] Verschiedene Erwägungen finden sich dazu in dem

---

[37] Dies sah der HFEA 1990 noch nicht vor. Der HFEA 1990 war noch vom traditionellen Familienbild geprägt. Erst eine Änderung im Jahre 2010 erweiterte die Vorschrift des HFEA 2008, s. 54 auf gleichgeschlechtliche Paare und erreichte eine Gleichstellung von hetero- mit homosexuellen Paaren; so auch: *Scherpe*, FamRZ 2010, 1513, 1514.

[38] Zu Ausnahmen siehe unten.

[39] Grundlegend: Re Q (A Minor) (Parental Order) [1996] 1 FLR 369.

[40] Re X & Y (Children) [2011] EWHC 3147 (Fam).

Katalog des ACA 2002, s. 1(4). Diese neue Regulierung verschiebt das Gleichgewicht bei der Abwägung zwischen dem Allgemein- und dem Kindeswohl zu Gunsten des letzteren. Nur im Falle eines evidenten Missbrauchs des Allgemeinwohls können die Gerichte eine Elternverfügung nicht erteilen.[41] In einem Konflikt werden von den Gerichten verschiedene Faktoren berücksichtigt, um dem Kindeswohl gerecht zu werden.[42]

Erst wenn all diese Voraussetzungen kumuliert vorliegen, kann das Gericht entscheiden, dass die Bestelleltern als die rechtlichen Eltern des durch Leihmutterschaft gezeugten Kindes behandelt werden. Liegt auch nur eine der oben genannten Voraussetzungen nicht vor, muss das Gericht die Elternverfügung versagen.[43]

b) Adoption

Sind die Bestelleltern für einen *parental order* ungeeignet, kann eine Adoption nach dem ACA 2002 in Betracht kommen. Dies kann sich im Einzelfall auch äußerst problematisch darstellen, da die Leihmutter als rechtliche Mutter nach dem ACA 2002, s. 52(1) der Adoption zustimmen muss. Jedoch verzichten die britischen Gerichte in Einzelfällen auf die Zustimmung, wenn dies im Interesse des Kindes ist. Determinanten können sowohl das Kindeswohl[44] als auch subjektive Kriterien, wie der Lebensmittelpunkt des Kindes[45] oder die Bindung zu den Bestelleltern[46] sein. Darüber hinaus verbietet das britische Adoptionsrecht finanzielle Anreize *(financial inducements)*. Jedoch wird eine Zahlung an die Leihmutter durch die britischen Gerichte gebilligt, wenn ein Widerruf der Adoption schädliche Auswirkungen auf das Kind haben könnte.[47]

IV. Strafrechtliche Beurteilung der Leihmutterschaft

Weder die Leihmutter noch die Bestelleltern machen sich strafbar, wenn eine Vergütung, die über die notwendigen Auslagen hinausgeht, gezahlt wurde. Ausschließlich die Vereinbarung, das Angebot und die Werbung rund um die (kom-

---

[41] Re L (A Minor) [2010] EWHC 3146 (Fam).

[42] *Vijay*, UCL J. L. and J. 2014, 3(1), 200, 221; beispielsweise wird der Leihmutter das Sorgerecht verwehrt, wenn das Kind schon an die Bestelleltern übergeben wurde und die Leihmutter im Nachhinein ihre Meinung ändert (siehe dazu: Re ME (Adoption; Surrogacy) [1995] 2 FLR 789).

[43] So in Re A, B and C (UK surrogacy expenses) [2016] EWFC 33.

[44] Re An Adoption Application (Surrogacy) [1987] 2 All ER 826, per Sir John Arnold; auch: Re AW (Adoption Application) [1993] 1 FLR 62; Re MW (Adoption: Surrogacy) [1995] 2 FLR 789.

[45] Re MW (Adoption: Surrogacy) [1995] 2 FLR 789.

[46] Re P (Minors) (Wardship: Surrogacy) [1987] 2 FLR 421.

[47] Re Adoption Application (Payment for Adoption) [1987] 2 FLR 91, die Zahlung wird vielmehr als Kompensation anstatt als Vergütung angesehen, vgl. *Gamble/Ghevaert*, IFL 2009, 223, 224.

merzielle) Leihmutterschaft sind nach SAA 1985, s. 2 und s. 3 strafbar.[48] Von diesem Verbot sind gemeinnützige Körperschaften nach SAA 1985, s. 3(1A) ausgenommen.[49]

V. Behandlung grenzüberschreitender Leihmutterschaften

Bei einer grenzüberschreitenden Leihmutterschaftsvereinbarung[50] muss sowohl das Recht des „Ausführungsstaates" sowie das Recht des „Heimatstaates" zur Klärung der rechtlichen Elternschaft berücksichtigt werden. Die Rechtsordnungen sind meist unterschiedlich und stehen nicht selten gar unvereinbar im Widerspruch.[51] In den meisten *civil-law* Rechtsordnungen werden grenzüberschreitende Leihmutterschaften und das Problem der rechtlichen Elternschaft mit Hilfe der Vorschriften des Internationalen Privatrechts durch die Anerkennung ausländischer Entscheidungen oder die Anwendung des maßgeblichen ausländischen Rechts gelöst.[52] Im Vergleich dazu bestimmt sich dieses Problem in Großbritannien – als *common law* Rechtsordnung – durch die *lex fori*.[53] Folglich werden in Großbritannien grenzüberschreitende Leihmutterschaften auch nach inländischem Recht beurteilt, sodass auf das oben Gesagte verwiesen werden kann.

VI. Problemfälle

Probleme entstehen – gerade bei grenzüberschreitender Leihmutterschaft – immer dann, wenn die Bestelleltern einerseits nach dem Recht des Ausführungsstaates rechtlich schon Eltern des Kindes sind, nach ihrem Heimatrecht aber immer noch die Leihmutter als Elternteil angesehen wird. Die so entstehenden hinkenden Rechtsverhältnisse stellen insbesondere die Rechtsprechung vor eine große Herausforderung.[54]

---

[48] Erfasst sind nach SSA 1985, s. 3(2)-(5) sowohl Werbung in den Printmedien als auch Online-Werbung, die von einer Person in Großbritannien platziert wurde und dort gelesen und/oder gehört werden kann; vgl. *Charrot*, P. C. B. 2014, 39, 39.

[49] Kritisch dazu: Report of the *Surrogacy UK Working Group* on Surrogacy Law Reform, Myth busting and reform, 2015, 7.

[50] Siehe zum Begriff der grenzüberschreitenden Leihmutterschaft: *Dethloff*, Leihmutterschaft in rechtsvergleichender Perspektive, in diesem Tagungsband.

[51] Re X & Y (Foreign Surrogacy) [2008] EWHC 3030 (Fam).

[52] *Trimmings/Beaumont*, Workingpaper No. 2016/4, 14; siehe auch *Thomale*, Workingpaper EU, 4 f.; Hague Confererence on Private Law, Report of the February 2016 Meeting of the Experts Group on Parentage/Surrogacy, 2 Nr. 10.

[53] *Trimmings/Beaumont*, Workingpaper No. 2016/4, 14; *Wells-Greco* in: Trimmings/Beaumont, 385.

[54] Vgl. nur die Rechtssachen: X and Y (Foreign Surrogacy) [2008] EWHC 3030 (Fam.) und Re IJ (AChild) (Foreign Surrogacy Agreement: Parental Order) [2011] EWHC 921 (Fam.).

1. Kommerzielle Leihmutterschaftsvereinbarungen und das Problem der Vergütung

Der SAA 1985, s. 2(1) verbietet die kommerzielle Leihmutterschaft. Ein Gericht wird keine Elternverfügung erlassen, wenn es nicht überzeugt ist, dass die Leihmutterschaft als solche altruistischer Natur war. Besondere rechtliche Probleme bereitet es, wenn die Leihmutter eine Vergütung für ihre Dienste erhalten haben sollte, wie dies bei kommerziellen Leihmutterschaften, die im Ausland durchgeführt worden sind, üblich ist. Im Ausführungsstaat kann die Vergütung rechtmäßig, in Großbritannien jedoch gerade rechtswidrig sein.[55] Im britischen Leihmutterschaftsrecht ist jedwede Vergütung der Leihmutter verboten, wenn es sich nicht um notwendige Auslagen (*reasonable expenses*[56]) handelt oder die Vergütung von einem Gericht – auch rückwirkend – genehmigt wurde, HFEA, s. 54(8).

Sollte die Vergütung die Grenze der notwendigen Aufwendungen überschritten haben und dementsprechend nicht HFEA 2008, s. 54(8) entsprechen, müsste eine Elternverfügung aus Gemeinwohlerwägungen versagt werden. Jedoch kann die überragende Bedeutung des Kindeswohls eine rückwirkende Genehmigung rechtfertigen.[57] Seitdem das Kindeswohl durch die HFRR 2010 überragende Bedeutung erlangt hat, werden gesetzlich (wohl) verbotene Vergütungen durch die britischen Gerichte als angemessene Kompensation für den Verdienstausfall und die Ausgaben der Leihmutter als unschädlich betrachtet und rückwirkend genehmigt.[58] Dabei werden sie von dem Gedanken geleitet, dass eine Pönalisierung der involvierten Parteien dem Kindeswohl und somit gerade dem Zweck der Elternverfügung widerspricht.[59] Die Gerichte betonen jedoch stets, dass gewisse Summen oder ein entsprechender Betrag an Aufwendungen keinen Hinweis auf die Vereinbarkeit mit dem britischen Recht geben können.[60] Jeder Fall ist eine Einzelfallentscheidung, wobei – insbesondere bei grenzüberschreitenden Leihmutterschaften – die Lebensverhältnisse in den beiden beteiligten Staaten berücksichtigt werden müssen.[61] Aufmerksam werden die Gerichte bei Anzeichen, die vermuten lassen, die Summe habe faktisch einem Kindskauf entsprochen oder den Willen der Leihmutter gebeugt.[62] Weiterhin werden Umgehungs-

[55] Re L (A Minor) [2010] EWHC 3146 (Fam).

[56] Eine rechtssichere Definition des Begriffs *reasonable expenses* gibt es nicht (vgl. *Wells-Greco* in: Trimmings/Beaumont, 367).

[57] Re X & Y (Children) [2011] EWHC 3147 (Fam).

[58] Vgl. nur: Re C (Application by Mr and Mrs X under s. 30 of the HFEA 1990) [2002] EWHC 157 (Fam).

[59] Vgl. Re C (A Minor) (Wardship: Surrogacy) [1985] FLR 846.

[60] Re L (A Minor) [2010] EWHC 3146 (Fam).

[61] Re L (A Minor) [2010] EWHC 3146 (Fam); insbesondere wird auch eine mögliche Disproportionalität der Vergütung berücksichtigt, vgl. Re X & Y (Children) [2011] EWHC 3147 (Fam).

[62] *Wells-Greco* in: Trimmings/Beaumont, 378.

versuche[63] und Informationsdefizite der Bestelleltern hinsichtlich der Vergütung und der Einreise, speziell bei grenzüberschreitenden Leihmutterschaften, auch von den Gerichten berücksichtigt.[64] Je nach Einzelfall kann ein gewissenhaftes und bestmögliches Bestreben der Bestelleltern, sich rechtmäßig zu verhalten, wohlwollend berücksichtigt werden.[65] Dies trifft besonders bei einer Falschberatung oder Fehlinformation von Leihmutterschaftsagenturen im Ausland zu.[66] Jedoch haben die Bestelleltern stets die Möglichkeit, sich von einem spezialisierten Rechtsanwalt beraten zu lassen.[67]

Insgesamt kann damit festgehalten werden, dass durch die Rechtsprechung, die Grenze zwischen der kommerziellen und der nichtkommerziellen Leihmutterschaft verschwimmt.[68] Die Gerichte halten die strikten rechtlichen Vorgaben nicht ein, um die Zukunft des Kindes zu sichern.[69]

2. *Zustimmung der Leihmutter*

Auch wenn die Leihmutter nach ihrem Heimatrecht keine rechtliche Verantwortung für das Kind innehat, muss sie die für das britische Recht notwendige Zustimmung nach den Voraussetzungen des HFEA, s. 54(5) erteilen. Das Gericht muss überzeugt sein, dass die Leihmutter und jeder andere rechtliche Elternteil des Kindes, der nicht zu den Bestelleltern gehört, die Zustimmung frei und mit dem vollen Bewusstsein der Tragweite der Entscheidung getroffen hat und bedingungslos mit einer Elternverfügung zu Gunsten der Bestelleltern einverstanden ist.[70] Die Gerichte können nicht auf die erforderliche Zustimmung verzichten.[71] Aufgrund der fehlenden Durchsetzbarkeit des Leihmutterschaftsvertrages kann die erforderliche Zustimmung der Leihmutter auch nicht gerichtlich erzwungen werden, wenn sich die Leihmutter nicht an die zuvor

---

[63] Siehe Re A, B and C (UK surrogacy expenses) [2016] EWFC 33, bei dem die Bestelleltern das Gericht über die gezahlte Vergütung täuschten.

[64] Re L (A Minor) [2010] EWHC 3146 (Fam); Re IJ (A Child) [2011] EWHC 921 (Fam).

[65] Re IJ (A Child) [2011] EWHC 921 (Fam).

[66] Re IJ (A Child) [2011] EWHC 921 (Fam).

[67] Vgl. nur: Re X & Y (Children) [2011] EWHC 3147 (Fam).

[68] Im Ergebnis: Vijay, UCL J. L. and J. 2014, 3(1), 200, 222.

[69] *Wells-Greco* in: Trimmings/Beaumont, 379; siehe Re A, B and C (UK surrogacy expenses) [2016] EWFC 33, bei dem das Gericht einen parental order versagte und einen Vormund für das Leihmutterschaftskind bestellte. Aus diesem Grund fordern die britischen Gerichte, dass die vom Gesetzgeber gewünschte Kontrolle kommerzieller Leihmutterschaften in einem früheren Stadium, das heißt vor dem eigentlichen gerichtlichen Prozess über die Elternverfügungen, erfolgen sollte; siehe Re L (A Minor) [2010] EWHC 3146 (Fam) mit dem Beispiel der Landesgrenze oder sogar noch früher.

[70] Re X & Y (Foreign Surrogacy) [2008] EWHC 3030 (Fam); *Wells-Greco* in: Trimmings/Beaumont, 374.

[71] Re X & Y (Foreign Surrogacy) [2008] EWHC 3030 (Fam); so ausdrücklich auch: *Wells-Greco* in: Trimmings/Beaumont, 374 mit Hinweis auf die fehlende Erforderlichkeit der Zustimmung, wenn die Leihmutter nicht auffindbar oder nicht im Stande sei, die Zustimmung abzugeben.

getroffene Vereinbarung hält.[72] Jedoch intervenieren die Gerichte bei einer unzumutbaren Verweigerung oder Beeinträchtigung des Kindeswohles, die dann zu einer konstruierten Fiktion der Zustimmung führt.[73]

3. *Alleinstehender Bestellelternteil*

De lege lata können alleinstehende Bestelleltern keine Elternverfügung beantragen. Allein im Falle des Todes eines Bestellelternteils wurde im Einzelfall eine Elternverfügung erlassen, um dem Kindeswohl gerecht zu werden.[74] Jedoch haben die britischen Gerichte in der Rechtsache *Re Z (A Child)* den Weg für eine Reform geebnet, indem die Unvereinbarkeit der gesetzlichen Ausgangslage, dass ein Einzelner ein durch Leihmutterschaft gezeugtes Kind „bestellt“, mit den Menschenrechten festgestellt wurde.[75]

4. *6-Monats-Frist*

HFEA 2008, s. 54(3) statuiert mit Geburt des Kindes eine 6-Monats-Frist für die Antragsstellung der Elternverfügung. Diese wurde von der Rechtsprechung für eine nicht-verlängerbare absolute Ausschlussfrist gehalten.[76] Probleme können sich dann stellen, wenn die Einwanderung nach Großbritannien zu einer Verzögerung führt oder die Bestelleltern aufgrund von Nichtwissen den Antrag verfristet stellen.[77] Die obige Auffassung wurde zunächst in weiteren Urteilen[78] bestätigt, bis es im Oktober 2014 zu einer Rechtsprechungsänderung kam. Danach sollen die Gerichte nicht nur aufgrund des gesetzlichen Wortlautes des HFEA, s. 54(3) die Befugnis zur Extension der Frist haben, sondern dazu sogar verpflichtet sein, wenn es das Kindeswohl verlangt.[79] Zur Begründung wurde auf den Sinn und Zweck der Vorschrift abgestellt: Zunächst wurde auf die transzendentale Wichtigkeit der Elternverfügung und deren Wirkung für die Zukunft hingewiesen.[80] Eine starre Frist könne vom Gesetzgeber nicht be-

---

[72] *Gamble/Ghevaert*, IFL 2009, 223, 224; *Vijay*, UCL J. L. and J. 2014, 3(1), 200, 221.

[73] Re X & Y (Foreign Surrogacy) [2008] EWHC 3030 (Fam).

[74] Vgl. Re A & A v P, P & B [2011] EWHC 1738 (Fam.).

[75] Re Z (A Child) (No 2) [2016] EWHC 1191; so auch bereits schon *Jackson*, Familiy Law Week 2014.

[76] Re X & Y (Foreign Surrogacy) [2008] EWHC 3030 (Fam) noch zum gleichlautenden HFEA 1990, s. 30(2); so auch *Wells-Greco* in: Trimmings/Beaumont, 374.

[77] So Re X & Y (Foreign Surrogacy) [2008] EWHC 3030 (Fam) zu Hs. 1; Re X (A Child) (Surrogacy: Time Limit) [2014] EWHC 3135 (Fam) zu Hs. 2.

[78] Re S (Parental Order) [2009] EWHC 2977 (Fam); Re JP v LP (Surrogacy Arrangement: Wardship) [2014] EWHC 595 (Fam); Re WT (Forgein Surrogacy) [2014] EWHC 1303 (Fam).

[79] Re X (A Child) (Surrogacy: Time Limit) [2014] EWHC 3135 (Fam); *Fenton-Glynn*, C. L. J. 2015, 74, 34, 36.

[80] Re X (A Child) (Surrogacy: Time Limit) [2014] EWHC 3135 (Fam); *Fenton-Glynn*, C. L. J. 2015, 74, 34, 36.

absichtigt sein.[81] Eine andere Auslegung wäre ein Widerspruch des Vernünftigen, wenn nicht sogar widersinnig.[82] Schlussendlich hat das Gericht seine Begründung noch mit einem Hinweis auf Art. 8 EMRK unterstützt.[83] Aus diesem Grund sollen die Gerichte nicht nur berechtigt sein, sondern an eine weite Auslegung der Frist gebunden sein.[84] Zwar weist das Gericht zuletzt noch darauf hin, dass es sich in diesem Fall um eine Einzelfallentscheidung handelte und dem Urteil keine generelle Regelung entnommen werden dürfe, jedoch ist der Fall nicht so ungewöhnlich, um nicht auf andere übertragen werden zu können.[85]

5. *Wohnsitz der Bestelleltern* (domicile)

Problematisch sind Fälle, in denen die Bestelleltern nicht in Großbritannien wohnhaft sind und trotz dessen eine Elternverfügung nach britischem Recht beantragen. Nach HFEA s. 54(4) muss mindestens ein Bestellelternteil in Großbritannien wohnhaft sein. Die Literatur definiert den Begriff *domicile* wie folgt: *A person is gernerally domiciled in the country in which he is considered to have his permanet home*.[86] Folgerichtig muss eine Elternverfügung ausscheiden[87], und auch zum Wohle des Kindes verhindert werden[88], wenn das Gericht nicht von der Behauptung der Bestelleltern überzeugt ist, einen britischen Wohnort zu besitzen.[89] Andernfalls würde das britische Rechtssystem ausgenutzt werden.

6. *Staatsangehörigkeit des Kindes*

Die Bewilligung einer Elternverfügung selbst verleiht nicht die Staatsangehörigkeit.[90] Jedoch stellen die Parental Order Regulations 2010 gleichlaufend zum Adoptionsrecht sicher, dass ein Leihmutterschaftskind britischer Staatsbürger wird, wenn eine Elternverfügung in Großbritannien erlassen worden ist und mindestens ein Teil der Bestelleltern selbst britischer Staatsbürger ist.[91] Darüber hinaus begründet die genetische Verwandtschaft zu einem Elternteil in Ver-

---

81 Re X (A Child) (Surrogacy: Time Limit) [2014] EWHC 3135 (Fam); *Fenton-Glynn*, C. L. J. 2015, 74, 34, 36.

82 Re X (A Child) (Surrogacy: Time Limit) [2014] EWHC 3135 (Fam).

83 Re X (A Child) (Surrogacy: Time Limit) [2014] EWHC 3135 (Fam).

84 Re X (A Child) (Surrogacy: Time Limit) [2014] EWHC 3135 (Fam), *„more liberal and relaxed approach"*.

85 *Fenton-Glynn*, C. L. J. 2015, 74, 34, 36.

86 *Dicy, Morris and Collins*, The Conflict of Law, paras 6.030 to 6.048.

87 Re G (Surrogacy: Foreign Domicile) [2007] EWHC 2814 (Fam), jedoch wurde der Fall mit Hilfe des internationalen Adoptionsrechts gelöst.

88 *Wells-Greco* in: Trimmings/Beaumont, 374.

89 Re Z and another v C and another [2011] EWHC 3181 (Fam).

90 Re X & Y (Foreign Surrogacy) [2008] EWHC 3030 (Fam).

91 *Wells-Greco* in: Trimmings/Beaumont, 381 mit Verweis auf den British Nationality Act 1981, s. 1(5)(a) and (5A)(a).

bindung mit einer unverheirateten Leihmutter den automatischen Anspruch des Kindes auf die britische Staatsbürgerschaft.[92]

VII. Reformbestrebungen

Das britische Leihmutterschaftsrecht ist nunmehr teilweise schon über 30 Jahre alt. Es wird bemängelt, dass es nicht mehr zeitgemäß im Hinblick auf die soziokulturellen Vorstellungen der Gesellschaft sowie die Wirklichkeit der modernen Leihmutterschaft ist und deshalb einer Reformierung durch den Gesetzgeber bedarf.[93] Die Reformbestrebungen richten sich hauptsächlich auf die Durchsetzbarkeit des Leihmutterschaftsvertrages, die Legimitierung einer angemessenen Vergütung, den automatischen Erwerb der Elternschaft und auf die Lösung der oben dargestellten Probleme.[94]

1. *Durchsetzbarkeit des Leihmutterschaftsvertrages*

Eine Hauptforderung innerhalb der Reformdiskussion betrifft die Durchsetzbarkeit des Leihmutterschaftsvertrages. Ein rechtlich wirksamer Vertrag würde den moralischen und rechtlichen Folgeproblemen entgegenwirken und sowohl für die Leihmutter als auch die Bestelleltern Rechtsicherheit mit sich bringen.[95] Dagegen wird vorgebracht, dass es unzumutbar sei, einer Leihmutter die rechtliche Verpflichtung aufzubürden, das geborene Kind auch gegen ihren Willen zu übergeben.[96]

2. *Legalisierung einer Vergütung*

Die fehlende rechtssichere Definition des Begriffs *reasonable expenses* öffnet den Raum für Missbrauch und Ausbeutung.[97] Überwiegend wird in der Diskussion die Ausbeutung der Leihmutter betrachtet.[98] Auf der anderen Seite können auch die Bestelleltern Opfer einer Ausbeutung werden, wenn die Leihmutter

---

[92] Re X & Y (Children) [2011] EWHC 3147 (Fam).

[93] Report of the *Surrogacy UK Working Group* on Surrogacy Law Reform, Myth busting and reform, 2015, 11; *Scherpe*, FamRZ 2010, 1513.

[94] Zum Ganzen *Vijay*, UCL J. L. and J. 2014, 3(1), 200, 229 ff.; daneben wird noch eine mit dem kalifornischen Recht vergleichbare verpflichtete physiologische und psychologische Untersuchung der Leihmutter und eine Inkorporierung internationaler Standards diskutiert. Ausführlich auch der Report of the *Surrogacy UK Working Group* on Surrogacy Law Reform, Myth busting and reform, 2015.

[95] *Vijay*, UCL J. L. and J. 2014, 3(1), 200, 229.

[96] *Bartlett*, Yale Law Journal 1998, 293, 333.

[97] *Vijay*, UCL J. L. and J. 2014, 3(1), 200, 229.

[98] Die rechtsethische Kritik umfassend aufarbeitend: *Thomale*, Mietmutterschaft, 5 ff.; *ders.*, Workingpaper EU, 3 f.; auch *Birnbaum*, UCL Jurisprudence Review 1997, 100 und 109 ff.

aus dem unbedingten Wunsch der Bestelleltern weitere Vorteile ziehen möchte. Deshalb strebt ein praktischer Ansatz durch eine feste standardisierte und vertraglich vereinbarte Vergütung einerseits danach, die oben aufgeführten Probleme mit der Vergütung zu lösen und andererseits die Leihmutter für ihre mentalen und physischen Belastungen angemessen zu kompensieren.[99]

3. Erwerb der Elternstellung

Teilweise wird in der Literatur ein automatischer Erwerb der Elternschaft der Bestelleltern befürwortet.[100] Begründet wird diese Ansicht mit dem subjektiven Element der Bestelleltern. Denn die Planung für und die Vorbereitung auf das geplante Kind sollen einen automatischen Erwerb der Elternschaft legitimieren. Richtig ist zwar, dass ein automatischer Erwerb nicht nur Probleme rund um die Elternschaft, sondern auch die Nationalität des Kindes lösen würde. Nichtsdestotrotz steht diese Ansicht diametral der gegenwärtig geltenden *lex lata* gegenüber. Aus diesem Grund schlägt die *Surrogacy UK Working Group* vor, die Voraussetzungen des HFEA s. 54 zu reformieren.[101] Insbesondere soll *erstens* eine Elternverfügung schon vor der Geburt autorisiert werden können, *zweitens* die 6-Monatsfrist gestrichen werden, *drittens* alleinstehenden Bestellelternteilen eine Elternverfügung ermöglicht werden und *viertens* die Elternverfügung auch Bestelleltern zur Verfügung gestellt werden, die bei der Leihmutterschaft nicht die eigenen Stammzellen verwendet haben (Doppelte Spende).[102]

VIII. Zusammenfassung

1. Eine Leihmutterschaftsvereinbarung ist nicht durchsetzbar.
2. In Großbritannien findet bei grenzüberschreitenden Leihmutterschaften die *lex-fori* Anwendung.
3. Die Leihmutter ist die rechtliche Mutter des „bestellten" Kindes. Eine rechtliche Elternschaft der Bestelleltern erfolgt grundsätzlich durch eine gerichtliche Elternverfügung oder im Wege einer Adoption.
4. HFEA, s. 54 stellt in rechtlicher und tatsächlicher Hinsicht strenge Voraussetzungen an eine Elternverfügung.
5. Insbesondere bei grenzüberschreitenden Leihmutterschaften führt dies zu erheblichen Problemen. Diverse Voraussetzungen wie der „Unentgeltlichkeit"

---

[99] *Vijay*, UCL J. L. and J. 2014, 3(1), 200, 234.

[100] *Horsey*, Child and Family Law Quarterly 2010, 449, 471 f.

[101] Umfassend dazu: Report of the *Surrogacy UK Working Group* on Surrogacy Law Reform, Myth busting and reform, 2015.

[102] Report of the *Surrogacy UK Working Group* on Surrogacy Law Reform, Myth busting and reform, 2015, 7.

der Leihmutterschaft, die Zustimmung der Leihmutter oder die Frist der Antragstellung zu einer Elternverfügung werden durch die britischen Gerichte zum Wohle des Kindes aufgeweicht.

6. Ob die diskutierten Reformvorschläge in nächster Zeit durch den britischen Gesetzgeber aufgegriffen werden, bleibt abzuwarten.

Die Leihmutterschaft im US-amerikanischen Recht am Beispiel von Kalifornien und New Hampshire

*Lisa Engelhardt**

Die Thematik der Leihmutterschaft beschäftigt die amerikanischen Rechtswissenschaftler bereits seit dem medienwirksamen Fall „Baby M." von einer traditionellen Leihmutterschaft im Jahre 1985. Jeder Bundesstaat hat anders auf diese Erfahrungen reagiert und so existiert in den USA eine große Vielfalt an rechtlichen Regelungen bezüglich der Leihmutterschaft. Besonders interessant innerhalb der USA ist die Rechtslage unter anderem in Kalifornien, da sich dort eine ausgeprägte Vertragspraxis entwickelt hat[1] und viele Leihmutterschaftskinder geboren werden.[2] New Hampshire hat 2014 die gesetzlichen Regelungen der Leihmutterschaft grundlegend reformiert und liberalisiert. Vor 2014 war die Erlaubnis der Leihmutterschaft an strenge Vorgaben und ein gerichtliches Einverständnis geknüpft. Die juristische Situation der Einzelstaaten ist eingebettet in bundesstaatliche Rahmenbedingungen.

I. Bundesstaatliche Rahmenbedingungen

1. *Regelungskompetenz*

Das amerikanische Verfassungsrecht weist den Einzelstaaten die Kompetenz für alle Rechtsbereiche zu, die nicht durch die Verfassung dem Gesamtstaat zugewiesen werden.[3] Seit Mitte der 1980er Jahre wurden mehrere Gesetzgebungsvorhaben hinsichtlich der Leihmutterschaft dem amerikanischen Kongress unterbreitet.[4] Jedoch fanden die Vorhaben alle keine Mehrheit und scheiterten.

---

* Herzlich gedankt sei Herrn Prof. Dr. *Marc-Philippe Weller* und Frau *Vanessa Ludwig*.

1 Siehe *Thomale,* Mietmutterschaft, 2015, S. 109ff.

2 So auch im 2014 vom BGH entschiedenen Fall, BGH, Beschluss vom 10.12.2014 – XII ZB 463/13.

3 Siehe 10th Amendment United States Constitution: „The powers not delegated to the United States by the Constitution, nor prohibited by it to the States, are reserved to the States respectively, or to the people."

4 *Bertschi*, Leihmutterschaft, 2014, S. 109; *Markens*, Surrogate Motherhood and the Politics of Reproduction, 2007, S. 26.

Folglich liegt die Kompetenz weiterhin bei den Einzelstaaten, was zu einer von Staat zu Staat divergierenden Rechtslage bei der Leihmutterschaft führt. Beispielsweise verbieten Arizona, Indiana, Michigan und North Dakota Leihmutterschaftsverträge grundsätzlich und unterscheiden mithin auch nicht danach, ob eine Kompensation gezahlt wird oder nicht.[5] Teilweise werden Strafmaßnahmen für die beteiligten Parteien angedroht. Insgesamt zehn Staaten differenzieren zwischen einem kommerziellen und einem altruistischen Leihmutterschaftsvertrag. Als altruistisch gilt ein Leihmutterschaftsvertrag dann, wenn kein Entgelt im engeren Sinne, also keine Bezahlung allein für das Austragen des Kindes an die Leihmutter gezahlt wird. Aufwandsentschädigungen werden regelmäßig nicht als Bezahlung im engeren Sinne behandelt, so dass die finanziellen Unterschiede fließend sein können.[6] Ein altruistischer Leihmutterschaftsvertrag ist beispielsweise in New York, Florida oder New Mexico gültig beziehungsweise durchsetzbar.[7] Wenn das Verbot der kommerziellen Leihmutterschaft missachtet wird, führt dieser Gesetzesbruch teils zur Nichtigkeit, teils fehlt es als Konsequenz an der Durchsetzbarkeit des Vertrags.[8] In vielen Staaten ist die rechtliche Lage unklar, was auch daran liegt, dass keine Gesetze geschaffen wurden und damit die Behandlung der Leihmutterschaftsverträge den Gerichten überlassen wird.[9]

2. *Staatsangehörigkeit des durch Leihmutterschaft geborenen Kindes*

Folgefrage der Wirksamkeitsentscheidung von Leihmutterschaftsverträgen und von überragender praktischer Bedeutung ist die Staatsangehörigkeit des von einer Leihmutter geborenen Kindes. Die Frage der Staatsangehörigkeit der von einer Leihmutter geborenen Kinder ist auf Bundesebene geregelt.[10] In den USA gilt das ius soli, sodass alle auf dem Staatsgebiet der USA geborenen Kinder die amerikanische Staatsangehörigkeit besitzen. Auch für Kinder ausländischer Wunscheltern gilt damit, dass sie mit der Geburt in den USA automatisch die amerikanische Staatsbürgerschaft erhalten.[11]

---

[5] *Spivack*, in: Gestation pour autrui: Surrogate Motherhood, 2011, S. 261.

[6] Hier stellt sich insbesondere das Problem der Festsetzung einer Grenze zwischen einer Aufwandsentschädigung und einer Bezahlung im engeren Sinne.

[7] Desweiteren in Kentucky, Louisiana, Nebraska, North Carolina, Washington, Nevada und Virginia, siehe *Spivack*, in: Gestation pour autrui: Surrogate Motherhood, 2011, S. 262.

[8] Vgl. *Spivack*, in: Gestation pour autrui: Surrogate Motherhood, 2011, S. 262.

[9] So beispielsweise in Alaska, Kalifornien, Delaware, Hawaii, New Jersey und Ohio, siehe *Spivack*, in: Gestation pour autrui: Surrogate Motherhood, 2011, S. 262.

[10] Vgl. *Bertschi*, Leihmutterschaft, 2014, S. 112.

[11] 14th Amendment sec. 1 United States Constitution: „All persons born or naturalized in the United States, and subject to the jurisdiction thereof, are citizens of the United States and of the state wherein they reside"; siehe auch: *Bertschi*, Leihmutterschaft, 2014, S. 112.

3. Der Uniform Parentage Act als Modellgesetz

Um diese Vielfalt an Regelungen zu vereinheitlichen hat die „National Conference of Commissioners on Uniform State Laws“ ein Modellgesetz erarbeitet, was als Regelungsvorschlag für die einzelnen Staaten unter anderem die Rechtsfrage der Leihmutterschaft bearbeitet.[12] Ein Modellgesetz ist nicht verbindlich, sondern nur ein wissenschaftlicher Vorschlag mit der Anregung an die Einzelstaaten, entsprechende Vorschriften zu erlassen mit dem Fernziel der Rechtsharmonisierung auf dem betroffenen Gebiet.[13] Elf Staaten haben das Modellgesetz „Uniform Parentage Act“ umgesetzt.[14] Dieses regelt unter anderem die juristischen Grundlagen der Leihmutterschaft.

Der Uniform Parentage Act (UPA) schlägt als Regelung hinsichtlich der Leihmutterschaft eine grundsätzliche Erlaubnis vor, die unter einigen Bedingungen steht. Wichtigster Bestandteil der Regelung des UPA ist, dass der Vertrag nur wirksam ist, wenn ein Gericht diesem zugestimmt hat, vgl. Section 802 und 803 UPA. Das Gericht überprüft alle Wirksamkeitsvoraussetzungen.[15]

- Zunächst müssen nach Section 801 alle betroffenen Parteien, also die Leihmutter, gegebenenfalls ihr Ehemann, die Spender sowie die Wunscheltern, in den Vertrag einwilligen.[16] Die Wunscheltern werden einer Eignungsprüfung unterzogen.[17] Die zuständige „Kindeswohlbehörde“ prüft nach denselben Kriterien, die für eine Adoption angelegt werden, ob die Wunscheltern für eine Elternschaft geeignet sind.[18] So wird dem Kindeswohl Rechnung getragen.
- Auch die Rechte der Leihmutter sind bedacht. So behält die Leihmutter nach Section 801 (f) UPA alle Rechte über die eigene Gesundheit und den eigenen Schutz sowie über die Gesundheit und den Schutz des Embryos zu entscheiden.[19] In der Zeit zwischen Vertragsschluss und Schwangerschaft ist

---

[12] Der Uniform Parentage Act wurde 2002 erarbeitet und 2002 überarbeitet.

[13] Vgl. MüKoHGB-*Hadding/Häuser*, 3. Auflage 2014, 6. Band, A. Giroverhältnis, A 52; MüKoZPO-*Rauscher*, Einleitung, Rn. 467.

[14] Siehe: www.uniformlaws.org/Act.aspx?title=Parentage%20Act, zuletzt abgerufen am 24.05.2017.

[15] Section 803(a) UPA: „If the requirements of subsection (b) are satisfied, a court may issue an order validating the gestational agreement and declaring that the intended parents will be the parents of a child born during the term of the of the agreement.“

[16] Section 801(a) UPA: „A prospective gestational mother, her husband if she is married, a donor or the donors, and the intended parents may enter into a written agreement providing that: ...“

[17] Section 803(b) (2) UPA: „The court may issue an order under subsection (a) only on finding that: (2) unless waived by the court, the [relevant child-welfare agency] has made a home study of the intended parents ...“

[18] Section 803(b) (2) UPA: „The court may issue an order under subsection (a) only on finding that: (2) unless waived by the court, the [relevant child-welfare agency] has made a home study of the intended parents and the intended parents *meet the standards of suitability applicable to adoptive parents* ...“ [Hervorhebung durch die Verfasserin].

[19] Section 801 (f) UPA: „A gestational agreement may not limit the right of the gestational mother to make decisions to safeguard her health or that of the embryos or fetus.“

die Leihmutter in besonderer Weise geschützt. Sie kann ohne besondere Begründung[20] von dem Vertrag zurücktreten.[21] Dieses Recht steht auch den Wunscheltern und gegebenenfalls dem Ehemann der Leihmutter zu.[22] Sogar das bewilligende Gericht kann mit gutem Grund einschreiten und den Vertrag vor der Schwangerschaft noch für beendet erklären.[23]

- Section 806 (d) regelt dazu, dass weder die Leihmutter noch ihr Ehemann einer Haftung unterliegen, wenn sie in dieser Zeitspanne vom Leihmutterschaftsvertrag zurücktreten.[24] Diese Regelungen stellen die freie Entscheidungsmöglichkeit in den Vordergrund.
- Allerdings muss nicht nur die Entscheidungsfreiheit der Leihmutter bedacht werden. Ein wichtiger, insbesondere finanziell bedeutender Faktor ist die Gesundheitsvorsorge der Leihmutter. Nach Section 803 (b) (4) UPA ist der Leihmutterschaftsvertrag nur dann wirksam, wenn verantwortungsvolle Gesundheitsvorsorge für alle Kosten getroffen wurde, die der Leihmutterschaft in Bezug auf die Schwangerschaft und deren Folgen entstehen können.[25]
- Des Weiteren müssen entweder die Wunscheltern oder die Leihmutter mindestens 90 Tage lang im betroffenen Staat ansässig sein.[26] Durch diese Regelung soll dem Leihmutterschaftstourismus Einhalt geboten werden.
- Ferner wird die Bezahlung der Leihmutter geregelt. Sofern eine Bezahlung vereinbart ist, muss sie angemessen sein.[27] Eine eindeutige Entscheidung hinsichtlich der Zulässigkeit einer Bezahlung trifft der UPA nicht. Damit sind sowohl eine altruistische als auch eine kommerzielle Leihmutterschaft unter dem UPA grundsätzlich möglich.

---

[20] Comment on Section 806 UPA: „Subsection (a) permits a party to terminate a gestational agreement after the authorization order by canceling the arrangement before the pregnancy has been established … In contrast to the next subsection, termination of the agreement does not require ‚good cause'."

[21] Section 806 (a) UPA: „After issuance of an order under this [article], but before the prospective gestational mother becomes pregnant by means of assisted reproduction, the prospective gestational mother, her husband, or either of the intended parents may terminate the gestational agreement by giving written notice of termination to all other parties."

[22] Siehe Section 806 (a) UPA.

[23] Section 806 (b) UPA „The court for good cause shown may terminate the gestational agreement."

[24] Section 806 (d): „Neither a prospective gestational mother nor her husband, if any, is liable to the intended parents for terminating a gestational agreement pursuant to this section."

[25] Section 803 (b) (4) UPA: „The court may issue an order under subsection (a) only on finding that: … adequate provision has been made for all reasonable health-care expense associated with the gestational agreement until the birth of the child, including responsibility for those expenses if the agreement is terminated …"

[26] Section 802 (b) UPA: „A proceeding to validate a gestational agreement may not be maintained unless: (1) the mother or the intended parents have been residents of this State for at least 90 days; …"

[27] Section 803 (b) (5) UPA: „The court may issue an order under subsection (a) only on finding that: … the consideration, if any, paid to the prospective gestational mother is reasonable."

Sollte der Leihmutterschaftsvertrag unwirksam sein, ist er nicht vollstreckbar.[28] Das bedeutet, dass dem Wunsch der Bestelleltern auf Herausgabe des Kindes vor Gericht nicht Folge geleistet wird. Je nach Einzelfall können die Wunscheltern jedoch trotzdem zur Zahlung des Kindesunterhalts verpflichtet sein.[29] Ist der Leihmutterschaftsvertrag wirksam, wird die Elternschaft auf Antrag der Wunscheltern oder der Leihmutter auf die Wunscheltern übertragen.[30]

Eine bedeutende, wenn nicht gar die wichtigste Frage bezüglich des Regelungskomplexes „Leihmutterschaft" regelt der UPA jedoch nicht. Er lässt unbeantwortet, was passiert, wenn ein Leihmutterschaftsvertrag vorzeitig beendet wird oder nicht vollstreckbar ist. Wer dann die rechtliche Elternschaft übernehmen darf beziehungsweise muss, überlässt der Act explizit den Gerichten.[31] Die Gerichte sollen dabei die Intention des UPA beachten und nach den speziellen Umständen des Einzelfalls entscheiden.[32]

II. Der medienwirksame Fall „Baby M."

Die Diskussion über Leihmutterschaft in den USA ist maßgeblich durch den Fall „Baby M."[33] geprägt. 1985 kam Baby M. nach künstlicher Befruchtung zur Welt. Genetisch verwandt ist Baby M. mit der Leihmutter und dem Wunschvater, dessen Spermien zur künstlichen Befruchtung verwendet wurden. Nach der Geburt sollte die Leihmutter auf alle elterlichen Rechte verzichten und Baby M. zur Adoption durch die Ehefrau des Vaters freigeben. Die Leihmutter baute jedoch während der Schwangerschaft eine enge Bindung zu dem Kind auf und wollte es nicht den Wunscheltern überlassen. Sie weigerte sich nach der Geburt sich von dem Kind zu trennen und floh letztlich mit ihm nach Florida. Der Vater erwirkte eine gesetzliche Verfügung und die Leihmutter musste Baby M. an ihn herausgeben. Das Sorgerecht wurde vorläufig auf ihn übertragen.

Der Superior Court of New Jersey hielt den Leihmutterschaftsvertrag erstinstanzlich für wirksam, sprach dem Vater das alleinige Sorgerecht zu und gab

[28] Section 809 (a) UPA: „A gestational agreement, whether in a record or not, that is not judicially validated is not enforceable."

[29] Section 809 (c) UPA: „Individuals who are parties to a nonvalidated gestational agreement as intended parents may be held liable for support of the resulting child, even if the agreement is otherwise unenforceable."

[30] Section 807 (a) UPA: „Upon birth of a child to a gestational mother, the intended parents shall file notice with the court that a child has been born to the gestational mother within 300 days after assisted reproduction. Thereupon, the court shall issue an order: (1) confirming that the intended parents are the parents of the child ..."

[31] Siehe Comment on Section 803 UPA: „The consequences of a failure to abide by the rules of this section are left to a case-by-case determination."

[32] Comment on Section 803 UPA: „A court should be guided by the Act's intention to permit gestational agreements and the equities of a particular situation."

[33] In re baby M., 525 A. 2d 1228 (N. J.Super Ch. 1987; 537 A. 2d 1227 (N. J.SupCt 1988) nach *Spivack*, in: Gestation pour autrui: Surrogate Motherhood, 2011, S. 258; *Frucht*, Ersatzmutterschaft, 1996, S. 13.

das Kind zur Adoption durch die Ehefrau des Vaters frei. Alle elterlichen Rechte der Leihmutter wurden damit für beendet erklärt.

Der Supreme Court of New Jersey erklärte den Leihmutterschaftsvertrag jedoch für nichtig und hob das erstinstanzliche Urteil auf. Die elterlichen Rechte der Leihmutter bestanden damit weiterhin und eine Adoption durch die Ehefrau des Vaters war nicht möglich. Letztendlich kam es zu einer Sorgerechtsstreitigkeit zwischen dem Vater und der Leihmutter, woraufhin das Gericht das Sorgerecht dem Vater zusprach.

Die juristische Diskussion entbrannte an der Frage, ob der Fall unter das sogenannte „baby selling law“ fällt, welches den Verkauf von Kindern unter Strafe stellte.[34] Das US-amerikanische Recht folgt bei der Auslegung von „statues“ anderen Grundsätzen als die deutsche Jurisprudenz bei der Auslegung von Gesetzen. „Statutory laws“ unterliegen bei ihrer Auslegung engen Grenzen.[35] Durch diese Auslegung des „baby selling law“ unterfällt die Leihmutterschaft tatbestandlich nicht diesen Bestimmungen, die zu einer Nichtigkeit der Verträge geführt hätten. Jedoch verstößt der Leihmutterschaftsvertrag des Falls „In re Baby M.“ nach der Auffassung des Supreme Court of New Jersey gegen die *„public policy“*.[36] *Public policy* umfasst die wesentlichen Grundgedanken des Rechts und grundsätzliche Wertentscheidungen, die in der Rechtsordnung des einzelnen Staates angelegt sind.[37] Dieser emotional aufgeladene Fall, der oft in Verbindung zur Leihmutterschaftsthematik von den Medien aufgegriffen wird[38], führte dazu, dass die heutige Leihmutterschaftspraxis in den USA mit einer Eizellenspende arbeitet. Die durch die genetische Verwandtschaft zusätzlich entstehende Bindung zwischen der Leihmutter und dem Kind hat dazu geführt, dass die Eizellenspende zum Standard geworden ist.[39]

III. Die juristischen Rahmenbedingungen der Leihmutterschaft in New Hampshire

1. Geltende Gesetzeslage

New Hampshire ist als Regelungsbeispiel von besonderem Interesse, weil es 2014 eine Reform der Leihmutterschaftsgesetze durchgeführt hat.[40] Im Großen

---

[34] Siehe *Frucht*, Ersatzmutterschaft, 1996, S. 15: *Goeldel*, Leihmutterschaft, 1994, S. 13.

[35] *Bezanson*, Solomon Would Weep: A Comment on In the Matter of Baby M and the Limits of Judicial Authority, Journal of Law, Medicine and Ethics 1988, S. 126, 128.

[36] *Frucht*, Ersatzmutterschaft, 1996, S. 41; *Goeldel*, Leihmutterschaft, 1994, S. 14 f.

[37] Loucks v. Standard Oil Co. of New York; *Symeonides*, Choice of Law, 2016, S. 79: „… the public policy exception applies only if the foreign law … violates some fundamental principle of justice, some prevalent conception of good morals, some deep-rooted tradition of the common weal.“

[38] *Markens*, Surrogate Motherhood and the Politics of Reproduction, 2007, S. 104.

[39] *Spivack*, in: Gestation pour autrui: Surrogate Motherhood, 2011, S. 259.

[40] Siehe Titel XII Section 168-B:1–22. New Hampshire Statutes.

und Ganzen führte die Reform zu einer Liberalisierung der Leihmutterschaftskonditionen.[41] Eine enge Anlehnung an den Uniform Parentage Act ist dabei nicht zu erkennen.

New Hampshire legt bei der Zulässigkeit einen Schwerpunkt auf die Beratung. Die Wunscheltern und die Leihmutter müssen sich psychologisch und juristisch beraten lassen, bevor eine künstliche Befruchtung der Leihmutter vorgenommen wird.[42] Diese Beratungen sind gesetzlich ausgestaltet. Beispielsweise muss nach Titel XII Section 168-B:1 XV New Hampshire Statutes[43] die Beratung ein persönliches Treffen beinhalten, wobei der Experte die Betroffenen über die Auswirkungen, Risiken und möglichen Konsequenzen einer Leihmutterschaft aufklären muss. Das Gesetz bestimmt vergleichsweise genau, welche Themen dabei zur Sprache kommen müssen. So wird zum Beispiel festgelegt, dass über mögliche Bindungsprobleme gesprochen wird.[44] Der große Unterschied zwischen den Regelungen des UPA und den New Hampshire Statutes besteht aber darin, dass weder der Psychologe noch der rechtliche Berater ihr Einverständnis in die Leihmutterschaft geben müssen. Die Beratung muss nur erfolgt sein. Von dem Einverständnis der Experten hängt nicht die Wirksamkeit des Leihmutterschaftsvertrags ab. Dies ist beim UPA indirekt der Fall, da das Gericht die Wirksamkeit nur dann ausspricht, wenn alle Voraussetzungen erfüllt sind, worunter auch das Einverständnis der Experten fällt.

---

[41] Vergleich zwischen den aktuellen gesetzlichen Regelungen von 2014 und den Darstellungen von *Büchler/Bertschi*, Gewünschtes Kind, geliehene Mutter, zurückgewiesene Eltern?, FamPra.ch 2013, S. 33ff. sowie *Frucht*, Ersatzmutterschaft, 1996, S. XXXVIIIff. zu den vorherigen gesetzlichen Regelungen. Zum Beispiel fiel die Voraussetzung weg, dass zumindest ein Wunschelternteil mit dem Kind genetisch verwandt sein muss.

[42] Titel XII Section 168-B:8: „An intended parent of any child resulting from assisted reproduction and a gestational carrier arrangement shall meet each of the following requirements prior to any medical procedures to impregnate the gestational carrier: I. He, she, or they have completed a mental health consultation. II. He, she, or they have undergone legal consultation with independent legal counsel regarding the terms of the gestational carrier agreement and have been advised of the potential legal consequences of the gestational carrier agreement."; 168-B:9 New Hampshire Statutes: „Prior to any medical procedures to impregnate the gestational carrier, a woman, intending to be a gestational carrier, shall meet all of the following requirements: III. She has completed a physical medical evaluation, in substantial conformance with the guidelines set forth by the American Society for Reproductive Medicine, relating to the anticipated pregnancy. IV. She has completed a mental health consultation. V. She, and her spouse or partner, if any, have undergone legal consultation with independent legal counsel regarding the terms of the gestational carrier agreement and have been advised of the potential legal consequences of the gestational carrier agreement."

[43] Titel XII Section 168-B:1 XV. New Hampshire Statutes: „Mental health consultation" means an in-person meeting with a licensed mental health professional for the purposes of educating the participants about the effects and potential consequences of their participation in a gestational carrier arrangement, and of evaluating any potential psychological issues and risks posed by a party to a gestational carrier arrangement, including, but not limited to, the intended parent or parents or the gestational carrier's mental health, external and environmental factors, ability to manage relationships, potential attachment issues, and ability to carry out his or her obligations, rights, and duties under a gestational carrier arrangement."

[44] Titel XII Section 168-B:1 XV. New Hampshire Statutes: „... including, but not limited to ... potential attachment issues ..."

An die Leihmutter werden gesetzlich zunächst grundlegende Anforderungen gestellt. Sie muss mindestens 21 Jahre alt sein, schon eine Schwangerschaft erlebt haben und nach einer Gesundheitsuntersuchung physisch den Anforderungen einer Leihmutterschaft gewachsen sein.[45] Die Wunscheltern müssen alle Kosten der Gesundheitsvorsorge übernehmen, die der Leihmutter in Verbindung mit ihrer Schwangerschaft entstehen.[46] New Hampshire erlaubt bei angemessener Zahlung auch eine kommerzielle Leihmutterschaft.[47]

Eine Haftung der Leihmutter ist grundsätzlich nicht ausgeschlossen.[48] Für den Fall, dass die Leihmutter den Vertrag oder die gesetzlichen Regelungen nicht einhält und damit dem Kind Schaden zufügt, regelt Titel XII Section 168-B:18 II New Hampshire Statutes einen Anspruch der Wunscheltern.

Der Leihmutterschaftsvertrag kann vor der künstlichen Befruchtung bei Gericht eingereicht und für wirksam erklärt werden, eine Pflicht wie im UPA besteht jedoch nicht.[49] Werden alle gesetzlichen Vorgaben eingehalten, bestimmt Titel XII Section 168-B:10 New Hampshire Statutes, dass eine Vermutung zugunsten der Gültigkeit des Vertrags besteht. Hierin liegt ein wesentlicher Unterschied zwischen den Regelungen in New Hampshire und denen des UPA. Damit ein Leihmutterschaftsvertrag unter dem UPA wirksam ist, bedarf es der Gültigkeitserklärung des Gerichts. Nach den Regelungen, die seit 2014 in New Hampshire gelten, ist eine solche Gültigkeitserklärung nicht von Nöten. Titel XII Section 168-B:4 und B:17 New Hampshire Statutes legt sogar fest, dass die Nichteinhaltung der gesetzlichen Vorgaben der Leihmutterschaft grundsätzlich keinen Einfluss auf die Frage der Elternschaft haben soll.[50] Die Konsequenzen eines Gesetzes- oder Vertragsbruchs sind nicht gesetzlich geregelt. Es ist nach Titel XII Section 168-B:17 New Hampshire Statutes die Aufgabe des Gerichts, Konsequenzen aus einem solchen Bruch zu ziehen.[51]

---

[45] Titel XII Section 168-B:9 New Hampshire Statutes: „Prior to any medical procedures to impregnate the gestational carrier, a woman, intending to be a gestational carrier, shall meet all of the following requirements: I. She is at least 21 years of age. II. She has given birth to at least one child. III. She has completed a physical medical evaluation, in substantial conformance with the guidelines set forth by the American Society for Reproductive Medicine, relating to the anticipated pregnancy."

[46] Titel XII Section 168-B:11 New Hampshire Statutes: „... (d) The express written agreement of all parties as to how reasonable compensation, if any, shall be paid to the gestational carrier, including, but not limited to, payment of the gestational carrier's reasonable medical, counseling, legal, and/or other expenses related to the gestational carrier arrangement."

[47] Titel XII Section 168-B:11 New Hampshire Statutes, siehe Fn. 47.

[48] Titel XII Section 168-B:18 II. New Hampshire Statutes: „II. Except as expressly provided in the gestational carrier agreement, the gestational carrier shall be entitled to all remedies available at law or equity."

[49] Titel XII Section 168-B:10 New Hampshire Statutes: „A gestational carrier agreement that conforms to these requirements is a legal contract that is presumed to be valid and enforceable and is legally enforceable by the court. The parties to a gestational carrier agreement may petition the court for an order affirming the status of a gestational carrier agreement."

[50] Titel XII Section 168-B:4 New Hampshire Statutes: „Noncompliance with the requirements of this chapter shall not affect the determination of parenthood under this chapter."

[51] XII Section 168-B:17 New Hampshire Statutes: „Except as otherwise provided in this

Durch den Leihmutterschaftsvertrag übernehmen die Wunscheltern die elterlichen Rechte und Pflichten hinsichtlich des gezeugten Kindes ganz unabhängig von der (geistigen) Gesundheit des Kindes, dem Geschlecht und der Anzahl der Kinder.[52] Auch muss der Leihmutterschaftsvertrag Regelungen enthalten für den Fall, dass ein Wunschelternteil oder beide Wunscheltern während der Schwangerschaft sterben. In diesem Fall bleibt der Vertrag grundsätzlich wirksam.[53]

Die Tatsache, dass das Kind von einer anderen Frau geboren wurde als der rechtlichen Mutter, muss in keinen Urkunden dokumentiert werden. Nach Titel XII Section 168-B:12 New Hampshire Statutes ist es möglich, dass in der Geburtsurkunde nur die rechtlichen Eltern als Eltern eingetragen werden.[54]

2. *Gesetzesreform von 2014*

Im Jahr 2014 hat New Hampshire seine Gesetzgebung zur Leihmutterschaft geändert. Es wurde deutlich liberalisiert. Als grundlegendste Änderung fielen zwei Modalitäten weg. Zum einen bedarf es keiner eingehenden Beurteilung der Wunscheltern hinsichtlich ihrer Fähigkeit zur Elternschaft mehr.[55] Ein Leihmutterschaftsvertrag kann nun ohne die Mitwirkung eines Gerichts wirksam geschlossen werden. Zum anderen kann die Leihmutter nicht mehr bis 72 Stunden nach der Geburt entscheiden, das Kind doch zu behalten.[56]

Ebenfalls weggefallen ist der vor der Reform notwendige Nachweis der Wunschmutter, dass sie aus medizinischen Gründen nicht in der Lage ist, ein

---

chapter, in the event of a party's noncompliance with the requirements of this chapter and/or with a provision of the gestational carrier agreement, the court shall determine the respective rights and obligations of the parties, unless the gestational carrier agreement provides otherwise."

[52] Titel XII Section 168-B:11 New Hampshire Statutes: „(c) (2) Accept sole physical custody of the resulting child immediately upon birth, regardless of number, gender, and/or physical or mental condition."

[53] Titel XII Section 168-B:15 New Hampshire Statutes: „II. In the event that the intended parent or parents predecease the birth of the resulting child, the terms and conditions of the gestational carrier agreement shall remain in full force and effect ...".

[54] Titel XII Section 168-B:12 New Hampshire Statutes: „II. Upon the request of any party, such parentage order shall direct that the certificate of birth name the intended parent or parents as the sole parent or parents of the resulting child and that such a certificate of birth shall not name the gestational carrier or her spouse or partner, if any, as the parent or parents of the resulting child."

[55] Voraussetzung war normiert in § 168-B: 23. NH Rev. Stat. Ann. (2013): „III. An order validating the surrogacy contract shall be issued only if, after the hearing, the court makes the following findings: ... (c) Evaluations and counseling, pursuant to RSA 168-B:18–19, have been completed, and petitioners have been determined by the persons performing the evaluations or counseling to be qualified to enter into the surrogacy arrangement as provided by this chapter; ...".

[56] Diese Regelung war normiert in § 168-B: 26. NH Rev. Stat. Ann. (2013): „Notwithstanding any other provision of law, the certificate of birth shall not be completed for 72 hours after birth ...".

Kind auszutragen.[57] Diese Regelungen führten dazu, dass der größte Teil der Wunscheltern eine gewünschte Leihmutterschaft nicht in New Hampshire durchführen ließen, sondern in andere Bundesstaaten auswichen, die solche Regelungen nicht haben.[58] Der Wunsch zur Änderung des Leihmutterschaftsgesetzes soll es Wunscheltern, die in New Hampshire ansässig sind, ermöglichen, eine Leihmutterschaft im selben Bundesstaat durchzuführen.

Die Diskussion der Gesetzesreform war bestimmt von der Frage der Vertragsfreiheit. Die Vertragsparteien sollen die Konditionen ihres Leihmutterschaftsvertrags selber bestimmen können.[59] Sogar die Frage, was passiert, wenn das geborene Kind an einer Behinderung leidet, soll der Vertragsgestaltung überlassen werden.[60] Wichtig war den Beteiligten der Gesetzesreform jedoch, dass es weiterhin gesetzliche Vorgabe ist, dass die Leihmutter bereits schwanger gewesen sein muss, um die Folgen eines solchen Leihmutterschaftsvertrags einschätzen zu können.[61] Weil die vertragliche Verhandlung zwischen den Wunscheltern und der Leihmutter eine so große Rolle einnimmt, bestimmt Titel XII Section 168-B: 11 III New Hampshire Statutes, dass der Leihmutter ein Rechtsanwalt zur Seite gestellt wird, der unabhängig vom Rechtsanwalt der Wunscheltern sein muss. New Hampshire hat sich damit dazu entschlossen, die gesetzlichen Regelungen zu liberalisieren und statt auf gerichtliche Kontrolle auf die Funktion der anwaltlichen Vertretung bei den Vertragsverhandlungen zu vertrauen.

IV. Die juristischen Rahmenbedingungen der Leihmutterschaft in Kalifornien

1. *Gesetzliche Vorgaben*

Kalifornien überlässt die Ausgestaltung der rechtlichen Situation hinsichtlich der Leihmutterschaft weitestgehend seinen Gerichten.[62] Der Californian Family Code regelt in Section 7610, dass *grundsätzlich* eine rechtliche Eltern-Kind-Beziehung durch die Geburt zustande kommt. Im Falle einer Samenspende

[57] Voraussetzung war normiert in § 168-B: 17 II NH Rev. Stat. Ann. (2013): „II. The intended mother shall be medically determined to be physiologically unable to bear a child without risk to her health or to the child's health."

[58] Official Hearing for the Amendement; Attorney Cathrine Tucker berichtete, dass 90 % der Wunscheltern nach einer rechtlichen Beratung in New Hampshire sich dazu entschließen, die Leihmutterschaft in einem anderen Bundesstaat durchführen zu lassen.

[59] Official Hearing for the Amendement.

[60] Official Hearing for the Amendement; Attorney Cathrine Tucker; in Titel XII Section 168 B – surrogacy findet sich keine Regelung für die Situation, das sein Kind mit Behinderung zur Welt kommt.

[61] Die Voraussetzung ist weiterhin in Titel XII Section 168-B:9 II New Hampshire Statutes kodifiziert. Siehe dazu Official Hearing for the Amendement; vorher in § 168-B:17 NH Rev. Stat. Ann. (2013).

[62] *Büchler/Bertschi*, Gewünschtes Kind, geliehene Mutter, zurückgewiesene Eltern?, FamPra.ch 2013, S. 33, 37.

wird jedoch gemäß Section 7613 (a) Californian Family Code der Wunschvater und nicht der Samenspender als rechtlicher Vater anerkannt.[63] Damit öffnet sich Kalifornien der Anerkennung der Wunscheltern als rechtliche Eltern. Die Vorschrift bestimmt, dass zwischen dem Kind und den Eizellen- bzw. Samenspendern grundsätzlich keine rechtliche Elternschaft bestehen.[64] Spezifische gesetzliche Regelungen für den Fall der Leihmutterschaft gibt es in Kalifornien nicht. Die wenigen gesetzlichen Bestimmungen führen dazu, dass das kalifornische Leihmutterschaftsrecht von Rechtsprechung und Fällen geprägt ist. Ergänzend wenden die kalifornischen Gerichte teilweise das Modellgesetz UPA an.[65] Es liegt damit in den Händen der kalifornischen Gerichte, die juristische Wertung von Leihmutterschaftsverträgen vorzunehmen und Voraussetzungen aufzustellen.

2. *Gerichtlicher Umgang mit der Leihmutterschaft*

Einen bedeutenden Unterschied sehen kalifornische Gerichte zwischen der „traditionellen" und der „vollständigen" Leihmutterschaft. Bei einer vollständigen Leihmutterschaft wird der Leihmutter eine Eizelle von einer Spenderin eingepflanzt und damit besteht keine genetische Verwandtschaft zwischen dem Kind und der Leihmutter. Eine traditionelle Leihmutterschaft liegt dann vor, wenn eine Eizelle der Leihmutter selbst verwendet wird. Bei dieser Variante besteht zwischen dem Kind und der Leihmutter eine genetische Verwandtschaft. Für kalifornische Gerichte hat diese Verwandtschaft die Folge, dass der Leihmutterschaftsvertrag nicht vollstreckbar ist.[66] Ein Vertrag über eine traditionelle Leihmutterschaft verstößt gegen die *public policy*.[67] Grundlage für diesen Verstoß ist das Verbot für die Abgabe von Elternrechten zu bezahlen.[68] Unter dieses Verbot fällt eine traditionelle Leihmutterschaft, denn die Leihmutter wird regelmäßig dafür bezahlt, dass sie das Kind nach der Geburt den Wunscheltern zur Adoption zur Verfügung stellt.[69] Folglich wird bei einer traditionellen Leih-

---

[63] Section 7613 (a) of the Californian Family Code: „If a woman conceives through assisted reproduction with semen or ova or both donated by the donor not her spouse, with the consent of another intended parent, that intended parent is treated in law as if he or she were the natural parent of a child thereby conceived. ..."

[64] *Büchler/Bertschi*, Gewünschtes Kind, geliehene Mutter, zurückgewiesene Eltern?, FamPra.ch 2013, S. 33, 38.

[65] *Jackson*, California Egg Toss: The High Costs of Avoiding Unenforceable Surrogacy Contracts, Journal of High Technology Law 2015, S. 230, 237.

[66] Superior Court of Orange County, In re Marriage of Moschetta; *Jackson*, California Egg Toss: The High Costs of Avoiding Unenforceable Surrogacy Contracts, Journal of High Technology Law 2015, S. 230.

[67] Superior Court of Orange County, In re Marriage of Moschetta, I. Introduction.

[68] Superior Court of Orange County, In re Marriage of Moschetta; *Jackson*, California Egg Toss: The High Costs of Avoiding Unenforceable Surrogacy Contracts, Journal of High Technology Law 2015, S. 230.

[69] *Jackson*, California Egg Toss: The High Costs of Avoiding Unenforceable Surrogacy Contracts, Journal of High Technology Law 2015, S. 230, 240.

mutterschaft die Elternstellung der Wunscheltern nicht anerkannt und das Kind muss von den nicht genetisch verwandten Wunscheltern im klassischen Sinne adoptiert werden.[70]

Anders behandeln die kalifornischen Gerichte Leihmutterschaftsverträge, bei denen keine genetische Beziehung zwischen der Leihmutter und dem Kind besteht. Der Leihmutter stehen in diesem Fall von vornherein nicht zwangsläufig Elternrechte zu. Damit verstoßen sie auch nicht gegen die „*public policy*" mit der Konsequenz, dass sie wirksam und vollstreckbar sind.[71] Aufgrund dieser Rechtsprechung bieten kalifornische Agenturen praktisch nur die Vermittlung einer vollständigen Leihmutterschaft mit Eizellenspende an.[72]

Kommt es zum Streit hinsichtlich der Elternrechte oder auch Elternpflichten, wie beispielsweise die Übernahme von Kindesunterhalt[73], stellen kalifornische Gerichte darauf ab, wer die Absicht hatte, das Kind großzuziehen.[74] Dieser entscheidende Wille manifestiert sich auch im Leihmutterschaftsvertrag, so dass dieser regelmäßig als Indiz herangezogen wird.[75] Zur Bestimmung der rechtlichen Elternstellung ist neben der genetischen Verbindung die Frage ausschlaggebend, wer das Kind großziehen wollte und aufgrund wessen Willensbetätigung das Kind entstanden ist.

Weiterhin ist für das kalifornische Leihmutterschaftsrecht kennzeichnend, dass es für die Wunscheltern möglich ist, vor der Geburt des Kindes die Elternschaft per Gerichtsbeschluss auf sie übertragen zu lassen.[76] Das ermöglicht den Wunscheltern bereits vor der Geburt, ihre rechtliche Elternschaft abzusichern und sich auf der Geburtsurkunde direkt als Eltern eintragen zu lassen.

3. *Konkrete Ausgestaltung der Leihmutterschaftsverträge*

Da Kalifornien keine gesetzlichen Vorgaben hinsichtlich einer Leihmutterschaft erlassen hat, übernehmen die Leihmutterschaftsverträge diese Regelungsaufgabe. Der Leihmutterschaftsvertrag legt regelmäßig konkret die Vorgehensweise

---

[70] *Jackson*, California Egg Toss: The High Costs of Avoiding Unenforceable Surrogacy Contracts, Journal of High Technology Law 2015, S. 230, 240.

[71] *Jackson*, California Egg Toss: The High Costs of Avoiding Unenforceable Surrogacy Contracts, Journal of High Technology Law 2015, S. 230, 236, 239.

[72] *Jackson*, California Egg Toss: The High Costs of Avoiding Unenforceable Surrogacy Contracts, Journal of High Technology Law 2015, S. 230, 238.

[73] Siehe dazu *Jackson*, California Egg Toss: The High Costs of Avoiding Unenforceable Surrogacy Contracts, Journal of High Technology Law 2015, S. 230, 238.

[74] Begründet in Johnson v. Calvert, weitergeführt in C. Jaycee B. v. Superior Court, siehe *Jackson*, California Egg Toss: The High Costs of Avoiding Unenforceable Surrogacy Contracts, Journal of High Technology Law 2015, S. 230, 236, 238; *Trowse*, Surrogacy: is it harder to relinquish genes?, JLM 2011, S. 614, 620; *Spivack*, in: Gestation pour autrui: Surrogate Motherhood, 2011, S. 262.

[75] *Jackson*, California Egg Toss: The High Costs of Avoiding Unenforceable Surrogacy Contracts, Journal of High Technology Law 2015, S. 230, 237.

[76] *Büchler/Bertschi*, Gewünschtes Kind, geliehene Mutter, zurückgewiesene Eltern?, FamPra.ch 2013, S. 33, 37; *Snyder*, in: International Surrogacy Arrangements, 2013, S. 391.

und finanzielle Entlohnung der Leihmutter sowie die Rechte und Pflichten beider Vertragsparteien fest. Beispielsweise wird oft vertraglich bestimmt, dass der Leihmutter drei Mal jeweils drei in vitro-befruchtete Zygoten eingepflanzt werden.[77] Wenn dann keine Schwangerschaft zustande gekommen ist, ist der Vertrag zunächst beendet. Die Leihmutter verpflichtet sich während der Schwangerschaft nicht zu rauchen, keinen Alkohol zu trinken, keinen gefährlichen Sport zu betreiben und nur mit ihrem Ehemann ungeschützten Sexualverkehr zu pflegen. Auch unterzeichnet sie, dass sie nach der Geburt keinerlei Kontakt zu dem Kind suchen wird. Die Leihmutter behält aufgrund verfassungsrechtlicher Implikationen die Letztentscheidung in Bezug auf eine mögliche Abtreibung des Embryos. Bei der Entscheidung sollen jedoch die Wunscheltern so weit wie möglich einbezogen werden. Treibt die Leihmutter trotz physischer oder psychischer Krankheiten des Kindes nicht ab, sind die Wunscheltern nicht verpflichtet, das Kind nach der Geburt in ihre Obhut zu nehmen. Ist das Kind gesund, sind die Wunscheltern verpflichtet, sich direkt nach der Geburt (finanziell) um das Kind zu kümmern. Diese Verpflichtung gilt unabhängig von der Anzahl und dem Geschlecht des oder der Kinder. Regelmäßig wird vertraglich vereinbart, dass eine Lebensversicherung für die Leihmutter (teilweise) zugunsten der Wunscheltern abgeschlossen wird. Hintergrund der Lebensversicherung ist wohl die Sorge der Wunscheltern, eine große Investition zu verlieren, sollte die Leihmutter während der Schwangerschaft sterben.[78] Damit das Gericht der Übertragung der Elternschaft auf die Wunscheltern stattgibt, muss die Leihmutter bestätigen, dass sie den Vertrag aus freiem Willen, unabhängig von jeglichem wirtschaftlichen oder emotionalen Zwang, eingeht.

V. Zusammenfassung in Thesenform

1. Die rechtliche Situation der Leihmutterschaft in den USA ist geprägt von der Vielfalt der einzelstaatlichen Regelungen.
2. New Hampshire erlaubte vor der Reform 2014 eine Leihmutterschaft nur dann, wenn ein Gericht alle dafür erforderlichen Voraussetzungen als erfüllt ansah. Unter anderem mussten die Wunscheltern sich vor der Durchführung der Leihmutterschaft einer Beurteilung hinsichtlich ihrer „Befähigung zur Elternschaft“ unterziehen.

---

[77] Siehe Beispielsvertrag für eine Leihmutterschaft, bei der die Leihmutter mit dem Kind nicht genetisch verwandt ist und der Wunschvater der Samenspender ist in: *Thomale*, Mietmutterschaft, 2015, S. 109 ff.

[78] fertilityconsultants.ca/blog/life-insurance-for-surrogate-mother/ zuletzt abgerufen am 25.05.2017: „For instance, some intended parents feel that they are investing a great amount of money in the surrogate pregnancy, and if their surrogate were to die unexpectedly, they would suffer a great financial loss.“

3. Nach der früheren Regelung konnte sich eine Leihmutter in New Hampshire bis zu 72 Stunden nach der Geburt dazu entschließen, das ausgetragene Kind nicht den Wunscheltern zu überlassen, sondern es zu behalten.
4. Diese Bestimmungen wurden 2014 alle aufgehoben. Die gesetzlichen Bestimmungen in New Hampshire wurden mit der Reform von 2014 deutlich liberalisiert.
5. Nach aktueller Rechtslage müssen sich die Wunscheltern und die Leihmutter in New Hampshire intensiv juristisch und psychologisch beraten lassen. Über das Erfordernis der Beratung hinaus gibt es jedoch keine weiteren gesetzlichen Anforderungen. Damit räumt das Gesetz der Vertragsgestaltung einen großen Spielraum ein.
6. Die rechtliche Situation der Leihmutterschaft in Kalifornien ist von Rechtsprechung und Vertragsgestaltung dominiert. Gesetzliche Vorgaben, die sich direkt auf die Leihmutterschaft beziehen, gibt es nicht. In Kalifornien hat sich eine differenzierte Vertragspraxis entwickelt.

Der Leihmutterschaftsdiskurs als Wertediskurs: Nachbetrachtungen aus dem Auditorium

Chris Thomale

Die Fachtagung, deren Beiträge in diesem Band versammelt sind, hat reiche Früchte getragen. Davon legt zunächst der Band selbst Zeugnis ab: Das Phänomen der Leihmutterschaft wird aus einigen Richtungen beleuchtet. Von der rechtspolitischen und rechtsvergleichenden über die entwicklungspsychologische Perspektive bis hin zur rein empathischen Innenansicht der Auftraggeber sind einige Blickrichtungen versammelt und zu einer einzigartigen Synopse konzentriert worden. Der Zuhörer erinnert sich gleichwohl an Subtexte, Zwiegespräche und Denkanstöße, die, wiewohl von der Tagung angeregt, formbedingt nicht in einer Nachschrift wiedergegeben werden können. Dabei sticht eine grundlegende Erkenntnis hervor, die insbesondere für den Rechtsdiskurs, aber möglicherweise auch für das Selbstverständnis der sozialwissenschaftlichen Beschäftigung mit der Leihmutterschaft von Bedeutung ist: Die nun schon einige Jahrzehnte andauernde postmoderne Debatte über die Leihmutterschaft ist in ihrem Wesenskern eine ethische Wertedebatte. Diese Erkenntnis mag auf den ersten Blick allfällig und trivial klingen. Ihre Bewusstmachung erscheint dennoch vonnöten, weil die diskursethischen Konsequenzen aus ihr bisher noch nicht gezogen sind.

Vergleichen wir etwa die jeweils wohl fundierten Analysen von *Nina Dethloff* und *Elisabeth Beck-Gernsheim* in diesem Band:

Dethloff zeigt in ihrer rechtsvergleichenden Umschau, dass einige Rechtsordnungen der Leihmutterschaft durchaus offener gegenüberstehen als die deutsche. Sie möchte nun, völlig nachvollziehbar, deutschen Auftraggebern von Leihmutterschaften im Ausland, wie etwa *Regine Meyer-Spendler* (ebensfalls in diesem Band), helfen und regt deshalb an, die Anerkennung solcher Konstruktionen zu erleichtern. Konsequent setzt sie sich darüber hinaus dafür ein, diese Methode auch im Inland zuzulassen: Das Kind habe keinen Anspruch darauf, in der einen oder anderen Weise gezeugt zu werden, und sofern die anderen Beteiligten freiwillig handelten, sei auch aus deren Sicht nichts gegen eine Legalisierung zu erinnern. So erscheint es vollkommen überzeugend und geradezu eindeutig, dass die Leihmutterschaft endlich legalisiert werden sollte. Man wundert sich geradezu, warum *Dethloff* so vorsichtig formuliert, wenn es um die Frage der Bezahlung geht: Warum muss diese Bezahlung als Aufwandsentschädigung verbrämt und durch die Parallelbeispiele Blut- und Samenspende (die in Deutschland verbotene Eizellenspende bleibt unerwähnt) abgesichert werden? Ist es die Freiwilligkeit, die das leihmutterschaftliche Arrangement trägt, dann liegt es nahe, prinzipieller zu argumentieren und, wie etwa bei der Prostitution, auch die Zulässigkeit eines echten vertraglichen Entgelts zu verlangen.

Umgekehrt richtet *Beck-Gernsheim* den Blick auf die soziale Realität der Leihmutterschaft. Sie weist auf das soziale Macht- und Wohlstandsgefälle zwischen Leihmüttern und Auftraggebern hin und sieht in Leihmutterschaftsverträgen keinen Ausdruck, sondern den Verlust der leihmütterlichen Autonomie. Dazu benennt sie etwa die vertragstypischen Abtreibungspflichten der Leihmutter und die lebensalltäglichen Überwachungs- und Bevormundungsrechte der Auftraggeber. Letztlich, so *Beck-Gernsheim*, werde auf diese Weise soziale und globale Ungleichheit vertieft, weshalb Leihmutterschaften – gerade auch die international durchgeführten – pauschal zu verbieten seien. Die Frage drängt sich gleichwohl auf, ob das nicht gerade einkommensschwachen Frauen eine Einnahmequelle nimmt, die ganz im Gegenteil dazu geeignet wäre, globale Vermögensverteilungen auszugleichen. Dürfte nicht gerade eine Legalisierung dazu beitragen, Leihmüttern eine gewerkschaftsähnliche Interessenvertretung zu gestatten, um für besseren Lohn und bessere Arbeitsbedingungen eintreten zu können?

Die aufgezeigten Unklarheiten lichten sich deutlich, wenn die Debatte zwischen den beiden Autorinnen als Wertedebatte rekonstruiert wird. Der zentrale Wert, auf dem *Dethloffs* Argument aufgebaut ist, ist die Freiheit, und zwar zunächst die positive Freiheit der Auftraggeber, ein Kind bekommen zu dürfen und die gemeinsame positive Freiheit von Leihmutter und Auftraggebern, ihre Rechtsverhältnisse vertraglich regeln zu dürfen. Daneben schimmert als akkommodierendes Element die negative Freiheit der Leihmutter auf: Diese solle in ihrer Selbstbestimmung nicht beschränkt werden, erst dann, so ließe sich sachgedanklich vervollständigen, ist in ihrem Vertragsschluss eine werthaltige positive Freiheitsausübung zu erblicken. Die negative Freiheit des Kindes wird hingegen ausgeblendet: Dieses Kind muss gleichsam die Bedingungen seiner Entstehung nehmen, wie sie sind, weil es sonst gedanklich seiner eigenen Existenz die Grundlage entzöge: Kein Kind kann vernünftigerweise wollen, nicht geboren zu werden – so lautet das Argument, das die Freiheitsrechte des Kindes zurücktreten lässt.

Beck-Gernsheim, hingegen, möchte nicht über Freiheit, sondern über Gleichheit sprechen. Sie verweist auf das Gerechtigkeitsdefizit, das sie darin erkennt, dass Leihmütter sozial deutlich schlechter gestellt sind als ihre Auftraggeber. Nach *Beck-Gernsheim* „infiziert" diese Ungleichheit einerseits den Leihmutterschaftsvertrag mit dem Geruch der Ausbeutung und Unterdrückung und wird andererseits durch die Durchführung von Leihmutterschaften verstärkt. Das Kind allerdings bleibt auch in den Ausführungen *Beck-Gernsheims* außen vor. Dies erscheint nur konsequent: In einer Analyse unter dem Gesichtspunkt sozialer und globaler Gleichheit interessieren allein die Leihmütter und die Auftraggeber und welche Wechselwirkungen zwischen deren Ungleichheiten und der Leihmutterschaft als Gesamtphänomen bestehen.

Sobald man die Kontroverse *Dethloff/Beck-Gernsheim* als Wertediskurs betrachtet, wird *erstens* sofort einsichtig, warum diese nicht ohne weiteres kompromissfähig ist: Solange Leihmutterschaften auf Ungleichheiten beruhen und diese vertiefen, kann *Beck-Gernsheim* keiner Form der Leihmutterschaft zustimmen, und solange Leihmutterschaften auf der freien Entscheidung von Leihmutter und Auftraggebern beruhen, kann *Dethloff* keiner Einschränkung dieser Freiheitsausübung zustimmen. Den Konflikt fasst *Stephan Harbarth* (ebenfalls in diesem Band) treffend in der Sprache der Vertragsgerechtigkeit zusammen: „Das Grundgesetz geht davon aus, dass jeder Mensch über sich selbst verfügen und sein Schicksal eigenverantwortlich gestalten kann. Die Vertragsfreiheit und Privatautonomie als Ausfluss dieser Grundsätze statuieren zugleich aber eine Schutzpflicht des Staates, dafür zu sorgen, dass es nicht aufgrund einer gestörten Vertragsparität zwischen den Vertragspartnern zu einer Fremdbestimmung kommt." Eine Lösung ist nicht eben leicht ersichtlich: Wer Vertragsfreiheit nur unter Bedingungen der sozialen Machtgleichheit zulassen will, den dürfte kein noch so ausgeklügelter „Rechtsrahmen, der die Freiwilligkeit der Leihmutterschaft sicherstellt" (*Harbarth*) überzeugen. Wer hingegen an die Freiheit glaubt, der wird sie auch und gerade demjenigen zugestehen wollen, der sozial benachteiligt ist und daran durch und mit der Ausübung seiner Freiheit etwas ändern will.

Neben dieser Analyse der eigentlichen Konfliktlinien eröffnet die Rekonstruktion der Debatte als ethische Wertedebatte auch *zweitens* Horizonte für die immanente Kritik der einzelnen Positionen. So ist etwa das Freiheitsargument in den Kontext moral-philosophischer Diskurse einerseits und moderner Wertanschauungsentwicklungen andererseits zu stellen. Freiheit bedeutet als Wert gerade nicht lediglich Bindungslosigkeit im negativen und Bindungsmöglichkeit im positiven Sinne, sondern Autonomie: Selbst-Gesetzgebung. Damit verweist ein ernsthaft moral-philosophischer Freiheitsdiskurs stets über den formellen Freiheitsritus wie etwa die Unterzeichnung einer Vertragsurkunde hinaus. Das Recht hat sich zwar, zur Erleichterung des Rechtsverkehrs und allgemein zur Reduktion von Komplexität, bestimmte Autonomiefiktionen angewöhnt. So liegt die Pointe der Vertragsfreiheit als rechtliche Kategorie gerade im Absehen von bestimmten Randbedingungen eines werthaltigeren Freiheits- und Autonomiebegriffs. Doch darf dies auf die Dauer einen Wertediskurs, der nicht auf einen Rechtsanwendungs- sondern auf einen Rechtssetzungsdiskurs abzielt, nicht einengen. Deshalb muss zum Beispiel die Tatsache berücksichtigt werden, dass der Glaube an die soziale Wirklichkeit der Vertragsfreiheit im heutigen Recht selbst bereits an enge Grenzen stößt: Verbrauchern, Arbeitnehmern, usw. werden weitgehend nicht einmal ernsthaft selbstbestimmte Konsum- und Berufswahlentscheidungen zugetraut. Die Frage erscheint angebracht, woher genau die verbreitete Zuversicht stammt, dass überhaupt ein Rechtsrahmen denkbar ist, in dem eine Frau, die glaubt, ihren Lebensunterhalt durch die entgeltliche Zurverfügungstellung ihres Körpers für mehr als 9 Monate verdienen zu müssen, selbstbestimmter entscheidet als ein Kunde, der eine Ware im Internet bestellt oder ein Arbeitnehmer, der einer Entlohnung unterhalb des Mindestlohnes zustimmt. Naheliegend wäre auch eine Evaluation vergangener Legalisierungsentscheidungen unter diesem Aspekt. In Deutschland etwa wäre zu fragen, ob die Legalisierung der Prostitution die Selbstbestimmung der Prostituierten auch im sozialen Ergebnis verbessert hat oder nicht.

Schließlich zeigt die Perspektive aus Sicht eines Wertediskurses *drittens* auf, welche Werte möglicherweise nicht oder nicht hinreichend vertreten sind. In der Debatte *Dethloff/Beck-Gernsheim* ist dies das Wohl des Kindes. Möglicherweise macht man es sich zu einfach, wenn man die Kindesinteressen mit einem freiheitstheoretischen *argumentum ad absurdum* oder mit einer globalen Sozialperspektive ausblendet. Zu bedenken ist einerseits, dass mit dem Argument, kein Kind könne vernünftigerweise wollen, nicht geboren zu werden, *beliebige* Zeugungs- und Erzeugungsumstände gerechtfertigt werden können. Im Gegensatz dazu hat etwa das Bundesverfassungsgericht das strafrechtliche Verbot des Inzests ausdrücklich auch mit dem Argument aufrechterhalten, inzestbedingte Missbildungen und Behinderungen von Kindern zu verhindern. Der Verdacht besteht, dass die in dem dargestellten Argument liegende Fiktion des Kindeswohls als Kindeswille und die weitere Fiktion des normativen Kindeswillens als solcher des konkret-tatsächlichen Kindes auf Fehlschlüssen beruhen, die zu überdenken sind. Andererseits kann sich gerade eine globale Gleichheitsdebatte nicht damit begnügen, ausgerechnet die schwächsten und wehrlosesten Glieder der Gesellschaft im Allgemeinen und des Leihmutterschaftsvertrags im Besonderen außen vor zu lassen. Viel spricht dafür, auf die verdienstvollen Pionierarbeiten von *Susan Golombok* und anderen weitere, möglicherweise statistisch noch belastbarere Studien folgen zu lassen, um ernsthaft beurteilen zu können, ob die Methode der Leihmutterschaft *den Kindern* und dem *Kinderwohl* als normativer Bezugspunkt dient oder schadet.

Autorenverzeichnis

Professorin Dr. Elisabeth Beck-Gernsheim, emeritierte Professorin für Soziologie. Sie lehrte an den Universitäten Hamburg, Erlangen, Frankfurt und Trondheim (Norwegen). Ihr Forschungsschwerpunkt liegt im Bereich Familie und Geschlechterverhältnisse sowie Technik und Technikfolgen in der Medizin.

Professorin Dr. Nina Dethloff, Professorin für Bürgerliches Recht, Internationales Privatrecht, Rechtsvergleichung und Europäisches Privatrecht an der Universität Bonn. Ihre Forschungsschwerpunkte liegen im nationalen, ausländischen und internationalen Familienrecht. Vorstand der Deutschen Gesellschaft für Internationales Recht (DGIR).

Professorin Dr. Beate Ditzen, Direktorin am Institut für Medizinische Psychologie am Universitätsklinikum der Universität Heidelberg und Ordinaria für Medizinische Psychologie und Psychotherapie der Medizinischen Fakultät der Universität Heidelberg. Ihre Arbeits- und Forschungsschwerpunkte sind u. a. Neurobiologische Mechanismen von Paarbindung und Gesundheit sowie Paarinteraktion, das Hormon Oxytocin und die psychobiologische Stressreaktivität. Fellow am Marsilius-Kolleg der Universität Heidelberg 2016/2017.

Wissenschaftliche Assistentin Lisa Engelhardt, Doktorandin bei Herrn Prof. Dr. Marc-Philippe Weller am Institut für ausländisches und internationales Privat- und Wirtschaftsrecht der Universität Heidelberg. Wissenschaftliche Mitarbeiterin am Marsilius-Kolleg der Universität Heidelberg.

Professorin Dr. Susan Golombok, Direktorin des Centre for Family Research an der University of Cambridge, GB und Professorin für Familienforschung ebenda. Ihre Arbeits- und Forschungsschwerpunkte sind u. a. der Einfluss neuer Familienformen (z. B. homosexuelle Elternpaare, Familien mit Kindern, die durch künstliche Befruchtung entstanden sind, Leihmutterschaftsfamilien) auf die Eltern-Kind-Beziehung und die kindliche Entwicklung.

Anna Lina Gummersbach, Hilfskraft am Marsilius-Kolleg der Universität Heidelberg sowie am Heidelberger Institut für ausländisches und internationales Privat- und Wirtschaftsrecht.

RAin Eliza Hall, Anwältin in der Washingtoner Kanzlei Potomac Law Group, PLLC.

MdB RA Professor Dr. Stephan Harbarth, Rechtsanwalt und Mitglied des Deutschen Bundestages sowie stellvertretender Vorsitzender der CDU/CSU-Bundestagsfraktion. Honorarprofessor an der Universität Heidelberg.

Dr. Regine Meyer-Spendler, Mutter durch Leihmutterschaft in den USA und Autorin des Buches „Ein schmaler Grad. Erfahrungen zur Leihmutterschaft in den USA".

Professorin Dr. Katja Patzel-Mattern, Professorin für Wirtschafts- und Sozialgeschichte, Studiendekanin der Philosophischen Fakultät und Gleichstellungsbeauftragte der Universität Heidelberg. Fellow am Marsilius-Kolleg der Universität Heidelberg 2016/2017.

Sebastian Schwind, Doktorand am Heidelberger Institut für ausländisches und internationales Privat- und Wirtschaftsrecht am Lehrstuhl von Prof. Dr. Marc-Philippe Weller.

Professor Dr. Thomas Strowitzki, ärztlicher Direktor der Abteilung für Gynäkologische Endokrinologie und Fertilitätsstörungen am Universitätsklinikum Heidelberg und Vorsitzender der Ethikkommission der Medizinischen Fakultät. Er betreibt Forschung im Bereich Reproduktionsmedizin und In-vitro-Maturation.

Privatdozent Dr. Chris Thomale, Institut für ausländisches und internationales Privat- und Wirtschaftsrecht der Universität Heidelberg. Kollegiat der Heidelberger Akademie der Wissenschaften.

Professor Dr. Marc-Philippe Weller, Direktor am Institut für ausländisches und internationales Privat- und Wirtschaftsrecht der Universität Heidelberg. Fellow am Marsilius-Kolleg der Universität Heidelberg 2016/2017.

Wissenschaftlicher Assistent Anton S. Zimmermann, Doktorand bei Herrn Prof. Dr. Marc-Philippe Weller am Institut für ausländisches und internationales Privat- und Wirtschaftsrecht der Universität Heidelberg. Wissenschaftlicher Mitarbeiter am Marsilius-Kolleg der Universität Heidelberg.